宁
波
文
化
丛
书

宁波文化丛书 第二辑

主编 陈利权

书香月湖

江南士人的精神构建与历史流变

黄文杰 著

宁波出版社
NINGBO PUBLISHING HOUSE

图书在版编目（CIP）数据

书香月湖：江南士人的精神构建与历史流变 / 黄文杰著. —宁波：宁波出版社，2016.6（2022.4 重印）
（宁波文化丛书 . 第 2 辑）
ISBN 978-7-5526-2548-6

Ⅰ . ①书… Ⅱ . ①黄… Ⅲ . ①知识分子—思想史—研究—宁波市 Ⅳ . ① D663.5

中国版本图书馆 CIP 数据核字（2016）第 157427 号

本书系宁波市文化研究工程项目

丛 书 名　宁波文化丛书 · 第二辑
丛书主编　陈利权

本册书名　书香月湖：江南士人的精神构建与历史流变
著　　者　黄文杰
本册统筹　吴　波
责任编辑　陈金霞
责任校对　虞姬颖　李　强
装帧设计　金字斋
出版发行　宁波出版社
地　　址：宁波市甬江大道 1 号宁波书城 8 号楼 6 楼
邮　　编：315040
网　　址：http://www.nbcbs.com
电　　话：0574-87264975（编辑部）
印　　刷　宁波白云印刷有限公司
开　　本　710 毫米 ×1000 毫米　1 / 16
印　　张　19
字　　数　280 千
版　　次　2016 年 6 月第 1 版
印　　次　2022 年 4 月第 4 次印刷
标准书号　ISBN 978-7-5526-2548-6
定　　价　56.00 元

唤醒宁波的文化之魂

◎何 伟

（一）

中国的古城实在不少，若论我国沿海最早的文化古城，只要稍稍具备历史地理的眼光，都会聚焦宁波——中国大陆海岸线的中点。

这座从远古走来的名城，河姆古渡的骨哨一吹就是七千年，展开了一幅幅风云际会的历史长卷。翻开谭其骧先生主编的《简明中国历史地图集》，不难发现宁波在我国沿海各大城市中的"早熟"：当宁波沐浴河姆渡的文明曙光时，我国海岸线上的先民基本还处于文明的空白处；当宁波先秦时期设县建制，广州还是邻近番禺的宁静村庄；当宁波唐代建州（相当于今天的地级市），已是"海外杂国，贾舶交至"的繁华城市，此时的上海还只是一个海滨渔村；宋代的宁波已是我国闻名国际的四大港口城市之一，天津还是名不见经传的一片滩涂；及至近代宁波作为"五口通商"被迫开埠，青岛、大连等城镇化才刚刚起步，更不必说改革开放后才崛起的深圳了。

如此"炫耀"的类比，无意仰己抑人。只想说明，以商城闻名的宁波，其实是隐身的文化重镇。其文化价值和地位，显然是被低估了。仅以中华文明源头之一的河姆渡为例：其制陶、稻谷和干栏式建筑的发现，修正了我国学术界总把黄河流域作为中华民族的唯一摇篮的定论，确认了长江流域是中华民族另一个发源地。其出土的代表海上活动的六支桨，印证了宁波先民是我国"海上丝绸之路"的先驱，为我国台湾和太平洋岛屿的文化作出历史性的贡献。澳大利亚悉尼市迪米蒙地电影制片公司在 20 世纪 80 年代拍摄了一部记录太平洋沿岸历史的影片，其序幕就是从河姆渡开篇的。

宁波文化矿藏的丰富性和不凡品质，还在于这里是海上丝绸之路的起源地之一，中国大运河的出海口之一，沿海城市中建城的起源地之一，金融史上我国钱庄的发源地之一，海运史上造船和航海的发源地之一……总之，宁波文化是整个中国文化经络中一个很关键的穴位。宁波的历史区域文化，犹如一座丰盈的藏书楼，在文化复兴的聚光灯下，亟须整理与传播。

宁波历史文化何其久也，宁波地域文化何其丰也，先贤前辈们已经为宁波开辟出了一块文化沃土。每念及此，作为祖籍宁波、生活于宁波的我，不禁对家乡深厚的文化遗产肃然起敬。可是，在今天追赶现代化国际港口城市的目标时，有多少宁波人还记得曾经的灿烂？又有多少人了解宁波往昔的辉煌？

（二）

区域文化研究的兴盛和传承，是近年来国内学界的独特景观，既得益于文化的复兴，又受到区域发展竞争的推动。齐鲁文化，燕赵文化，三晋文化，巴蜀文化，吴越文化，荆楚文化，岭南文化，等等，不一而足。这股热潮也波及作为吴越文化分支之一的宁波文化。

某种文明的价值观、思维方式和风俗习惯等，根本上是由地缘自然条件所决定的。文明所处的地缘环境与精神性格之间有着必然的因果关系。法国历史学家布罗代尔认为，影响一个文明的精神气质最根本的因素，是地理条件和自然环境，换成老百姓的说法，就是“一方水土养一方人”。

宁波地处东海之滨，三面环山，潮汐出没的宁绍平原居中，多类型地貌孕育出姚江、奉化江、甬江流贯其中，江河湖海点缀其间，构成了宁波“经原纬隰，枕山臂江”的地理特征。“南通闽广，东接倭人，北距高丽，商舶往来，物货丰溢。”（宝庆《四明志》）“自宋以来，礼俗日盛，家诗户书，科第相继，间占首选，衣冠人物甲于东南。”（成化《宁波府志》）

文化早熟的宁波好比一个内敛聪慧的智者，有外貌形象，有性格气质，也有个性脾气。发源于四明，耸立于三江，兼得中西交汇之利，倚其 7000 年的文明发展，塑造了一整套属于自己的优秀文化符号、习俗和精神，说得洪亮一点，叫作“宁波文明”。

每一个城市都有自己的来龙去脉，每一座城市都有独特的文化符号。宁波的文化特质，如果要用极精简的字词来表达，就是“江海”和“商贾”。水路交通和商帮文化是阅读宁波风云际会悠长岁月的两个关键词。伸展开来，从类型看，有海洋文化、农耕文化、港口文化、海防文化；从特质看，有商帮文化、耕读文化、工匠文化、饮食文化；从思想看，有浙东文化、佛教文化；从文人看，名儒硕彦，人文荟萃，有南宋的心学先贤“甬上四先生”，有先生之风山高水长的严子陵、知行合一的心学大师王阳明、开启日本明治维新的导师朱舜水、工商皆本的民本思想家黄宗羲……正可谓千年古城，百年风云，几度沉浮，气血不衰，乃文化之力也。

（三）

一座城市的持久吸引力，不在林立高楼，而在文化气质。让城市站立不衰的，是文化“软实力”。表面上看，决定城市差异的是经济，骨子里是文化。今观神州，仰赖房地产狂奔的造城运动，流水线般建造的排排高楼大厦取代古城旧貌，割断了多少城市的历史脉络，推平了多少地域审美特征，埋葬了多少丰厚的历史记忆，已经无法计算。宁波籍文化大家冯骥才先生认为，我们中国历史悠久，民族众多，地域多样，每个城市都有独特和鲜明的城市形象。可惜，现在我们660个风情各异的城市形象基本都消失了，即使有，也支离破碎，残缺不全，很难再呈现出一个整体的城市形象。眼下，追名逐利遗失了文化，随波逐流遗忘了故乡，身在故乡而不知故乡何在。

物欲越是膨胀，文化越是珍贵。宁波人之所以成为宁波人，并不是因为出生在宁波，而是身上承载着宁波的文化符号和基因。这些由宁波的风俗、语言和信仰因素组成的“宁波腔调”，以及地缘、血缘关系组成的坐标系，会让人们知道自己是谁、从哪里来。不论你身处世界何地，只要据此便可找到家乡，认祖归宗。如果遗失了宁波文化，即使站在这片土地上，也很难再是宁波人。令人忧心的是，在现代化城市化的急切步伐下，本土历史文化面临诸多存亡考验。公路毁了，可以修复；房屋塌了，可以重建；文化遗产一旦“消失”，如同绝迹的物种，没了，就永远没了。现代人精神家园的迷失和情感归属的危机，成为一种流行国际的精神疾病，正是文化除根后流离失所的后遗症。

今天的宁波缺什么？不少人感叹缺文化，我看来，表述不很准确。宁波并不缺少文化，缺的恐怕是对丰厚文化的记忆和传承。“文之无书，行之不远”，作为文化工作者，作为宁波人，我们深恐随着时间的推移，宝贵的精神财富因文字的阙如而流失，随着记忆的衰退而归零。把文化摆在什么位置，不仅仅取决于政府，更取决于每一个厕身其间的市民的态度。文化是城市之魂，是我们这座城市安身立命的基座。唤醒城市记忆的味道和画面，保护并标出宁波的文化风景线，绘制文化地图延续文脉，亟须一套权威、全面、通俗的文化读物。本丛书的出版和传播,即是努力之一。

（四）

本丛书的编纂,虽非规模浩大的文化工程,却颇费周折,几起几落,幸得宁波文化事业基金委员会慧眼识珠,忝列扶持项目,又得宁波市委副书记余红艺及市委宣传部等部门的鼎力支持,宁波出版社调集精干,组织本地学界文化精英,殚精竭虑,撰写这套丛书。

自2012年始,编纂委员会成立并确定了丛书的编纂大纲,专家们从宁波地理文化和历史文化的坐标中,尽可能筛选出具有鲜明特色和传承价值的内容作为首批选题。第一辑八种,选题侧重反映对宁波发展最具影响力、最具代表性的八个方面地方特色文化。计划此后逐年推出各类文化系列,集腋成裘,奉献出宁波文化的“满汉全席”。

丛书着力点不在学术钻研和考证,而在文化的普及和传播,定位在文化“小吃”,充其量是宁波文化史的通俗版、系列专题篇,绝非贯通一气的皇皇巨著。丛书力求编排图文并茂,文字通俗易懂,集知识性与文学性、学术性与普及性于一体,雅俗共赏,老少皆宜,为大众提供一张文化寻根的导游图,以及一杯安顿旅者心境的下午茶。于闹市中拾取一份宁静,于纷繁中理出一片安详,于浮尘中闻到一缕书香,于物欲中寻得精神的家园。

（本文作者为宁波日报报业集团原党委书记、董事长）

目录

【一】

绪言　酿一湖书香

一

宁波老城厢范围大约是长春路至望京路边上的护城河与奉化江、姚江所包围的区域，约 4 平方公里，在现代宁波中心城区近 300 平方公里的面积中，几乎微不足道。但毫无疑问，这 4 平方公里是每一个宁波人心中对于中心城区的标志性记忆区域。这块区域在历史上承载三大功能，一是鼓楼区域，为地域行政中心；一是东门口区域，为地域商业中心；一是月湖区域，为地域文化中心。这三个中心占据着宁波人重要的心理空间，之间众多的自然风景、历史遗存，是宁波城市的象征与符号，彰显着城市的文化特质，勾勒着城市独特的形象，是城市的灵魂所在，或者说是宁波之所以成为宁波的关节所在。

月湖并不大，南北狭长，南北长约 1160 米，东西宽约 130 米，在地图上看近乎城市的一个肾脏。从整个宁波地形结构来看，其大小虽然极不起眼，却是点睛之笔。沿着坐卧西南天台支脉四明山南麓与西麓的姚江、奉化江，在区域东北距离入海口 20 余公里的三江口拱手相逢，两手相交的里处，便是这一眼淡泉。湖泊最初是一个自然形成的潟湖，与三江口的形成大约在相同时代，处于河姆渡文化后期。距今 2000 多年的春秋战国时期，在姚江、奉化江的冲击下，泥沙覆盖海相沉积土之上，宁波平原逐渐露出海面。这一时代，宁波文化的发展主要集中在沿山地带，古老的句章、鄞、鄮等城市，大致分布于江北城山渡、奉化白杜、鄞州五乡一带。当时的宁波文化是越文化的一部分，句章是越国最重要的城市之一。越起源于夏代无余封越，其后 1000 余年中，越国不为史书所提及；在距今 3000 年时，即周成王二十四年（前 1019），因为于越向周王朝缴纳贡品，《竹书纪年》有一次“于越来宾”的记载。越与吴一样，早期都是楚国的附庸国。之后，随着沿海平原自然环境的好转，钱塘江以北接近先进中原地区的吴国率先崛起，越国成为吴国的附庸国。到了越王允常之时，越国开始谋求独立。雄才大略的允常之子勾践，经过“十年生聚，十年教训”，终于使弱小的越国强大起来。公元前 472 年，越王勾践实现了灭吴雪耻的宏愿，周元王赐勾践"伯爵"的地位。句章城即建于这一年,《十三州志》载:"越王勾践之地,南至句余,其后并吴,因大城句余,章(彰)伯(霸)功以示子孙,故曰句章。"

越国其兴也速,其衰也速。楚灭越、秦灭楚之后,越地文化发生剧变。一方面,人口构成发生变化,大量越人不愿服从外来统治,纷纷外迁;另一方面,在文化同化政策的影响下,作为文化高地的中原文化迅速向越地渗透,到西汉中后期,宁波地域已基本汉化。之后两晋南北朝,中原部族大量南移,进入越地;在东晋时,具有全国声望的王羲之、葛洪等人隐居天台山、会稽山、四明山一带,宁绍地区一时还成为全国文化中心。总体上看,文化渗透由西向东逐渐发展,浙东区域由此分化成三个文化区域:一是杭州绍兴区域,文化同化相对深入;一是温州区域,原始越风保存较多,称为瓯越;一是宁波区域,属于中间过渡地带。作为海产品、丝织品和青瓷的集散地,港口在宁波的发展过程中,地位愈加显现,文化特点彰显,最终促使宁波文化从越文化中细分出来。这一文化细分的标志,是明州州治的设立。盛唐开元二十六年(738),浙东采访使齐澣上奏将越州鄮县划分为慈溪、翁山(今舟山定海)、奉化、鄮县四县,设明州统辖。当时的州治在小溪,即现在海曙区四明山首镇鄞江镇,因州治在四明山谷口,以山命名为明州。

明州的设立是中国城市史上的重要事件。宁波(为叙述方便,明州、庆元等宁波古地名,都称为宁波)是中国历史上最早以丝绸与陶瓷制作、贸易兴起,最早以贸易为中心功能的大型滨海城市之一。因为商业城市的定位,使州治从地势卑隘、缺少发展空间的山谷之口,走向地势平坦、地形广阔的三江口之地成为必然。三江口是海上丝绸之路的起点与中国大运河终点的对接处。或者说,中国东南以扬州为中心的长江三角洲经济圈形成,整个国家经济中心向东南迁移,选择了三江口,催使宁波人运用智慧,加快水利治理,以把握历史机遇,将这片盐碱漫浸的土地改造成宜居之地。

月湖的文化意义应当置放于国家发展变迁的大背景下来审视,月湖

子城遗存鼓楼

在这个时代款款走向历史前台。当时，月湖与日湖合称为南湖，后割长春门右一带为南湖，故分称西湖与南湖，西湖即指月湖，南湖即专指日湖了。这也是本书叙述部分涉及古日湖区域的历史缘由。在三国两晋时，月湖周围已有较多的人居住，唐代建城时所用城砖有许多是晋砖。2011 年，宁波文保部门在位于子城遗址东南部的原市公安局地块进行考古发掘时，发现在宁波建城前的汉晋地层。因为集聚人口陡增，自然对生活、饮用之水提出更高要求，需要一个有充足活水来源的城市水库。在众多湖泊中，选择月湖是必然的，对于一个三四平方公里的城市，月湖的面积足够大，能为一个较为完整的城市水利系统提供充足水源。在水运时代，还可以作为城市交通枢纽；与广德湖相比，月湖还有近三江口的优势，而且大小正适合被一个城市拥入怀中。

约在唐太宗贞观十年（636），鄮县令王君照第一次修湖，舒亶《西湖引水记》说："鄞县南二里，有小湖，唐贞观中，令王君照修也。盖今里俗所谓细湖头者，乃其故处焉。湖废久矣，独其西隅尚存，今所谓西湖是矣。"

它山堰至月湖的灌排系统（摄自宁波博物馆）

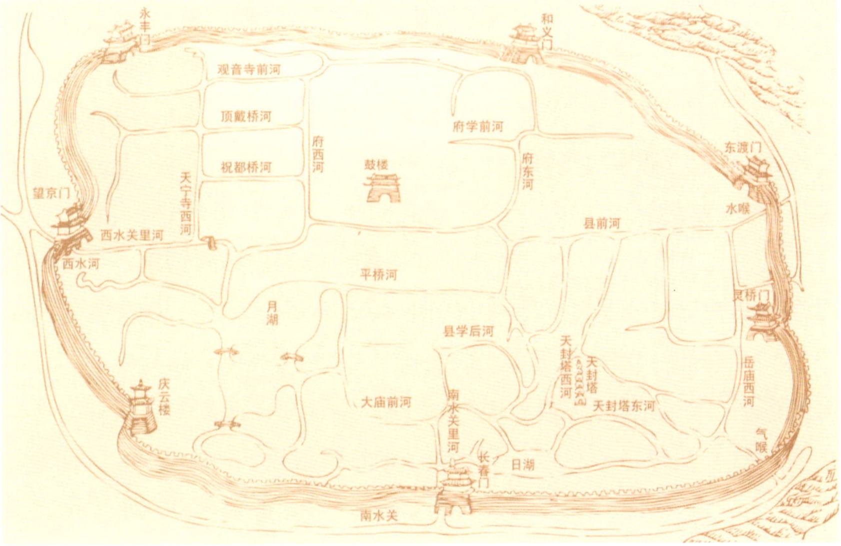

月湖水利图（摄自宁波博物馆）

太和七年（833），鄮县县令王元暐在平原西面四明山麓最长的山涧樟溪之上，即小溪镇所在之地，筑它山堰，然后开凿与鄞江平行的南塘河，直至月湖，引来活水。宋《宝庆四明志》记述这一系统工程：月湖“纵 350 丈，横

40 丈，周围 730 丈有奇”，城中“日月二湖皆源于四明山，一自它山堰经仲夏堰入南门，一自大雷经广德湖入西门，潴为二湖”。唐蒙《重修它山堰记》称，它山堰修成后，“约水势，贯城以入，潴为平湖，疏为长河，掬为幽沼”。长庆元年（821），州治移至三江口，所建子城正是依于月湖北端。

其后，宁波平原水利工程不断推进，鄞县西乡成熟在先，接着鄞县东乡也逐渐成熟，最终形成了“三江六塘河，一湖居城中”的典型水乡地貌格局。日本学者斯波义信把这种海边平原水利开发的过程称为甬江模式，即自然江河（姚江、奉化江、甬江、鄞江），与一条或多条人工塘河以及湖泊相配，以此巧妙解决咸潮对土地碱渍，以及潮汐、水位对航运的影响，最终形成灌溉蓄泄、通航水运一体发展的河网格局。这一水利工程规模不大，费工较少，但作用巨大，可阻挡江潮，护卫河流，控制涝旱，改善地下水环境，成为衍发宁波平原城市文明的基垫性工程，而月湖治理向为这一系列工程中的重中之重。唐末，刺史黄晟发民筑罗城，月湖成为城内水库。五代时，吴越王钱镠次子钱亿于乾祐二年（949）任明州郡守，吴越臣服于宋后，钱亿被封为奉国军节度使，仍驻明州；他驻节明州十余年间，曾对月湖做较大规模疏浚，确定月湖基本形貌。宋元丰年间（1078 ~ 1085），明州知州曾巩又大力浚湖，引它山堰水从望京门入湖。南宋宝祐四年（1256），制置使吴潜主政宁波，修浚城中水利，建成以月湖为核心的城市水网系统，水城宁波“沟血脉连”“家映修渠，人酌清泚”；并在月湖平桥之下，建“水则碑”，刻“平”字于碑石上；并颁布政令，规定城外所有碶闸均视“平”字的出没，为启闭潴泄的标准。月湖由此成为鄞西平原水利系统的眼睛，与鄞江它山堰首尾相应。

水利月湖是月湖文化开发的第一步，可以称之为“生存文化”，为了生存与发展，宁波人创造性地开发与利用大自然。行政区划调整后并入鄞西乡镇的海曙，正好完整地包括了从四明山到月湖的千年水利经营。而对于“文化”，在一般意义上，会更多地注意对于人生活方式的改变，即为了生活的有意义、具有深厚寓意的精神文化，可以称为“意趣文化”。在宋代，随着建筑技术的成熟，李明仲《营造法式》和喻皓《木经》等建筑

月湖水则碑

宁波古代碶闸（摄自宁波博物馆）

工程理论著作的出现，以及政治、经济、文化的繁荣，月湖园林文化得到了发展。宋真宗大中祥符中（约 1012），明州通判章郇在月湖北建红莲阁；宋真宗天禧五年（1021），僧人蕴臻在柳汀东西各建二桥，名东西憧憧桥，憧憧，来往不绝义，二字出自《周易·咸》“憧憧往来，朋从尔思”句。北宋嘉祐年间（1056 ~ 1063），郡守钱公辅借鉴杭州治理西湖的办法展开整治，西湖北端圆转成弯月的形状，故称偃月堤 —— 这可能是月湖得名的缘由，月湖由地理命名走向了文化创造的命名；并在柳汀建“众乐亭”，即取《孟子》“独乐乐不如众乐乐”之句，士大夫情怀融入月湖，审美意蕴得以丰富。月湖东边隔镇明岭相望的呈圆形的南湖故而被称为“日湖”，以合为“明”字，应“明州”之义；当时在鼓楼上凭栏南眺，应该能望得到两湖相应成“明”字的状貌。宋元祐至绍圣间（1086 ~ 1098），知州刘淑、刘珵先后疏浚月湖，“以积土广为洲，遍植松柳”，化出美妙绝伦的十洲。湖西从北至南为芙蓉洲、雪汀、烟屿，湖中从北至南为芳草洲、柳汀、花屿、竹洲，湖东从北至南分别为菊花洲、月岛、竹屿。现在的月湖面积约0.2平方公里，要稍小于唐宋，湖西、湖东的水洲已经融入城市之中，已经很难辨认当时作为岛屿的形态了。我们可以想象宋代之时，“与民同乐”的士大夫“自觉精神”与市民文化的全面崛起的大背景下，以园池台榭的建设为主体的月湖园林建设被视为官员的重要政治责任之一，建设资金以地方政府自筹、上级政府划拨或官员捐资为主，辅以少量乡绅捐助。这一公共文化空间经过以士大夫为主体的人们近百年的营建，形体与神魄已经具备：逦迤的是小桥流水，黛瓦粉墙，石板小巷，歌台舞榭里有衣香鬓影，酒肆勾栏里有缠绵南戏，商贾名士纷攘云集，帆樯林立，百货荟萃，处处流淌着殷实与滋润；还有静寂幽深处的禅院，高僧在趺坐静思；而变文俗讲、庙会迎神的民间活动中散播着俗世百姓一整套关于人生的有效理解。依托自然山水营造大型风景式公园 —— 月湖，在以工商业经济和人口为主的城市文明演变影响下，成为我国第一个全民游赏文化普及、兴盛的时代的见证。

二

也正是两宋，月湖实现了人文内涵的充实，甚至可以说，月湖启发了宁波新千年的文脉，是新宁波文化钟毓之地；一批品德高尚、学问渊博的学者几代相衔，氤氲出宁波文化的厚重气象。从大背景上来看，这与时代的变革相关。面对藩镇割据而亡的唐政府与战争纷乱的五代十国，宋初，太祖确定了崇文抑武的基本国策；太宗淳化元年（990），朝廷赐九经于各路，这是宋朝在宁波推广儒家教化的肇始。政府提倡“学而优则仕”，“万般皆下品，唯有读书高”的思想，宋真宗还写过一首广为人知的《劝学诗》：“富家不用买良田，书中自有千钟粟。安房不用架高梁，书中自有黄金屋。娶妻莫恨无良媒，书中有女颜如玉。出门莫愁无随人，书中车马多如簇。男儿欲遂平生志，六经勤向窗前读。”

而真正的点发应是庆历年间（1041 ~ 1048），宋仁宗下诏办学。这个改革的时代，鄞县迎来了 27 岁的王安石担任知县。他在巡视鄞县四乡之后，发现了当地文风不盛的问题。为崇扬文教，王安石集中地方文化人才，在月湖周围办学。庆历八年（1048），王安石建鄞县县学，延请楼郁掌教“县庠”；后明州郡学建立，楼郁又教授郡学。这就是月湖书声的开始。当时明州最为著名的五位宿儒，分别为大隐的杨适、杜醇，海曙横街的王致、王说，以及奉化的楼郁，因曾共同讲学于妙音书院，合称“庆历五先生”，后分别创立私人书院。其中以王说于宋熙宁九年（1076）创办的桃源书院影响最深远，王说的孙子王勋考中进士后上书宋神宗，得御赐书额“桃源书院”。这批人以移民后代为主，本来居住于平原西部的山麓，在政府的号召与王安石的竭诚邀请之下，五先生中楼郁、杜醇先后执教县学、府学。

官办学校兴建，民办书院兴起，促使文化骤然勃兴，文化学者欣欣然介入了一个清新明快的风雅时代的开启。从此儒家伦理、思维，以及笃实的治学品格，植根地域，成为明州文化全新的生长点。扩而言之，当时江南各地涌现了众多的教育家群体，诸如永嘉王开祖、丁昌期“二子”之学，杭州吴师仁、吴师礼之学，福州“古灵四先生”等。日本学者佐藤仁认为：

"这一现象是从中国社会的中唐时期开始萌生的，即从神秘的咒术性宗教（佛教和道教）为主导的政治形态向现实的合理的科举官僚（儒教）为主导的政治形态转化。换句话说，到了庆历年间（1041 ~ 1048）从中世社会向近世社会转变，已是历史发展的必然所趋。""庆历五先生"等教化之儒大量出现，预示着全国文化重心必将向江南转移的趋势。

政府为读书人士开辟了上升的通道。科举开始于隋唐，但每科不过10人，最多也只有二三十人。宋太祖赵匡胤开宝三年（970）的科举本来也只打算取8名，后来录取到106名。宋代每科大多在千人左右，像咸平三年（1000），宋真宗赵恒亲试，共取各科登第者1800人，进入仕途由此走向平民百姓；而且宋代科举强调"贡举重任，当务选擢寒俊"，"取士不问家世"，贫寒的社会下层文人从此有了"暮登天子堂"的机会，中下层百姓的读书兴趣和应举热情得到激发。从此，科举及第成为家族兴旺的主要途径，宁波出现了新型的文化世家望族。他们培养族内青年举子参加科考，举子及第的荣显强化了家族优势，加速了家族科举的兴盛，并为家族文献的累积奠定了基础。五先生中，王说和楼郁极重视家族教育，其族遂大；其弟子辈中有众多家族也成为科举世家。月湖诸洲最著名的为楼氏、汪氏、舒氏、丰氏与史氏等。据《宝庆四明志》记载，北宋明州出进士124名，宋初16名，而庆历至北宋末，不过80年，出了108名进士。教育促成了宁波人才的群发，当时楼郁即以教授学生科考"升学率"高而闻名乡里。

如果我们将月湖新文化家族的涌现，与城市商业洪流相联系，会发现城市完成了商业文化与儒家文化，即物质文化与精神文化的对话格局：混浊而激荡的三江吸引了繁荣的商贸，而澄澈而平静的月湖则是文化汇聚的港湾。这也是近千年宁波文化发展的一个内在对话结构。在这时，宁波平原已经超越了春秋战国时沿海贸易的范围。宁波的商业贸易可以上溯到河姆渡文化，春秋战国，鄮以贸易命名，可以看出那时商业的繁荣。但三江口现在经营的是大陆东海岸的万里海上丝绸之路，文化格局上需要改变地域长期以来根深蒂固的边缘意识与出世哲学；月湖所形成的文化高地，完成了宁波固有文化人格的改变，使其从文化自卑走向了文化自

海曙横街桃源书院

豪，从以世外自然、特立独行为其本位，转向了对道德主体精神的积极进取与遒劲追求；同时商人务实崇利的追求，也影响了四明学者的学术主张。四明地区文化一方面向中原迅速贴近，从而拉近了与中原的心理距离，另一方面也逐渐显现其讲求实利功效，力倡经世致用、躬行践履的学术特点。而月湖文化中心的形成，成就了万里丝路同时也是一条书籍之路、文化之路。尤其是两宋之时，宁波文化东传，促成了东海文化圈的成熟。月湖不仅是一个内河船转运的重要码头，也是文化东传之路的重要起点。

南宋时，四明人才群体性爆发，新的文化高潮标志就是“淳熙四君子”——杨简、袁燮、舒璘、沈焕讲学月湖之畔。这一批人与“庆历五先生”有着千丝万缕的联系，他们志趣相同，相隔不过三四代，甚至在血脉上也相互贯连；但他们的学问却大踏步地向前进发，因为他们的努力，不仅使儒家文化超越包括道家、佛教等文化在地域上的影响，独树一帜，而且径直走向时代的前沿，他们所主创的“四明学派”，堪与闽学、关学、蜀学相媲美、相呼应，蔚为一学统，直接开创、启迪着宋元四明学风。

这四位先生都是陆九渊的弟子，以弘扬象山心学为主体。“心学”是“理学”的重要流派。理学是以儒学思想为基础，兼容批判佛、道思想而形成的新儒学，与汉儒治经侧重名物训诂不同，其重在阐释义理，是儒家又一次新的现代性言说。理学端序起于韩愈，北宋胡瑗、孙复、石介三先生发展了韩愈“道统说”，开始从理论上探讨理学。到北宋中期，理学思潮逐步形成，并出现不同流派。

朱学与陆学是南宋最重要的两个学派，两者主要分歧在于格物致知与自省其身的矛盾，理学认为理在外，方法是格物致知，由道问学，主张“存天理，去人欲”；心学认为理在心，心即理，方法是自省其身，发明本心。但在“理是否是世界的本原”“继承孔孟正宗治理国家”“遵循三纲五常维护社会秩序”等方面观点上是一致的，都在佛学的启示下，力图由内圣开出外王，整顿人心、重建道德，“与天子共治天下”。而这两个学派在传播过程中却发生了“朱文公之学行于天下而不行于四明，陆象山（陆九渊）之学行于四明而不行于天下”的奇特现象。分析其因，一方面与南宋“中兴宰相”四明人史浩竭力推崇心学有关，四君子因史浩邀请到月湖讲学，促成四明心学氛围的形成，并因家族的影响力使四明之学在南宋有较大影响。另一方面与地域文化有关，作为移民为主体的社会，宁波更强调个人的本事、奋斗精神、怀疑精神，肯定人的存在价值、个体生命的意义，激励自作主宰、勇于担当的主体性精神，主张高扬人的主体性地位，这与主张人人皆能成为圣贤、人人都是尧舜的心学精神更为贴近；而地域以自由冒险、平等交易的工商文明为基础的海洋文化，讲求实事事功，关心百姓日用和国家社稷，价值取向上倾向务实创新，这也与心学有着一致性。心学与根植于农耕文化的朱子理学还是有区别的。

这四位君子以研究促进传扬，并以各自独到的造诣，构成了月湖多元化的心学研究学术生态。史称四派，即慈湖心学（杨）、絜斋心学（袁）、广平心学（舒）、定川心学（沈）。文天祥曾形象地勾画四派思想的不同特色：“广平之学，春风和平；定川之学，秋霜肃凝；瞻彼慈湖，云间月澄；瞻彼絜斋，玉泽冰莹。源皆从象山弟兄，养其气翳，出其光明。”（《郡学祠四先生文》）四先生在理论上为弘扬和发展陆学做出了积极的贡献，道德文章为南宋一时之人望。杨、袁、沈三人晚年同在月湖传陆九渊心学，杨简主讲于碧沚书院，袁燮主讲于城南书院，沈焕主讲于竹洲书院。经常讲学竹洲书院的还有沈焕之弟沈炳和金华学者吕祖俭，史称“竹洲三先生”。当然月湖学术还是多样化的，比如沈焕就较多地受到金华事功学派吕学的影响，吕祖俭即为金华学派创始人吕祖谦的弟弟。楼钥受朱熹影响较大，“庆元党禁”中，楼钥极力为朱熹等抗辩，也被列入党禁名单。

淳熙四君子塑像（摄自宁波博物馆）

月湖众多的书院，是月湖书香的典型载体。除北宋始办的县学、官学外，月湖书院主要是大量私学，这些书院虽然规模较小，往往集住宅、藏书与讲学于一体，但影响很大。一般意义上，月湖书院主要就是指千年以来这些私人所办的书院。如楼郁在竹洲的正议楼公讲舍、南宋杨简等三先生的讲院。现在，月湖众多的书院已经消逝于历史之中，但那曾经摇响的木铎声，抑扬顿挫的读经声，学友问难的争辩声，所构成的一个沉静而清明的气场依然留存，仍旧是月湖不散的魂魄。全祖望《湖语》一文写道："湖水之静深，足以洗道心；湖水之澄洁，足以励清节；湖水之霏微，足以悟天机。"月湖之水之所以能洗道心、励清节、悟天机，正是因为月湖沉淀的这一段天光云霁的历史。月湖由水利之湖、园林之湖、教育之湖，上升为学术之湖。他们所主导的四明学派与以吕祖谦为代表的金华学派、以叶适为代表的永嘉学派、以陈亮为代表的永康学派等，共同构成了儒学史上重要的浙学篇章。

三

风雅书香月湖的形成有三个标志：一是书院林立，学术播扬；二是科举兴盛，世家代出；三是藏书守道，蔚成风气。历代相续的藏书楼是月湖周边一道温暖的人文脉流。中国藏书最早为官府藏书，从商周的史官掌管藏书，到东汉建立秘书监制度，一直延续了1200多年。春秋时，以孔子为代表的私家藏书出现，在北魏时出现私家藏书楼。两宋因雕版印刷技术成熟，大量印刷版图书开始流通，再者科举走向民间，使过去昂贵的书籍走向较为广泛的私人收藏成为可能。南宋时，因都城南迁及工商业居全国之冠，江浙藏书大放光彩。明清两代，政治稳定，对民间藏书的表彰奖励，都鼓励并促使私家藏书的发展。据相关资料统计，至清代，浙江不同地区的藏书楼，杭州有100余家，湖州有40余家，嘉兴有120余家，宁波有90余家，绍兴有30余家，金华有30余家，温州有20余家，台州、丽水、衢州等区域共30余家。

月湖藏书兴于北宋，北宋以楼郁为最，自六经至百家传记，无所不读，家藏书万卷，手抄居半。南宋以楼钥的"东楼"、史守之的"碧沚"为最，另外如赵彦逾在烟屿建三层楼房，中层藏书3万卷，世称赵大资"重楼"。元以袁桷的"清容居"为最，明初以丰坊的"万卷楼"居首，后以范钦的"天一阁"为第一，清代如徐时栋的"烟屿楼"等，民国如朱鼎煦的"别宥斋"、冯贞群的"伏跗室"等。这些千年相继的藏书楼，与科举需求有着密切联系，藏书的盛衰往往也成为一个家族盛衰的表征。但藏书所体现出来的对文化的执着追求，突显了地域对文化价值的重视，对独立人格的追求，以及对社会的责任感，折射出地域一种上薄拜神教、下防拜物教的理性的人文精神。藏书楼主人一方面寻访与收藏珍善本，以此寄托着对先贤的敬仰和幽思之情，一方面研习学问，激励着他们熏染先贤墨香成圣成仁。藏书楼充实的资料收藏，为涌现知识渊博的大学者提供了条件，如宋元之交的王应麟，有汲古堂藏书，一生著述计有 20 余种、600 多卷，以《困学纪闻》《玉海》等对后世影响较大。元代袁桷集书万卷，编有《袁氏新旧书目》，著作有《清容居士集》《延祐四明志》等 10 余种。清代徐时栋致力地方文献，著《四明六志校勘记》，使六志得以流传后世，辑《四明旧志诗文钞》，著《烟屿楼文集》《烟屿楼诗集》等。这些学者前后相继的努力，使宁波成为地方文献留存极为丰富的城市，像天一阁保存的大量地方志，有明代地方志 271 种，其中海内孤本 164 种，成为众多城市考证其文化发展脉流的重要依据。浙东史学的兴盛与文献收藏的宏富有着密切关系。从宋末元初开始，月湖史学兴起。浙东史学兴于南宋，分为永嘉、金华两派，分别由永嘉的周行己、郑百熊和金华的吕祖谦、陈亮开创。金华一派由吕祖谦传入宁波，代表人物有大史学家王应麟、胡三省等。王应麟元时隐居月湖所主导的深宁学派，是月湖史学的第一个高潮。元明两代，其统不绝，至清初黄宗羲出，浙东史学又蓬勃振兴，黄宗羲组织“甬上证人书院”，长期讲学宁波，月湖之畔的万斯同、全祖望均为其代表性学者。因为浙东史学的地位与影响，清廷延请黄宗羲的衣钵弟子万斯同于康熙十八年（1679）编修《明史》，万斯同奉师命以布衣入史局，前后十九年，不署衔，不受俸。《明史稿》500 卷，皆其手定。章学诚认为浙东学术以陆九渊、王阳明为根底，同时兼备朱子与陆王之长，圆通广大，不在寻常史学范围之中。浙东史学派学者一方面自身就是藏书家，另一方面往往得力于浙东故家藏书。黄宗羲登天一阁，编《天一阁书目》，著《天一阁藏书记》；全祖望数登天一阁读书抄书，又至谢氏博雅堂、陈氏云在楼、陆氏南轩，借读藏书，由是学问大进。黄宗羲弟子张士埙、张士培即居于芙蓉洲的青石街，他们的西郊墨庄别墅，是黄宗羲甬上讲学地之一，因而改名“黄过堂”。月湖史学最后的高潮为徐时栋、董沛与王梓材等人在清末时对地方文献的整理与收集，许多著作都收入民国出版家张寿镛等人所编的《四明丛书》之中。

四

因为人居条件优越，又是区域文化中心，月湖自然成为历代三江六塘河社会精英的聚居地。聚居月湖的精英家族一个鲜明的特点是以书香维系家族，有些家族在科举上进士及第相连，甚至能跨越数百年几次中兴。月湖士绅簪缨鼎盛，著述宏富，既是宁波文脉之所聚，也是近世江南的一道人文奇观。因为数量众多，本书所能讲述的只是各个朝代月湖书香家族的一部分。代表性的如北宋的楼氏、丰氏，南宋的史氏、汪氏、王氏，明代的张氏、范氏、闻氏、杨氏，清代的万氏、林氏、徐氏等。这些家族的兴盛，体现了中国家族在汉唐旧式纯贵族的世家大族完全解体后，民众化、普遍化的新型近代封建家庭成为历史主体的走向，他们常常成为研究中国封建后期家族制度变迁的重要案例。如黄宽重教授的《宋代的家族与社会》《家族兴衰与社会网络：以宋代的四明高氏家族为例》《人际网络、社会文化活动与领袖地位的建立——以宋代四明汪氏家族为中心的观察》，戴仁柱教授的《丞相世家：南宋四明史氏家族研究》，叶伟华的硕士论文《南宋四明史氏家族研究》，钱茂伟教授的《明代的科举家族：以宁波杨氏为中心的考察》等。这些家族通过学术交流、同学共事、婚姻嫁娶等方式，形成复杂的人际网络与社会文化活动，成为具有地域特色的文化现象。他们组织各种书院教育，延请名师，使四明在全国科举上的优势得以维持，并以此提振学风，凝聚学术气氛，如“淳熙四君子”讲学月湖。明清民办书院被抑制，但地方名望助学之风一直延续。如嘉庆二十四年（1819），烟屿楼主人徐时栋之父徐太茂捐资在族居地鄞州明楼街道大敦建童蒙学舍名敦本义学，以及成童学舍名崇本书院，在月湖建柳汀书院等。

在两宋，月湖区域还有“五老会”“尊老会”“真率会”等耆老的社群

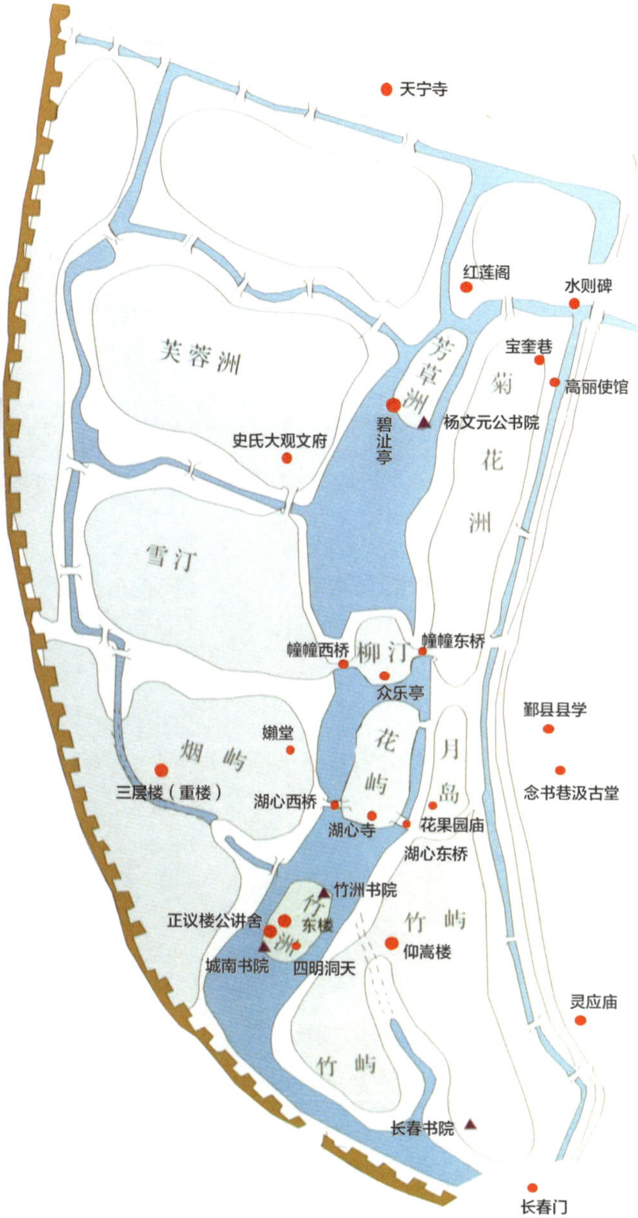

宋代月湖十洲图（摄自宁波博物馆）

组织，以及乡饮酒礼的组织，联络在乡的官僚与士大夫的情谊，增进士族对地域的认同，激发塑造地域文化的情怀。这些知礼明伦的社会精英、乡贤名达，也构成了基层社会的士绅阶层，横跨官和民之间。他们发起设置义庄、兴设学校、修筑桥梁及堰堤等社会公益活动，如沈焕、史浩和汪大猷等人共创乡曲义田，将婚姻家族间的互相扶助扩大为集体性的乡里活动，扶助贫寒学子。这使得学校教育更为普及，普通百姓与文教之间的互动更为有效，促使新的价值被广泛认同，并促使社会得到很好的发育。北宋庆历兴学的政治目标，即“以礼化俗”的社会整合目标，在宁波得到了较好的实现。像史浩等人在走向发达之前，本身就受到了当地士绅的帮助。他们之中有些士绅“一箪食，一瓢饮，人不堪其忧”，但他们“不改其乐”；如史浩祖父史诏，为楼郁的学生，因“八行”曾被补为太学上舍太守，他躲避不去就职，迁居到东钱湖畔勤心奉母。又如宋代的杨适、杜醇，清代的全祖望等学者，生活相当贫困，甚至

清代《宁郡地舆图》局部

需要救济，但他们深居简出，自视甚高，以德行、才能、声望而深被一乡民众所尊重，这种与政治控制截然不同的控制基层社会的权力核心长期稳定存在，这对于宁波文明的良性延续、社会秩序的稳定起到了重要作用。而在朝廷上，他们又互相支持，南宋时因史氏等家族长期主政，一时有“满朝紫衣贵，尽是四明人”之谓。在明代，江南的儒家集团甚至还表现出政党的初步形态，如沈一贯的浙党（沈一贯曾居于月湖东边广济桥等）、顾宪成的东林党等。清代，童槐与大卿桥的张岳年、张家骧叔侄及陆廷黻等在京为官，居住在东安门外的小甜水井一带，是宁波诸会馆的核心人物。

明清时期，在乡绅与政府的共同推动下，月湖新增不少景观。尤其是明代，明代不设丞相，“文到尚书武到督”，此时不少宁郡尚书家族如闻氏、杨氏、陆氏等聚居月湖。天顺年间（1457 ~ 1464），知府张瓒为陆瑜建尚书碑坊于西憧憧桥西，因此憧憧西桥又称尚书桥。万历四十年（1612），全天叙筑桃花堤于月湖之南，从水仙宫前（今共青路南端）至长春门（今镇明路南端与长春路交会处），从而完成了月湖“七桥三堤”的风景。明大理寺卿陆世科在柳汀建关帝庙，俗称湖西陆殿庙，故崇祯三年（1630），陆世科在柳汀东侧所建之桥，称陆殿桥。明神宗万历三十九年（1611），浙江巡抚甘士阶在柳汀建造了三间四柱“瀛洲接武”坊。闻氏在芙蓉洲马衙街尚有家祠，闻渊闻天官第的天官井尚存，马眼漕原即为闻氏花园水池。张时彻居花屿时，收购湖心寺为书院，改建宝纶堂，以为藏诰敕之所，现月湖庵为其母供佛之所。又有丰氏建万卷楼，范氏建天一阁于湖西。菊花洲最北面的范宅为范仲淹第十七代后嗣范亿的住宅，建于明代万历、天启年间；大方岳第为明贵州布政使张渊住宅，建于明隆庆三年（1569）；银第台为山东按察使、通政司副使童槐的住宅，建于清道光三年（1823）；烟屿楼为清末藏书家徐时栋的藏书楼，建于道光年间（1821 ~ 1850）。南宋绍兴十三年（1143），郡守莫将为纪念唐代诗人贺知章而建“逸老堂”，在洪武十一年（1378），迁至尚书桥东堍。元代至元十三年（1276）在柳汀设水马站，明洪武元年（1368）罢马站，设水站，即四明驿。万历四十六年（1618），月岛重建花果园庙。乾隆四十七年（1782），月湖桥重建，柳汀岛上居士林重修。

这样的社会结构最终在清末被打破，但在月湖可能于清初就已经开始瓦解。清朝初期，宁波反清复明的抗争极为激烈，如居芙蓉洲三板桥的镜川杨氏家族，在明代以“五世十科进士”、“一门三部尚书”（即杨守陈、杨守阯、杨守随）著称，在明清之际，杨家以忠报国，尤以殉国的“杨氏四忠”（杨文琦、杨文琮、杨文瓒、杨文球）最为著名。西湖陆氏后代从陆瑜起先后出过 11 名进士，在明末清初时有陆宇爀、陆宇燝等，组织反清复明活动。富有民族气节的鄞县部分士子，如万斯同等以布衣终生。清政府也压制宁波科举，雍正四年（1726），甚至下诏停止浙江乡试、会试达六年之久。清代鄞县进士仅 106 人，远远不及宋明两代，两宋鄞县进士为 730 名，明代为 306 名，这与清代地域人口急剧增长的现实不仅不相称，甚至形成对比。清代在朝廷和地方任高官的宁波人屈指可数，仅十来位，比较著名的有如兵部尚书屠粹中、吏部右侍郎仇兆鳌、都察院左都御史童华等；进士居官多为知府、县令，乡邦才俊得不到有效的相继提携。这种越来越窄的现实之路，势必影响地域的科举积极性，并涌动着一股寻求在新的领域实现自己人生价值的潮流，酝酿着一场新的变革企望。

因为经营月湖的民间力量世家大族逐渐消失，导致湖泊日益淤塞，湖床变浅，面积大为缩小。据《鄞县通志》说，至清初，月湖“广长减十之六七，而所有汀洲岛屿，不可复识矣”。至清光绪时，十洲中东西两岸六洲，已失去昔日面貌。除银台第、秦氏支祠、盛世花厅等，和西式洋房蒋宅、卢宅、翁宅外，故家宅第倾圮破败，月湖景色日趋黯淡。天一阁也几经风雨，在有识之士的保护下度过劫难，于民国二十四年（1935）完成修缮，并成为月湖藏书最主要的归所。

五

1840 年的鸦片战争，是宁波的转折之年，也是中国历史的转折之年。1841 年 2 月，虎门失陷。10 月，定海陷落，葛云飞等三总兵率守军血战而亡。1841 年 10 月 13 日，英国兵船四艘、汽船四艘载兵 700 余名，溯甬江而上，驶抵三江口、灵桥门。浙江提督余步云、宁绍台道鹿泽长、宁波知府邓廷彩等弃城而逃。道光皇帝震怒，着奕经为统率，10 月从京城动身赴浙，次年 2 月进驻绍兴，拉开大规模反攻战的大幕。但 3 月 10 日，以金川藏族远征军为主力，攻打英军宁波指挥官居住的府署的首战惨败，全军覆灭。战争即发生在月湖菊花洲、镇明路一带。其后清军对宁波、镇海分别发起反击，均不利。3 月 15 日，驻宁波英军乘势反攻，清军大败。道光帝见久经准备的浙东反攻以失败告终，于是调盛京将军耆英赶赴江南，准备与英军媾和。1842 年 5 月，英军放弃宁波，集中兵力北犯。吴淞、镇江等战后，清军已无力再战，8 月 29 日，耆英与璞鼎查签订不平等的中英《南京条约》，被迫开放宁波、上海等五城市为通商口岸。

1844 年 1 月 1 日，宁波江北岸正式开埠。英、法、美、德、俄、西班牙、葡萄牙、瑞典、挪威、荷兰等国相继来甬设领事署或置领事，西方经济贸易、文化教育等直接接驳上岸。一方面，宁波本身有经世致用的传统，黄宗羲讲学宁波后，工商皆本的思想深入民心，清中叶以后，不少家族面对现实，已走上了经商之路，并初步形成气候；另一方面，宁波人亲眼所见洋枪洋炮之厉害，“师夷技之长以制夷”“中学为体，西学为用”等思想自然为宁波人所接受，故而与其他城市相比，宁波表现出极大的开放性。1854 年冬，费纶鋕、盛植琯等集资购得一艘广东外商大轮船，定名“宝顺号”，标志着宁波港帆船港时代逐步向轮船港时代转变。宁波出现大量买办商人，经营对外贸易；尤其是 1870 年以后，宁波商帮抓住第二次工业革命契机，将商业利润投资于新式银行、轮船航运、现代工业等新兴实业领域，创造了第一家银行、第一家证券交易所、第一件西装等 50 多个中国“第一”，赢得自身转型。而在文化上，宁波人把外滩作为学习“新学”“新知”的窗口。1854 年 5 月 11 日，近代报刊《中外新报》创刊，其后如《宁波日报》《甬报》等陆续出刊。而传教士进入宁波后所造的教堂、医院、学校等，如斐迪（今宁波四中）、斐德等学校，白沙路的“体生医院”等，都改变着宁波的文化格局。其后，宁波帮人士积极办学。1871 年，叶澄衷在家

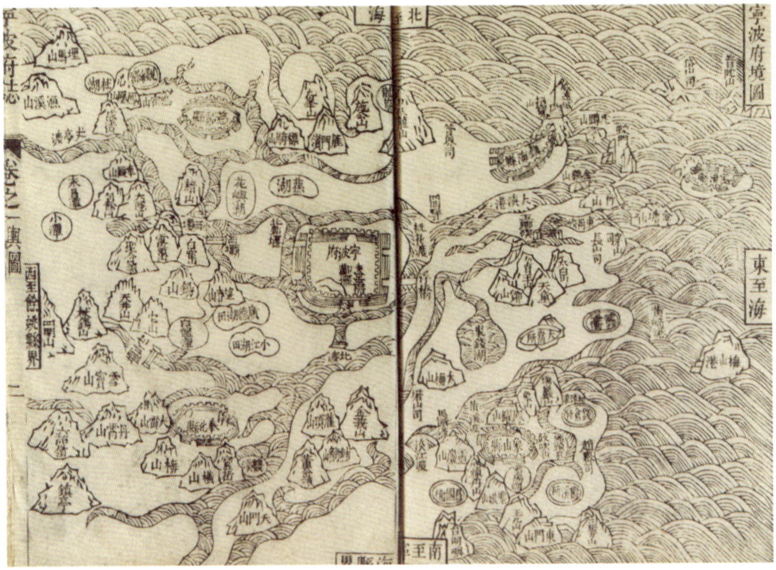

雍正《宁波府志·宁波府境图》

民国《鄞县通志·鄞县分图甲》局部

乡庄市办中兴学堂；1899 年，叶澄衷在上海创办“澄衷蒙学堂”，这是上海第一所国人自办的“洋学堂”。秦润卿等人发起创办慈城普迪学校、慈溪县立初级中学等。再之，宁波出版家组织出版大量新式教科书，如鲍咸昌创办的商务印书馆从 1904 年到 1907 年出版的初等小学教科书有 40 种。从 1920 年到 1949 年，全国书店不足十家，以商务印书馆最大。报纸只有天津《大公报》、上海《申报》等屈指可数七八家，宁波人主唱其中。这些人以及相关企业的从业者，大学教员、文化事业相关人员，总数加起来不过数千位有影响力的知识分子，宁波人占有较大比例。宁波人推进的中国近代化，成为近代中国史的重要篇章。

从 1840 年以后的百余年间，连续而深刻的变迁深深卷裹着东南沿海及至全国每一个区域，卷裹着几代人前赴后继在探索中变革。参差百年间，现代与传统、新式与旧式、西式与中式互相纠缠与撞击，连日常生活方式都发生了明显变化。红帮裁缝们做起了西装，城市百姓已经是中西合璧的打扮。陆路、水路的出行方式，马、驴等畜力车为主要的运输工具，已经为日渐伸展的铁路、公路所代替。中菜馆的菜单上出现了“西法大虾”“华洋里肌”“牛肉扒”等西式菜品，而洋糖、洋烟、洋酒等被接受得更快、更普遍。西式里弄住宅改造了传统低层院落式住宅，并得到较大发展。社会形态结构上的变迁更为深刻，在政治上，新民主主义革命结束了统治中国两千多年的君主专制政体；在经济上，传统自给自足的自然经济遭到前所未有的冲击，近代资本主义的工商经济不断发展壮大；在思想文化结构上，逐渐完成了从传统儒家文化到三民主义再到新民主主义的更替。在宗法关系基础上所形成的宗族、宗族制度，以及以血缘、地缘和业缘为纽带而产生的各种社会团体或组织，如会馆、行会等或发生解体，或为政党、商会、学会等社会团体或组织所取代，具有近代意义的职业功能结构逐渐取代了传统的以士、农、工、商组成的“四民社会”。社会构成要素的变化，引起了价值观念的变化，诸如纲常名教、男尊女卑、夷夏之辨、重农抑商等一些旧的价值观念，逐渐为民主、自由、平等、博爱、重商、进步等一些新的价值观念所取代，在人们的日常言语里，政治、革命、政府、党、

1907 年的宁波三江口

理论、哲学、原则、经济、科学、商业、法律、封建、共和、美学、文学、美术等等词汇，它们的出现实实在在地显现着一个转型时代里的人们在调整着自己的视野与思维。

清末民国月湖书香所经历的变迁，是整个中国大变革的浓缩。时代的每一次变动，都在月湖得到回应。相比较于外滩，外滩文化属于移植性文化，而月湖文化更多显现了中西碰撞中文化艰难缓慢前行的过程；而相比较于其他封建性深厚的城市，月湖文化的变革却显现出其先进性，它甚至带有出击的力量，从而在剧变时期能担当起国家变革的重任。其中最为著名的当数月湖西岸的两个家族：翁氏与马氏。翁氏家族原居于海曙高桥镇石塘村，鸦片战争后翁景和在上海开办大丰洋布店，专营英、美进口洋布批发而发家。后因盗乱迁居月湖，其曾孙翁文灏是我国第一位地质学家，也是民国时期的行政院院长。这一门之中走出三位院士。马氏家族世居鄞州邱隘盛垫桥，至马海曙时在月湖畔马衙街建造规模宏大的宅第，其五子著称民国初期的北京文化界，有“五马”之称。这两个家族正好一理一文，翁氏崇尚西学，因留学国外而成为地质、医学等领域的领军人物；马氏接受新学影响，其文史、金石学的造诣代表民国时代新臻的高度。

月湖西岸偃月街一带，在晚清七十年中极为活跃。先是光绪五年（1879），宁波知府宗源瀚在月湖竹洲创办辨志精舍，为浙江省第一家新式实学书院，学校在传统课程之外，加设舆地和算学等新学科。1895年，受中日甲午战争失败影响，宁波知府程云俶在慈溪旅沪商人严信厚等人支持下，于1898年在月湖之西崇教寺创建宁波最早的新式中等教育学堂，取名为“储才学堂”，学校在十年中发展为“浙东第一校”。1904年，新学制颁布，储才学堂改名为宁波府中学堂。

光绪三十一年（1905）9月，出于对新式教育人才的渴求，由士绅张美翊、陈训正创建宁波府师范学堂，为浙江省最早的一所师范学堂，标志着宁波传统书院制度的谢幕，采纳英国模式的近代学校制度全面铺开。当月，清廷当局因受日俄战争俄国战败刺激，正式宣布废除科举制度。1912年，在竹洲创办宁属县立女子师范学校，为宁波第一所女子师范学校。两所男女师范学堂，均开师范教育风气之先。20世纪初是宁波办学热情高涨的时期，老式府学、州学、县学因束缚思想、脱离实际，不适应时代发展，由19世纪末的主导地位迅速走向衰落，新式学堂春笋般发展。在新颁布的学制推动下，宁波的教育机构逐渐丰富，有普通中小学、实业学堂、师范学堂、普通女校、特殊学校等，体现出多层次、开放的特点。

如果从全国范围来看月湖的这些变革，正是鸦片战争后知识精英提倡经世之学、反对空谈性理之学在地域的显现。因地处沿海，宁波人更直观地感受到新式人才对于社会、国家的重要作用，月湖人才培养从政治、军事、文学等方面，转向对自然科学、技术发明等方面。而19世纪60至90年代洋务派所进行的一场引进西方军事装备、机器生产和科学技术以维护封建统治的“自强”“求富”运动，最终以甲午战争失败告终，加之宁波帮实业救国之潮兴起，使得宁波的教育改革步伐进一步加快，新式学堂创办不断推进。因为本地教育落后，无法满足求学之需，年轻人负笈外出，到上海及至日本、西欧诸国学习，在19世纪末20世纪初成为潮流。尤其是科举废除后，1905～1906年留日形成高峰。明治维新之后迅速崛起

的日本，成为宁波人最为重要的留学目的地之一。一部分月湖书生获得了公费留学的机会，一部分则是自费留洋。据吕顺长的《清末浙江留日学生的人数、生源组成及专业分布》统计，清末在日本留学生有明确籍贯的570人中，宁波有87人，其中鄞县为16人，宁波城区6人。如范贤方，宁波辛亥革命的主要领导人，由宁绍台道台喻兆藩保举，公费赴日留学。据《辛亥革命浙江史料续辑》，1908年考取留学欧美各国官费学生中，浙江共19人，宁波占7人，其中鄞县5人。自费的学生则更多。这部分人学习回国后，一部分参与了辛亥革命，成为光复宁波、杭州、上海的主力。他们的新学与行动，甚至改变了中国。

从总体发展来看，宁波城市形成于唐代中叶，繁荣于宋元两代，明清有进一步发展，鸦片战争后，作为近代中国五口通商城市之一，经济发展提升，人口迅猛增加，城区迅速扩张。1927年，拆除城墙，拓展用地空间，吸收众多移民。城市绿化建设得到加强，月湖作为绿化地区，湖边大片种树，在1931年的《鄞县建设事业五年计划》中可以看到，政府以美国郊外公园的式样为样本，开辟湖西公园，修葺开放位于西城的庆云楼，月湖碧

20 世纪二三十年代月湖全景老照片

沚有私营的茂盛花园。可惜的是，从晚清开始，城厢河流一直得不到有效疏浚，尤其是民国初，全城河道狭隘，人口增多，居民稠密，垃圾倾积，导致污浊淤塞，引发卫生问题，主政者多采取填没措施。1929 年后，除月湖、主要塘河外，陆续填没。望京门至月湖的水路、月湖至东门口的水路等，消失于历史之中。

月湖作为宁波的文化中心，清末一时热闹，也集聚了一大批极具思想力、行动精神的精英知识分子，创办了一系列新式学校，在全国处于领先位置。新式知识分子在宁波辛亥革命的光复运动中，发挥了重要作用。然而，让人感到遗憾的是这种蓬勃的变革并没有在民国时代得到提升。19 世纪末，在新式学堂的基础上，中国出现北洋大学堂、南洋公学、京师大学堂等最早的中国现代大学，南洋公学的创办与宁波人密切相关；民国后的第一次中国大学的黄金时代，与 20 世纪 20 年代中期到抗战前的大学发展期，基本与宁波无缘。月湖教育基本维持在中学堂基础上，在庞杂的现代高等教育面前，在学术研究多样化的时代面前，月湖曾经的一经传家的家族式教育，一家之言的学派研究式教育，已经失去了生存的土壤。月湖占据文化高峰的时代成了古色的记忆。

但是有一些文明是经得起时间的淘洗与人类经验的考验，甚至随着时间的推移而变得越来越深沉，比如月湖士大夫的那些经典故事，以及故事里蕴藏的具有永恒价值的精神与情感。月湖士大夫所信仰的仁义、诚信、孝悌、忠恕、和谐等，以及由仁性良知生发出来的生命观、世界观、人生观、人性观永远不会过时。换一个角度来看，也许中国的大学教育需要回首传统的中国书院。在儒家经典《大学》中，开宗明义道出了大学的理念："大学之道，在明明德，在亲民，在止于至善。"大学的责任在"明明德"，在发扬人性中本来的善，培养健全的人格；在"亲民"，即以修己立人，推己及人，化民成俗，更新民众，改良社会风气；在"止于至善"，使整个社会达到"至善"的理想境界。教育从根本上来讲，是对人类文化进行选择与整理，更新人们的价值观念，改变思维方式，实现文化的再生，延续社会的健康发展。月湖书院在某种意义上来说，创造过这样的境界。在当代大学面临独立创造、社会关怀、思考批判等大学精神缺失的问题时，月湖一脉书香仍然有其积极的启示意义。

六

由月湖书香，我们纵观"士"这一中国特色的文化现象。"士"最初指壮年男子，在《诗·郑风·女曰鸡鸣》有："女曰鸡鸣，士曰昧旦。"孔疏："士者，男子之大号也。"而后意义逐渐转移，指称承担认知、道德和审美之文化价值的知识群体。"士"的出现，是文明发展，社会分化越来越细的结果。在尧舜时代，人们举荐部落首领，往往考察其品德与才能，然后予以重任，这就是朦胧时期的选士制度。夏商周时期，知识与身份合为一体，"士"成为身份世袭的贵族阶级，有时也指处于王、诸侯、卿、大夫、士这一等级序列最低的层次；后来，也建立了选贤贡士制度，诸侯和地方民政长官选拔德行、道艺兼有者贡于天子，或升入大学深造。但这样选拔的人才非常少，主要以树立模范、引导风尚、化民成俗为目的。到春秋战国，社会发生巨大转型，教育体制随之发生重大变革，官学衰败，私学兴起。“学在官府”的局面被打破，知识与贵族身份分离，原来的官师和受过教育的贵族子弟等或投奔诸侯，或流落民间，原来贵族底层的“士”与平民之间形成了一个活跃的社会阶层，这就是新的“士”阶层。因为春秋战国一方面政治上的职事逐渐由简趋繁，需要大量有专业知识的“士”才能应付得了，二是各国政治与军事竞争剧烈，各国诸侯和公卿大夫自觉地“选练举贤，任官使能”，争相养士，壮大自己的实力。此时有道艺者皆称“士”，包括学士、文士、术士、剑士、方士、辩士等，以“士”为中心词的称谓达到百余种，“士”成为一种备受青睐的职业，人们竞相学习做士。而社会“学而优则仕”的指向，进一步推动了私学的发展，从而形成不同学派的百家争鸣局面，著名的私学与大师辈出。春秋末期的孔子、墨子，战国时期的诸子百家都是在这样的环境中孕育而生。他们从各自的立场出发，提出了各种各样的治国平民的方案，汇成了雅斯贝尔斯所说的轴心时代学术的繁荣。这与夏商周近千年中文化大师、传世经典少之又少的局面形成了鲜明对比。

“士”的社会身份在历史上不断变化，在周代时，作为贵族等级的一层，“士”主要为各部门掌事的中下层官吏。在春秋战国，“士”则转为以“仕”为专业的有学问、有知识的一个群体。这也是中国文化一般意义上所谓的“士”，这一群体的鲜明特点是：有强烈的政治责任感，以及精神贵族的气质；能够超越个体和群体利害得失，对整个社会有深厚关怀。无论何种流派，他们均以道统为旨归，以学统为依据，力图以自己的话语权力，建设理想的文化秩序、政治秩序。他们的主张和追求，同古希腊以“理性”认识自然世界与人的世界的观点，以及基督教“信仰”拯救人的教义，是不同的。秦代，贵族化的封建等级制转变为官僚等级制，新式官僚“吏”迅速扩张，训练有素的专业文吏为官僚主体，学士成为点缀。汉代，武帝独尊儒术后，以德行、经学、明法、吏能“四科”举人，前两科面向儒生，后两科多为文吏。此后，儒生与文吏在对立中互相融合，唯知“先王之典”的儒生逐渐掌握到文吏所独擅的“律令之要”，一种亦儒亦吏、学者兼为官僚的特殊社会角色产生，这就是沿袭两千年之久的“士大夫”。“士大夫”

甬上证人书院与“经世致用”横匾

即是儒吏结合的产物，与单纯的处于“器”层面之上的文吏不同，士大夫以“志于道”“仕以行道”为信念，以“仁、义、礼、智、信”道义理想为指导，实践于社会改造，还承担着经学、史学、文章、诗赋的文化功能，所谓“君子之学”，“君子不器”。由此，文化群体又与在秦代已经脱离血亲生活而自立为专门化领域的官僚体制，通过士大夫角色重新联结到一起；或者说原本集权力与文化于一身的宗法贵族，经历了相当的社会变化，在汉代的士大夫官僚政治中，又以新的父道、吏道与师道一体化方式出现了。

唐宋的士大夫又与汉代士大夫不同。东汉后期，察举制度遭到极大的破坏，任人唯亲、唯财、唯势等流弊百出。到魏晋南北朝，因为战争频繁，社会动荡，士人流徙迁移，以“乡举里选”为主的察举制难以实行，“九品中正制”这一选士制度应运而生。豪强地主由此垄断政权，形成势力强大的门阀世族集团，出现“上品无寒门，下品无世族”的现象。隋朝开始，科举考试成为选士制度，选举由门第向才学转化，带动政治运行模式从中古往近古转化。科举入仕成为风尚，孕育了中国民间读书的风气。尤其是宋代，“以儒立国”政治体制确立，来自平民的文人士大夫成为政治社会的主体力量。

宁波文化史上最早记入史册的文人士大夫是严子陵（前 38 ~ 41），东汉著名隐士。与东汉光武帝刘秀同学，亦为好友，曾帮助刘秀起兵；事成后归隐著述，设馆授徒。范仲淹撰有《严先生祠堂记》，有“云山苍苍，江水泱泱。先生之风，山高水长”赞语，使严光以高风亮节闻名天下。其后如居于姚江源头上虞章镇的东汉王充（27 ~ 97），是汉代道家思想的重要传承者与发展者，王充的代表作《论衡》是中国历史上一部不朽的唯物主义哲学著作。居于余姚的虞氏家族，自东汉至唐，余姚虞氏先后有 20 余人载诸《三国志》等国史正传，加上见于其他历史典籍的 50 余人，著名人物如虞翻、虞喜等，为江东著名士族。东晋门阀政治阶段，侨姓士族与本土士族互相融合，形成新江东士族，最为著名的即是王、谢家族，文采风流、功业显著。宋、齐、梁、陈阶段，门阀政治又归到原先皇权政治的模式，王、谢家族政治特权消失，望族地位逐渐衰退，及至隋唐，成为中古时期的绝响。但江东士族仍以其极具远见的家风、门风促进宗族子弟适应科举时代要求，继续发展，如余姚虞世基、虞世南等为代表的家族以其学术修养屹立于新朝。但宁波士大夫真正规模性融入大中国的政治与文化格局是在宋代文教大开之后，即以月湖士大夫为代表。

回首看千余年的科举，涉及整个历史段，宁波的进士数量包括余姚在内也无非两千多人，然而它对宁波的文化来说，不可谓不深刻。是科举推动了区域的文化与教育，提升了地域的文明质度。知识和人才得到社会各阶层的敬慕，使地域进入了有序和知识化时代。平民知识者通过科举有了发挥自己才华的机会和通过自己的努力去获得社会荣耀的出路，高智商、崇道德的人群有了引领社会发展的平台，整个社会因为科举充满变动的生气。由于科举的竞争性，以及家族自然繁衍分擘的原因，若不努力，几代之间便将湮没无闻。士大夫无法形成相对稳定的贵族家族，所谓“君子之泽，五世而斩”。然后又有一群锐意进取的家族从甬江流域的各个村镇走来，在月湖边购地建宅，树立俗世的荣耀。上千年中，月湖文脉相传的重要原因，“庶族”与“仕族”从来不是两种互相隔绝的社会阶层；而社会阶层之间上下的流动，使社会局面整体保持了千年的活力。或者说，月湖士大夫是国家和地域基层社会的中介，“朝为田舍郎，暮登天子堂”，既下达乡村，又上达朝廷，作为一个群体，长期充满生机地稳定存在，从而实现了月湖文化千年结构的动态稳定。维持这个动态平衡社会秩序的是儒家建立起来的道德形上学——理学，他们信奉“理”高于“势”，他们以天下为己任，并谋求人生实现儒家内圣外王的合一。“家庭—家族—国家”这样一种家国同构的社会结构，因为月湖的存在，因为这一群士大夫的人生样式，变得清晰可见。从某种意义上说，科举不仅是月湖书香的主要缔造者，也着染了月湖精神家园的底色。因为科举，月湖成为城市的中心，也成为整个地域的中心，地域文化的心理中心。月湖丰富的建筑类型，诸如坛庙、园林、民居、书楼、桥梁、佛寺、府第、文庙、书院、学宫等，承载了社会心理、价值观念、伦理道德、思维方式、宗教情绪、民族性格以及审美情趣等文化意识的总和，这样的文化场在宁波其他地方是无法完成的。换句话说，读懂了月湖，也就是读懂了宁波近世文化；读懂了月湖士大夫与城市文化生态的关系，也就读懂了近世江南及至整个中国文化的深层结构。

“士大夫”这一已经成为远去历史的社会群体，曾经还一度被人们以养尊处优而鄙薄，以至于在很长一段时间中，对他们的生活风貌、价值信仰与文化担当不甚了了。当我们接近月湖文化的深处，当传统文化精英笑语盈盈向我们走来的时候，我们发现他们品格高尚，作风务实，理想高远，并苦心经营过一个个生机勃勃的时代，他们是月湖书香的主要酿造者。

他们常常从城市的最底层出发，以自身艰苦卓绝的学习、奋斗，而进入到一个更高的阶层或精英阶层。他们没有世袭的经济与政治特权，知识、道德和才能是他们的立身之本，故而这些大多不愁衣食，不必为谋生操劳的有识之士的生活追求，与一般的暴发户保持着相当的距离。他们终身不懈于研读经史子集，勤于著述；对自己有严格要求，“视思明，听思

月湖芳草洲远眺

聪，色思温，貌思恭，言思忠”，“入则孝，出则悌，谨而信，泛爱众而亲仁”，待人接物彬彬有礼。他们对普通民众有着人格吸引的力量和道德表率的作用，深深赢得地域民众的尊敬，这便是对维续中国基层千年稳定起着核心作用的士绅；对家族，因为他们自身的道德表率，与严格的家训教养，而使家族拥有跨越数个世纪甚至上千年的繁荣；而对月湖，因为他们的文化追求，从而有了千年月湖的非凡品质与厚重底蕴。

而最值得崇敬的，是他们的内心都饱含深切的忧患意识，有着博大的社会胸襟，立志从修身、齐家出发，至于治国、平天下。他们的“平天下”，不是武力的征服，而是文化的治理和征服。他们的内心都有着强烈的文化自信和优越感，坚守着道德伦理为本位的国家观、价值观。在读书应试时，以圣人之道自励；入仕之后，以道义自守，敢于犯颜直谏，而少曲学阿世之事，即使遭遇痛苦，或贬或抑，甚至经历国破家亡，仍然坚守理想，不改初度。因为以“天下兴亡，匹夫有责”为担当，有这样高远的抱负格局和人生理想，故而表现出一种圣贤气象、豪杰精神。

1848 年，威廉姆斯在《中央王国》一书中说：“从科考的结果看，中国政府的高官阶层中的不少官员都怀有让人极为敬佩的才能和知识，及爱国、正直和有条不紊的工作态度。它维持了这个国家庞大的机器的运转，也保持着一种不衰的崇文风气。”而在月湖，他们主要是文化知识的创造者、遵循者、发展者、传播者和实践者。相比较于政治竞争的复杂与微妙和政治斗争的激烈与残酷，这里显得真淳而平静。中国传统的社会是一个政统与道统互相博弈的社会，代表道统的士大夫要实现自己的道德理想和政治抱负，必定会遭遇诸多的现实壁垒。月湖士大夫依据自己对于现实政治和后世影响的判断决定自己对于政治的用舍行藏，或者说，他们以天命、天理、良知等形态，实现内在的超越，从而使他们在遭遇政治挫折时能够有一方可以退守安宁的精神净土。月湖虽小，但可以努力经营无限的文化资源。月湖给他们提供了一个幽雅而又不远离世俗的空间。他们徜徉其间，他们爱竹，爱松，爱菊，爱莲，爱梅，爱柳，爱雪，爱月，爱芳草，他们以这些品性高洁的风物命名月湖诸洲，并托情比德创作了大量诗文。他们又是有生活情趣的群体，弈棋，作画，养金鱼，置瓶花，建造园亭，教唱歌舞，间及古玩、古帖，他们喜爱“山林亦朝市，朝市亦山林”的生活，心中自有丘壑，像史浩等甚至把四明山浓缩成景观，搬入自己的庭院，名之曰“四明洞天”。他们的血液与月湖的水交互融合，可以说，月湖每一寸土地，每一个建筑，无不浸染了他们风雅的文化印迹，镌刻着他们深挚的家乡情怀。相传梅调鼎在枕湖草堂作画，以杨梅汁泼白帐为底，划墨为枝，便是一幅绝美的梅花图。而蓦然回首间，一幢幢静默的古书楼，一本本泛黄的古籍，一段光风霁月的历史，在琳琅满目的风物中，重重叠叠投入眼帘。这是他们留给人世间的最为隽永的一道风景，书香从他们行走过、谈笑过、书写过的空间中弥漫出来，从月湖潋滟的水光中散逸出来，让人倾心追随、深深沉醉。这一片书香中，有每一个人心中对卓然而优雅的人生构想，也有每一个人对宁波这个区域最为神往与眷恋的追想。

但是到了晚清，科举制的废除使士大夫失去了安身立命的阶梯，他们无法以科举进仕，获得传统的社会地位和政治功名，迫使传统知识分子发生现代转型。在新形势下产生的知识分子，接受的教育已不同于传统的儒家学术，取而代之的是一定的专业知识和技术，他们扮演的是政府官员、商人、律师、记者等不同于传统的社会角色。从宏观上看，在民国，官场没有形成新的官吏养成制度，也没有真正引进西方选举制度，国无重心，近代军人、工商业者和职业革命家等新兴权势顺应而起，而知识分子在政治上呈现出边缘化现象。另一方面，他们寄居城市，却不再有与地方社会和国家政治的内在的制度性联系，成为社会上脱离了根的游离分子。大多数离开月湖的知识分子，已经不可能如同传统士大夫一样，把月湖作一个原点，从这里出发，又回归到这里。但在以知识为中心的现代社会，那些有着传统中国常识，又接受西方新式教育的知识分子，经过自身的努力，往往能够立足于文化的核心地位。尤其是现代中国学制建立后，因为学校掌握知识生产的核心权力，商业精英、政治精英、知识精英和技术精英都是由学校培养，从而形成以现代学统为网络的、一个遍布全国的新的精英网络。新式学校为知识分子提供了安身立命的空间和机会，他们通过成立学会、团体，以及办报纸杂志等，形成巨大的文化影响力。在这些文化言论中，我们可能感受到，尽管历经深刻变迁，那种"民吾同胞，物吾与也"的气度，那种深切的文化忧患、社会忧患不变。在知识分子身上，仍然大写着"士"的四个特点：创造和传承文化，追求个性独立，注重道德修养、追求人格完满，积极的用世思想。

七

江南文化对中国"士"文化的流变，起着重要作用，甚至可以说，传统意义上的"士大夫"以及"士"的现代转型，主要在江南完成。在上古时代，江南与中原相差不大，河姆渡文明是中国文明的重要起源之一。周秦之际，中国文明发生重大历史转折，生存压力较大的中原，产生了儒家的"忧患意识"与墨家的"艰苦奋斗"等，锐意改革，变法图强，成为文明的摇篮；而少水患，又有水利与航运便利、气候温暖的江南，在文化上倾向于更为保守的母系制度，保留了原始社会相对松散的生活方式以及相对安宁的心灵自由，这集中体现在庄子等人身上。总体上，无论在生产工具、管理制度还是精神文化上，江南因缺少变革，越来越落后于文明时代的历史进程。江南地区原生的文化传统与文明要素逐渐成为中原的附庸。

"江南"一词，最早见于春秋时期，指楚国郢都对岸的东南地段，范围极小。秦汉时期，江南主要指长江中游以南地区，即今湖北南部和湖南全部，南达南岭一线，也包括长江下游的江浙地区，但长江下游在秦汉时代一般称为江东、江左等。三国至东晋、南朝，全国中心城市第一次移到江南，建康（南京）成为六朝都城，成为南方的政治文化中心，江南的范围变为长江下游的江浙一带。永嘉南渡之后，江东政权一直被认为是华夏正朔，传统文化得到较好保存。在唐宋时期，中国经济与文化中心南移，中原文化随中原人士南迁而南移，结合本土吴越文化，形成了以"吴韵汉风""汉风越韵"为主体的江南文化，江南地区逐步成为事实上的中华文化中心。处于大运河出海口、大陆海岸线中点城市的宁波，走向历史前台，月湖成为江南一个重要的区域文化节点。明清时代，以苏州、杭州、南京、宁波等八府为中心的江南，则成为整个中华帝国的核心区。

中唐以后，中国的文化创造往往由江南引领。江南文化经过数千年的发展与变化转型，在不断的整合与重构中形成一个具有丰富内涵的文化体系，而且随着江南经济文化地位的不断上升，特点表现得越来越突出，并占领了中国文化的制高地。古越先民强悍好斗，充满野性，而在中原文化的濡浸之下，尤其是始于南北朝的三次大移民之后，江南文化清俊、秀逸的诗性特质得以深度开掘。比如句余山因晋人文学而改名四明山，植入了玄学、道教的风雅；"明"字实以之表明当时精英阶层重开日月的价值指向；宁波以四明山初名"明州"，即也是记录中华文化的价值转型。而月湖因唐宋的治理，既引来四明山清泉，又凭添书院，聚集士族，经过进一步改造的鱼米之乡焕发出温暖、秀美的气度，滋育人新的灵性，使人温润、柔和、纤巧，表现出与山东士人的儒雅、敦厚，关陇、燕赵士人的刚直、豪爽完全不同的文化气质，这是新质的"士"人形象。但古吴越锐兵任死的剑钺精神仍然深潜于灵魂，征战江河海洋的豪迈勇武依然贯彻心胸；或者说江南文化是外柔内刚、箫剑一体的，用一个物象来表示，有点类似在月湖高丽使馆展陈着的唐宋青瓷。所以这种文化特性转化在文士性情上，常常流露出轻狂豪迈、奔放洒脱之风，这在贺知章、全祖望等月湖诗人身上特别明显。在两宋教育走向普及之后，整个江南区域普遍崇尚文教，重视文化教育，江南官学、家学发达，世家大族藏书、读书风气盛行，“艺文儒术”成为江南士人的最鲜明特征。有清一代，全国共产生（文）状元 115 名，在对江浙科举名额限制的情况下，江南文化圈所属三省（苏、浙、皖）的状元数为 78 名，占全国的 67.83%。

而江南文化的开放性与包容性支持其文化生命绿树常青。秦汉以来，江南文化与中原文化及域外文化在长期交融中不断创新；其中最为重要的文化现象，即汉晋以后，尤其是中唐以后，推动儒佛道三教的融合，以及对观世音、弥勒、妈祖等多元化的民间信仰的宽容与理性态度，为江南形成层次丰富、内涵庞杂的文化生态起到了基奠性作用。或者说，一方面是以开放的姿态面对外来的文化，另一方面文化内部上下层也有着密切的对流与沟通，促成了江南士大夫文化视野的多元性与文化内容的生长性。

位于社会上层的儒家学者、道家真人、佛家高僧等构成了精英文化，是谓大传统；而位于社会下层的工、商、农等民众形成了大众文化，是谓小传统。大传统以士大夫为核心，他们从小读经典，长大考经典，按照经典的礼仪规则参加社会活动，依靠书信、诗词往来的必要知识，互相认同。私塾、学校、书院的教育便是大传统的重要播扬地。南宋时，月湖史氏等家族对于禅宗的支持，如史弥远推动设立“五山十刹”制等，对于中国化的禅宗发展起到重要作用。

普通百姓通过节庆日、祭祀日，婚礼、丧葬等仪式，以及戏曲等艺术形式，播扬文化知识、价值观念，庙堂、祠堂、戏台等便是小传统的衍生地。在江南，以月湖为例，可以看到这两种传统并不是割裂的，士绅、知识分子所代表的生活文化，自上而下，教化民众。下层民众的文化资源、价值理想主要来自大传统，众多儒家知识分子，作为广泛被人尊敬的士绅，将儒家等知识，写入民间的善书、皇历、家族规约等，只是这些知识往往从民间的立场和感受出发。两者之间可以互相转化，小传统中某些因素也可以

高丽使馆遗址

被国家权威接纳，从而上升为大传统。如妈祖信仰，是因为北宋宣和五年（1123），从宁波出发的路允迪出使高丽，遭遇海难后蒙妈祖救助脱险，而得到政府的认可，从而成为全国性信仰。

因为地处东南沿海，又是丝绸、茶叶、瓷器等古代重要国际奢侈品的生产区域，文化高雅精致，江南不可避免地与海外文化产生交融。史浩《鄮峰真隐录》卷二十四《贺李显谟知明州启》言："乃四明洞天之地，东连溟渤，接三韩箕子之乡。"楼钥《攻媿集》卷五十八《沿海制置司参议厅壁记》言："四明为东南大邦，海匝三垂，北通海岱，东控高丽、日本诸国。高皇南巡，驻跸临安，尤为控扼要地，始置沿海置制使。"某种意义上说，茶叶、瓷器等因融入了士大夫的茶道、禅艺等，而增强了产品的文化性，并由此强化了东亚诸国对于中国文化的认同，从而使宁波成为东海诸国的文化圣地。

士大夫长于斯地，对家乡地理环境、商业氛围耳濡目染，也使他们对海外文化有着开明的态度。宋神宗元丰二年（1079），宋朝廷规定：宁波是赴高丽、日本等国海外贸易的唯一合法港口。此后，贸易急剧升温。据记载，仅1021年至1192年，贸易达到117次，能确定人数的就有77次，共计4500人次。北宋政和七年（1117），宋楼异奏请朝廷在明州置高丽司，建高丽使馆，造画舫百艘以接待使者。宋代名臣张知白后代，避元乱居高丽，明时回宁波，现宁波月湖存有其故居大方岳第。朝鲜人崔溥漂海到宁波，1488年撰写的长篇中国见闻录《漂海录》，描述了当时宁波情形。1513年，日本高僧桂悟了庵访华，与王阳明对悟，阳明学派传入东瀛。日本使节策彦周良于1539年、1547年两次来到宁波，并且留下了日记《初渡集》《再渡集》，记载当时宁波的社会生活。朱舜水等大儒东渡日本，传播和推广中国文化，被喻为"日本孔夫子"。江南扮演着东海诸国文人学士、僧侣商贾目的地的角色，往来几乎囊括了物资、科学、技术、文化、精神等各个领域。因为深度的交融，东海文化走向成熟。

而江南，又相对远离国家的政治中心，战争较少，有长江、钱塘江等天然屏障，只要家有薄产，便可以静心做学问，也可以玩艺术与科技，这也是江南文艺与科技人才极多的背景原因之一。另外原因即是江南士大夫将承担社会责任和追求个性解放有机融合，他们常常将智理、平和、稳健和淡泊等作为自己的人生观，而在文化取向上，表现出以雅为宗、以俗为雅、雅俗结合的取向。以诗为代表，比如宁波诗人写俗人、俗事和俗物，连汤圆、芝麻、番薯都进入诗歌，与江雪、明月、松风高雅之物相比衬，在不知不觉中转化为旷达的胸襟和豪放的人生境界。像史浩的《鄮峰真隐大曲》、高似孙的《蟹略》、屠隆的《考槃余事》、屠本畯的《闽中海错疏》等，这在唐以前的士大夫是很难想象的。在禅宗影响之下，禅宗语录中常见的俗语词汇，也进入士大夫的语言书写之中。同样，俗与雅的相对，产生一种独特的张力，正如北宋僧人惠洪所说："句法欲老健有英气，当间用方俗言为妙，如奇男子行人群中，自然有颖脱不可干之韵。"

这种开放的态度，也是传统"士"的务实致用的精神取向在新的历史条件与区域环境中延伸发展的结果。《易传》云："天地之大德曰生。"在传统观念中，本身就包含创化人的生命和宇宙高于一切的思想。中国文化看重人的生活世界，关注现实人生的价值，创化有人情味、审美味的宇宙，甚于精神领域里的抽象理念。对于宗教、外来文化，并不苛求它与自己绝对相同，而是取决于它是否有益于百姓的民生福利，以及是否有益于世道人心。这也是宋元时期，市镇经济兴起，以月湖士族为代表的江南士族，能够摒弃董仲舒"存义去利""讳言财利"的思想，从重农抑商、贵士贱商的狭隘区间走出，坦然面对走向世俗化的时代的原因。在地域思想史上，从明代阳明心学，到明末清初宗羲史学，无不执"四民平等"为思维起点，在比程朱更广阔的社会范围之内寻找圣人、塑造圣人。王阳明在《节庵方公墓表》中指出，"士以修治，农以具养，工以利器，商以通货，各就其资之所近，力之所及者而业焉，以求尽其心。其归要在于有益于生人之道，则一而已。"四民是"异业而同道"，正如伊尹、傅说、百里奚乃至孔子都是出于农工商之人，但都可以成为高洁不群之士。圣人是不倚事功气节成名的，"知个天理""能个天理"，便是圣人最大的也是决定性的特征。人要随才成就，根据自己天生的资性去做自己力所能及的事情，只要心体纯乎天理，就可以成为圣人。这也是一部分士大夫弃儒经商的区域文化背景，月湖是宁波士大夫的原点，也是宁波帮的起点之一，正如月湖连接的药行街曾经是中国药业重地。对于江南士大夫来说，既有人选择儒者的道德和才智，又有人选择商人的财富与成功，充满多样的人生可能性。当然，这种价值取向也为不以读书为业者大开"学至圣人"的方便之门，成为解放社会、解救个人的传说。

开埠以后，江南文化格局变迁。在西学东渐的背景下，上海由于其特殊的地理和历史条件，迅速崛起；而苏州等传统的江南核心城市在太平天国运动中，遭受了前所未有的破坏，经济上的富庶与繁华随风而逝，文化上的精致与优雅亦如梦幻般消失了。主动接纳西方文化的上海成为江南乃至全国的中心城市，在当时人的心目中，上海是足以与巴黎、伦敦和纽约比肩的国际大都市，人们称其形成的文化为"海派文化"。这一文化的重要特点就是市民性、商业性、包容性，这与江南文化一脉相承，只是比传统江南地区文化更远地脱离了儒家文化的理性与伦理要求。上海的知识分子与市民阶层在文化上处于同一个世界，既过着世俗的生活，又力图附庸风雅，风雅与世俗，精英与大众，这些两歧性的文化元素在海派文化中奇妙结合，彼此嵌镶。科举废除之后，居于核心地位的士上可以劝谏帝王，下能够教化万民，作为四民之首的士大夫群体失去生存土壤，迅速退出历史舞台。而作为早已濡染西风的月湖知识分子，有相当一部分从月湖走出，在历史大潮中主动转型，融进上海，成为变革思潮的先锋，也成为这种海派文化性格的铸造者，如张美翊、赵时棡、冯君木、秦康祥、苏青、洪允祥、袁牧之等。或者说，这批在上海活跃着的从月湖走出的宁波知识分子，在时代变革中，完成自身塑造的同时，也创造了一个时代的文化风尚。

八

湖往往是一个城市的眼，杭州、惠州、颍州、福州的西湖，扬州的瘦西湖，济南的大明湖，武昌、泉州的东湖，嘉兴的南湖，昆明的翠湖，肇庆的星湖，南京的玄武湖、莫愁湖，芜湖、绍兴的镜湖等，这些湖不仅钟毓城市风景、风情，也是城市文化发展精华之所在。月湖对于宁波城市文化发展，就是一面镜子。唐宋的开元，明清的变换，民国的改革都在月湖留下了印迹。一平方公里之间，千年故事层层叠叠其上，可以说是浙东、是江南乃至中国文化遗迹最为密集的区域之一。历数其历史文化遗迹，不只是叙说近世宁波前行的历程，也折射着近世中国的变迁。

本书即以书香为线，以科举家族、文学名士、学术群体、近代教育、士大夫的精神与生活为主要叙述对象，分为“月湖学脉”“书香门第”“西学东渐”“风雅诗画”四个部分，讲述曾经成长在月湖周边的人，发生在潋滟湖光之上的事。范围大致包括北至中山西路，西至长春路，南至长春路，东至镇明路，东面部分也叙述到解放南路与中山西路、长春路到月湖之间的近2平方公里区域。“月湖学脉”从两宋兴学讲起，讲述月湖心学与史学之流变；“书香门第”以楼氏、史氏、丰氏、范氏、徐氏、童氏等在各个历史时代有代表性的月湖家族为例，展现月湖人家的文化创造与历史传承；“西学东渐”以翁氏、卢氏、马氏、戴氏等几个家族，储才学堂与宁波二中两所学校为线索，追溯月湖对近代巨变的应对。因为月湖人家众多，文化现象复杂，不可能一一叙及，这三个部分选取的是具有典型性的人物与现象。“风雅诗画”则以士大夫所热爱的诗、书、画、篆刻，以及酒、茶等生活艺术为切点，透视月湖士大夫充满书香的精神生活与价值之道，同时也叙述与士大夫们俗世生活相关的戏曲、传奇欣赏，以及关帝殿、祠堂等精神性建筑，从俗世文化的视角，状绘月湖知识阶层精神生活的实际状态。

透视与剖析月湖“士”的精神建构，及其历史流变，一方面让我们深刻感知任何国家和民族的知识分子，都有其历史上的文化传统和精神谱系，不存在横空出世、没有传统的知识分子。不同文化背景下的知识分子之所以有不同的特征，是因为他们有不同的历史传统。另一方面，我们由此可以反思现代知识分子的身份内涵与社会价值。“知识分子”是19世纪末至20世纪初从西方引进的概念，今天我们在使用“知识分子”这个词时，通常停留于受过一定程度的专门教育，具有专业知识，从事专业技术工作并具有相应职称的脑力劳动者。这已经与传统的“士”不同，也与西方的用法不完全相同。但这种不同，我们并不认为是转型的必然，而是现代知识分子应该如何与传统“士”续接精神文化，如何从他们身上汲取文化趣味、思想力量等。尽管他们并不是现代意义上独立的知识分子，而是依附于皇权体制下的“士大夫”；尽管我们也看到他们在逆境时，往往转向老庄，退隐田园。但他们内心深处以天下为己任，以文化托命之人自命，拥有真正知识分子的精神气质。知识分子并不是以大学的教授、研究院的人文专家、传媒的从业人员、出版社的编辑以及作家、自由撰稿人等职业身份来标志，也不是以受过的教育背景来衡量层次的高低，正如“士大夫”的“大夫”官职并不是衡量“士”的精神质度的主要标准，在叙述月湖士人的时候，千余人的进士其核心群体往往不是官职最高者，但必然占有文化的高度。“士”必须是“为了思想而不是靠了思想而生活的人”，著书立说、“志在天下”是士的社会属性，现代知识分子也须是如此。所谓“众人之诺诺，不如一士之谔谔”，这也是理解书香月湖的关节所在。

从河姆渡新石器时代人类从事种植开始，不过七千多年，使用文字的文明时代也只有五六千年。当人类进入文明时代以后，尤其是有国家理念的社会形成后，管理人、家、国一直是每个民族、每种文化的课题。几千年来，中华民族从不同角度探索治身、治学、治事、治人、治家、治国，也包括治水、治病等，形成了世界上最为丰富的思想库。

《周易・贲・彖》指出：“刚柔交错，天文也；文明以止，人文也。观乎天文，以察时变；观乎人文，以化成天下。”在当代，世界各国都在捍卫自己的民族和国家文化本身的价值，重塑自己的文化主体性，加强本民族文化的自觉意识，中国正面临着如何向世界展示自己的文化力量、文化价值和文化模式这一文化政治哲学问题。近世后期，士文化曾经衰落，士气不张；晚清以来，面对西方文化的冲击及中国内部对传统文化的历次批判与否定后，中国曾经出现过严重的价值真空、信仰失落及国家文化认同的危机。重读月湖士文化，会发现这一读书与个人终极价值、与国家命运相连的文化持续数千年，并未因古老而陈腐，反而如醇酒，愈陈愈浓。士文化尽管萌生于封建时代，但它并不是封建文化，而是饱含良善的文化基因，刚柔并济，博大精深，是充满人性和理性的智慧型民族文化。在近代革命中，月湖士人觉醒，士文化复苏而勃发。扩而言之，中国的伟大复兴其中一个极为重要的历史原因，就是有士文化这片肥沃的土壤。在当下，不断加强中华民族的文化自觉意识和内在凝聚力，无疑是中国成为文化大国的关键。传统文化不能只陈列于博物馆中，应该把它的价值与光学呈现在全人类的背景上面。整理月湖士文化，重新诠释传统文化，复活传统文化中最具文明价值的思想因子，创造性地转化士文化传统，作为推进城市与国家发展的重要资源，这种价值层面的自主能力，实际关乎着中华民族在全球化时代的文明命运。

1999 年，月湖以现代公园模式再次整治，旧貌重换新颜。占地约 1 平方公里的月湖依然是宁波文化遗产最为密集的区域之一。据统计，传统月湖十洲区域内有建筑遗产共11处。包括1处全国重点文物保护单位，即天一阁；3处省级文物保护单位，即翁文灏故居、清真寺、水则碑；7处区级文物保护单位，即贺秘监祠、佛教居士林、月湖关帝庙、范宅、月湖桥、大方岳第、高丽使馆遗址。市级文物保护点34处、区级文物保护点10处。月湖仍然是宁波城市文脉之所在，城市文化之所系。这些沉淀着特殊人文意义的历史建筑，使宁波这个城市有了承载时间的特殊空间，其深度和广度是其他文化载体无可比拟的。由此俯瞰地域文化空间，月湖区域依然还是姚江文化带与奉化江文化带的交汇点，姚江与奉化江如二龙抢珠一般，拱护着月湖；月湖在某种意义上就是日本人所称的“圣地”宁波的核心处所所在。

“只有坚持从历史走向未来，从延续民族文化血脉中开拓前进，我们才能做好今天的事业”，优秀的文化不是仅供消遣的文艺形式，不是单纯的商品，不能仅停留在研究、观瞻的层面。在重视经济成长的今天，若因其“软”性的特质而忽视其对社会发展的全面意义，就不能真正找回文化的灵魂与生命。月湖对于宁波城市文化建设最核心也最为迫切的问题是用新的理念和方法来处理，使之成为城市发展的重要资源。1999年开始的月湖文化空间塑造的形象多停留于旅游开发、公园游憩两大方面。从景观设计上看，月湖区域还未能形成较好的城市天际线，建筑高低不一，部分区域空间设计不尽完善，如南入口广场追求大尺度，“开敞”意识单调的设计和空洞的内容让人们难以亲近；园林设计美感有待提升，芳草洲、花屿相对较好，月岛、竹屿、菊花洲总体布局散乱，精雅感不强；另外，月湖月坛公园月神形象为新造形象，与月湖文化不相吻合。大量有价值的文化资源，甚至曾经走入大拆大建的误区，现存的各文化保护单位，除天一阁、银台第、大方岳第、高丽使馆等外，大多数还未能对外开放，包括文化特色较强的宝奎巷、蒋宅、花屿袁宅、林宅等，与月湖密集的文化建筑保护数不成比例；也未能通过多种方式呈现月湖文化，有效解读月湖故事，游客游湖却未能走进月湖文化，如芳草洲为现代园林重建，未能融入杨文元书院、史守之碧沚、范氏家祠等历史文化资源。徐时栋故居、翁文

月岛月园

灏故居等处于闲置状态。范宅古玩市场与镇明路婚纱摄影等缺少特色，层次不高；开放的文化保护点以静态展览为主，吸引多样化社会群体尤其是社会精英进入的能力不足。而且月湖景点跨时近千年，文化种类丰富，重点又在比较深层的书香文化，如果没有恰当的设计，初到月湖容易摸不着头脑，触摸不到月湖文化的深层之处。这不仅与塑造宁波书香城市形象的目标距离较远，而且区域服务能力不强，区域活力指数不高。与历史上月湖集居甬江流域精英人物，并以乡饮酒礼、诗社、义庄、书院教育等活动，型构书香月湖、士大夫月湖的心理空间，从而成为江浙一带具有较强的地域归属感与存在感区域，有着殊远距离。

2015 年 1 月，修改后的《宁波市月湖历史文化街区保护规划》获得了浙江省人民政府的批复，重新厘定了保护范围、保护对象，细化了保护措施，月湖街区改造进入新的历史阶段。通过文化空间的更新以重振千年月湖文脉，正从宁波上下共同的愿望走向现实。月湖的复兴自然不是回归过去，而是继承与发展，重塑城市的骨气与灵魂，建树城市文化的自觉与自信。我们要将空间里曾经发生过的士大夫们的欢笑与惆怅、困惑与追求、哲学与审美、意志与气概还原出来，并由他们的千年境遇，仔细倾听民族的企冀与心声。希望这个有限的空间,能够通过合理的规划设计,使不同年龄、职业、爱好的人都能找到各自的兴奋点。多种人群,多种活动,多种事件的汇聚生成了场所的活力。尤其是发挥月湖的教育优势,使传统的书香文化转化成城市发展的人才动力,为建设学习型城市、学术型城市,以精英文化的发展提升城市凝聚力,最终助推城市建设成为具有向心力的长三角特色文化中心,重建海上丝路文化输出高地。

月湖构建的文化空间,不是大剧院、音乐厅等大型公共建筑,而是城市鲜活的精英文化及精湛的民间文化,提供个性表达的土壤。通过地方习俗、节日庆典等非遗资源,艺术与媒体机构及其活动、文化活动、教育培训等,充实文化内涵;它营造的是精致、开放、包容、多元的城市环境,由此吸引全国及至世界各地知识分子的聚集,通过人才、资金、技术、信息等文化资源和文化要素在月湖的高度聚集,各种文化要素之间的相互影响、相互作用的机会,有效促进城市文化的发展,实现中心城市主城区经济转型的同时,成为长三角及至全国著名的文化创意中心,月湖实现这样的转型,有着深厚的文化基础支撑。如果作一个建议,更新月湖文化空间,应当是在尽量尊重现实状况的基础上,超越一般商业服务,为“人文、宗教、艺术和学术”服务,致力提升月湖核心区文化功能。该空间分为东西两大片区,西区以镇明路为纵线,连贯东北、西南两片区,以“生态”为空间特色;在文化上,着重在宝奎巷史氏故里设立中国南宋博物馆,以史氏家族的历史贡献为基础,讲析宋代士大夫气象,解读宋代政治、经济、社会、科技等方面的成就,以及宁波文化输出与东亚文化圈形成、大航海时代撬动的关系。在国家格局中讲清中国发展走向海洋的历史进程,讲述海洋文化对于大陆文化打开的新世界,从而从宁波的角度重新厘定南宋文化对于中华文化的意义。东区以偃月街为纵线,连贯西北、东南两片区,以“书香”为空间特色,保持惠政巷、青石街、中营巷、马衙街、大书院巷、桂井街为横轴的“一纵六横”传统“梳状”街巷肌理。在大文化上,着重在烟屿楼建中国浙东学术博物馆,展示中国近世理学的变迁过程,月湖心学至姚江阳明心学的演变,以及月湖史学发展从王应

月湖西区

麟，到黄宗羲与万氏八子，到全祖望，到徐时栋的四个历史阶段，这是宁波城市对近世中华提供的最为重要的价值资源，是中华文化的精粹与高点，也是宁波文化自信的核心。中间以大书院巷—柳汀街—镇明路为斜贯轴线，在文化上着重建设翁文灏陈列馆，展示翁氏家族一门三院士的辉煌，解读翁氏与月湖及至中国近代教育的变迁关系，并由此连接月湖其他家族，如张美翊家族、马海曙家族等，月湖也是典型显现中国近代由进士文化转向院士文化的区域。中间带连接从西北片区至东南片区，构成“N”型区域文化空间。各片区文化功能突出，对景点的优化设计最大限度保留、恢复旧时月湖十洲意蕴，尤其是三个博物馆揭示月湖三个文化高潮。使景区各有亮点，统筹散落景点精神脉络，又能结合现状进行巧妙演绎，适时创造新的景观效果。其间利用文保点，在现有茶博院、玉文化博物馆等基础上，再可建立丰坊书画纪念馆、全祖望故居、中医药博物馆、宁波文学艺术中心、东亚佛教交流博物馆等，组成博物馆群，宁波火车南站等城市客厅建王阳明、黄宗羲等具有国际影响力的地域文化名人塑像；多样性文化空间之间又互相联结渗透，互为呼应，历史文脉、场所精神与美学意境相互统一，文化特质鲜明，共同塑造月湖新的充满活力内涵的高端城市整体形象，完成月湖对于当代中国知识分子精神还乡、文化朝圣的意义。或者说，建设月湖博物馆群，可以成为提升“天一阁 — 月湖”5A 级景区文化内涵的直接要著，推动中心城区文化复兴，落实《宁波市月湖历史文化街区保护规划》的重要抓手。

然后，作一个更大视角的审视，月湖是典型的文化梦里水乡，东门口是中国典型的商业城市格局，加之鼓楼这一传统的行政中心，三者构成了近世中国商业城市的典型形态。宁波港通天下的商业文化是城市文化的重要组成部分，但东门口这部分商业文化与月湖这部分书藏古今的文化对话，才构成完整的城市文化生态，也才能明晰一座以三江六塘河为城市命脉，以吴越文化为底蕴的江南水城的灵魂。是以工商皆本、人皆尧舜的平民价值开拓，支持了海上丝绸之路的发展。这一对话关系典型体现了中国海港城市、海上丝绸之路“活化石”的城市样态，在中国城市发展史上有着样本意义。而读懂这两者之间的依存关系，也会理解中国新的城市形式“滩”的产生，在江北岸从 19 世纪下半叶起，走出 40 万宁波人，创造 50 多个中国“第一”，及至推动中国的近代化、现代化过程，会深刻理解宁波人从进士文化转向院士文化的地域必然性。这是更大层面上的中国性话题、世界性话题，作为东亚文化之都的话题。从某种意义上来说，这是月湖书香核心的价值所在，这也是宁波所特有的文化现象，可能是其他城市所未能经历的。而由此，月湖文化空间的更新，也就不是局限于传统十洲的概念，而是宁波城的概念，月湖区域与月湖文化空间与周边文化空间如郡庙 — 天封塔、鼓楼、南塘老街、外滩等文化街区联结起来。使各区域变点状为片状，变分散为融合，变形象模糊为突出，变静态为动静相宜，达到融文化空间有机更新的目的。有这样一个整体构建的文化空间，月湖将是永远新的月湖，永远讲不完的月湖，宁波人永远的精神家园；是宁波讲述东方文明的重要支点，也是宁波打造“名城名都”的重要依托。

【二】

月湖学脉

一、王安石与“庆历五先生”

北宋初年的几次疏浚与整治后，月湖成为城市的公共文化空间，士人、商人、普通民众汇聚湖畔各洲，周遭有众多的茶馆酒楼，以及寺庙、祠堂等，文化月湖的魂魄逐渐勾勒出来。而文化自觉却应始于北宋名相王安石为鄞县知县的创导。

王安石（1021 ～ 1086），字介甫，号半山，江西抚州临川人，北宋真宗天禧五年（1021）出生于一个官宦之家。19 岁父亲去世，三年居丧期满，正逢科举考试，于是赴京城开封应试，名列进士第四，他被派往扬州担任签书淮南节度判官厅公事。庆历七年（1047）任职期满，按照规定，王安石可以申请考试馆阁职务，但他却立志从一个基层县令做起，于是来到了鄞县，而他也成为宁波历史上最有作为的行政官员之一。

北宋庆历年间是气象万千的变革年代。当时的革新运动可以分为三路，一路是以范仲淹为首的政治革新团队，以与天下人同忧乐的儒家精神，寻求富国强民之路；一路以欧阳修和梅尧臣为核心，组织发起了大规模的诗文革新运动，否定浮靡的西昆时风，重追韩愈柳宗元之道；一路以胡瑗、孙复、石介“宋初三先生”为关键人物，力辟佛老，坚持儒学正统，重新确立自魏晋以降迄隋唐数百年内业已衰弱的儒家师道，重建道统。风华正茂的王安石把这一欣欣向荣的时代春风，带到了宁波。

王安石对于宁波的治理，可以说集中在两个“湖”上：一个是东钱湖，王安石浚修湖泊，建造系列的碶闸，基奠了鄞县东乡的繁荣；另一个就是月湖，他在月湖畔县学街的孔庙设立鄞县县学，动员民间力量，延请楼郁掌教“县庠”，杜醇为学师，宁波官方教育从此开始。这两大治理，是庆历新政在宁波的具体展现，也可以说是王安石为相后实施大规模变法的先声。楼郁、杜醇在历史上与杨适、王致、王说并称为“庆历五先生”，五先生都曾应邀到县学教学。现在，鄞县县学还有“棂星门”存世，即为第一医院南门。

杨适，字安道，慈溪人。隐居大隐山，乡人尊称大隐先生。王应麟在《四明文献集》中为两宋十位人物作传，第一篇就是《大隐杨先生传》。杜醇，原为越之隐君子，居大隐，学者称石台先生。以孝悌闻名于乡，躬耕养亲。王致，鄞县人，居桃源乡，因他的讲堂名鄞江书院，世称鄞江先生。明州知府曾巩、县令王安石曾造访过他。王说，王致从子，杨适门人；教授乡里三十余年，“间从问道者，望慕景附，人因号为‘小邹鲁’”，其桃源书院的影响还一时超过县学。熙宁九年（1076），王致以特恩补将仕郎，为明州长史，敕赐“桃源书院”一匾。王致著有《五经发源》50卷，集奏议、书疏、诗文为10卷。五人之中成就最大的是楼郁，登皇祐五年（1053）进士，调任庐江主簿，坐事而归，先执教南门柳亭，后迁入月湖竹洲。楼郁后又主郡庠十余年，为州县士子师，前后凡三十余年，号“楼先生”，“成就一时人物甚众”。楼郁一生勤于著述，有遗集30卷。

这五位先生，除杜醇外，其余四人的先祖都是唐末五代从外地迁居到宁波的。从这个意义上来说，宁波风雅一脉的引发，是移民文化的结果。唐末五代对宁波的发展来说，最重要的意义在于因为地域相对于北方战乱是一片安定的桃花源，从而吸引了一批具有较高文化素养的移民。移民本身有较强的忧患意识，力求立土生根，而文化常常成为他们的立根之本，故而这些移民的后裔很

鄞州东钱湖下水村纪念王安石的忠应庙

王安石与五先生塑像（摄自宁波博物馆）

快显示出文化引领的作用。五先生教学最值得称颂的是与中原学风变迁的对接，他们一反从汉唐一路秉持而来的章句之学，以儒典精义的时代精神，来指导人生，指导国家治理，培养学者的气魄。如杨适“治经不守章句”，杜醇“笃志穷经”“理学造韩王之奥”，楼郁“学以穷理为先”“病汉儒专门之见”，这种带有“明体达用”实学倾向的教学，全新的“由我注经，阐释义理”的研读经典之风，开启了宁波新儒学的建设。一批富有真才实学的儒学人才由此出现，其优秀的学子便是众多科举家族的始祖式人物，而四明地域的价值向度、文化环境也随之大大改善。宁波之地频出心怀经世济民之志的白衣卿相，他们的视野与事业，已经触及整个中国，这使地域与国家的关系，与唐代完全不同了。

如果用画笔来摹画这些学者的形象，一定都是神采俊雅又相当严肃认真的。他们不仅传授儒学真谛，而且身体力行，为一方表率。他们是以自己的教育，实践儒家“以礼化俗”的社会理想，他们的内心一定明白他们所担负的历史使命，这是基奠宁波的新质文明，他们为能担负使命欣喜不已。因此，物质生活的艰苦对于他们来说，并不是一件难以忍受的事情，相反颜渊式一箪食、一瓢饮而不改其乐，让他们感受到文化的尊严。明代学者李堂赞扬五先生：“宋至庆历文治日兴，岩穴山林修德践行之士彬彬辈出，吾四明五先生当其时，行必践言，身必为教，信所谓道义重则轻王公者。呜呼！濂洛未开，天启真儒之脉，诸先生莹然完璧，名实相符，不特师表一方而已。…… 昔文公以石守道、孙明复、胡安定开濂洛理学之先，堂于五先生其不当以一乡论者矣。”全祖望则以“数十年后，吾乡遂称邹鲁。邱樊缊褐，化为绅缨”，评价五先生的文教陶润之功。他们的大众化教育，改变了宁波六朝以来的家族式贵族化教育，学校教育从来没有与地方百姓这么广泛地产生过互动。

当然，我们应该归之于历史背景的影响。从中唐以来，随着中国文化中心向东南迁移，江南各个区域开始涌动起一股股民间的文化力量。而宋代“崇文教，抑武事”的国策，为这些民间力量走向前台提供了历史机遇。王安石的到来，将庆历兴学的导引，体现在与五先生的互动之上。王安石在任鄞县知县时说：“天下不可一日而无政教，故学不可一日而亡于天下”，“教化可以美风俗”，“苟不可以为天下国家之用，则不教也。苟可以为天下国家之用者，则无不在于学”。鄞县县学，及其后明州府学的设立，标志着地域教育中心开始形成。这个教育中心就是月湖，月湖汇集了区域的文化力量。在这之前，月湖为三江口服务，体现为提供水源，汇集四明山涧的清湍丽水，这是城市生命的源泉；而这之后，体现为文化与精神的供给，文化给商业的发展注入新的巨大活力，而这种滋养的关系随着历史的推移愈加显现。学者称赞王安石“在鄞仅千日，影响一千年”，确乎如是。

王安石对五先生礼尽义到，散见史籍的书信透露着他们的情谊。王安石在《与楼郁教授书》中赞扬楼郁“学行笃美，信于士友”，虽“穷居海濒”，仍然“自乐于屡空之内”。在《答王致先生书》中，王安石表达了“久不见颜色，倾渴无量”的思念之情。而得知杜醇去世噩耗，王安石写下了《悼四明杜醇》，诗中赞扬杜醇“隐约不外求，耕桑有妻子。藜杖牧鸡豚，筠筒钓鲂鲤”的高尚品质，并以“悲哉四明山，此士今已矣”表达对杜公的崇敬与悼念之情。在王致先生去世后，王安石为其撰写了墓志，说：“四明士大夫立言以垂后世自先生始。”

这样一块用心付出的地方，一块实践自己初始理想的地方，在王安石内心深处的地位可想而知。在离开宁波之后，王安石一直有“早晚重来此地游”的愿望。他以“西亭”为题写有三首绝句，其中一首为“山根移竹水边栽，已见新篁破嫩苔。可惜主人官便满，无因长向此徘徊”。“西亭”即在月湖竹洲一曲，相传王安石勤于政事，但读书不辍，西亭即为王安石读书之处。诗中作者所谓“新篁”，即新竹。这首诗我们可以理解为他在鄞县勤心所创的一项项利民工程，看着努力初见成效，可惜三年官满，却又不得不因官期已满而离开，内心有多少留恋。然而在鄞县志得意满的他，在主导 11 世纪的变革时，却历经政坛风波，及至最终失败，退职回家，当时的他想起鄞县又应该是哪一种情感呢？有一次，他得到了一张四明图画，心情难以平复，在《观明州图》诗中写道：“明州城郭画中传，尚记西亭一舣船。投老心情非复昔，当时山水故依然。”此时的西亭，已然为意气风发年轻时代的一个符号记忆，“投老”即“到老”之义，老时的心情已与当年完全不一样了；人变了，国家境况变了，可鄞县山水没变。在王安石的“致青春”中，那一种怀念与感慨之情非常人可以体会。

王安石和庆历五先生成功的地方教育改革经验也渗入到后来的王安石变法之中。北宋历史上有三次兴学运动，第一次是范仲淹为相时，庆历四年（1044）的兴学，王安石在鄞县创办县学即在此时；第二次是王安石为相时，即神宗熙宁、元丰年间（1068 ~ 1085）的兴学；第三次是蔡京为相时，即徽宗崇宁元年（1102）的兴学。这三次兴学以第二次规模最大，王安石最反对的就是汉儒章句传注式旧学风，提出学以致用原则，颁布《三经新义》为官定统一教材，还主持科举考试制度改革，进士科罢诗赋、帖经，试以经义、论策。客观上说，这些变革与王安石在鄞县办学时崇实尚用的思想是一致的。

王安石之后，又一些著名文人到宁波任职，如李夷庚、钱公辅、曾巩等。此后，月湖成为宁波的文化中心。海隅之地，宁波民间由此开始“田家有子皆习书，士儒无人不织麻”。

二、杨简与月湖心学

北宋时期，政治环境较为宽松，儒学得到复兴，中下层百姓响应政府号召，投身科举。这批士大夫与唐代贵族出身的官僚不同，大多怀有很强烈的责任感，范仲淹的“先天下之忧而忧，后天下之乐而乐”，正是时代价值观的显现，引起广泛共鸣。

尽管士大夫们有忠君报国之心，但因政治立场不同，各党派之间矛盾重重，诸如以司马光为首的旧党和以王安石为首的新党之间的矛盾。为了使自己的政治见解能为皇帝所接受，他们往往要引经据典，寻找理论依据。由此，竞争和开放的宋学风气，也为一大批儒学思想家的产生创造了条件，他们通过己意来解经，形成了新的理学体系。儒学分为两大流派，即王学（王安石新学）与洛学（宋儒程颢、程颐的学说）。洛学分为道南学派和湖湘学派，湖湘学派因代表性学者胡安国、胡宏、张栻等人的主要学术研究和传播学术思想的活动都在湖南而得名；道南学派的创立人为杨时，杨时是二程的弟子，学成南归时，程颢以“吾道南矣”一语相送，故称道南学派。其中道南学派由杨时到李侗，到南宋时传承至朱熹、王苹、张九成则向心学转化。据《宋元学案·象山学案》，陆九渊之学，除得自家传，尚可由林季仲（竹轩）、张九成、王苹、谢良佐溯源至程颢。陆九渊即宋明两代主观唯心主义“心学”的开山祖，杨简的老师，也是“淳熙四君子”杨简、袁燮、舒璘、沈焕共同的学术宗师。陆九渊深得家传，与四兄陆九韶、五兄陆九龄，都以学术闻名于世，号称“三陆子之学”，另得林季仲、张九成等人学问。这就是大儒杨简的学术渊源与历史背景：从庆历五先生时期的兴学，即建立学校以满足日益增多的学生的学习需求，发展为对学术理论的探究，教化之儒走向学术之儒。

理学各派随政治变动而起伏。在北宋，以二程为代表的洛学受到了王安石、蔡京等人压制，形成了“元祐党禁”。南宋初期，为笼络士人，高宗多次表示对元祐学术的尊崇。后秦桧为排斥反对议和者，又将新儒学指控为“专门曲说”，一度在科举考试中禁止考生引用新儒学学说。孝宗朝也禁止引用新儒学，光宗朝取消了对新儒学的压制。而宁宗即位后，韩侂胄出于权力斗争需要，又将新儒学视为“伪学”，史称“庆元党禁”。但是南宋统治者的政治打击并不严厉，以朱熹、陆九渊等为代表的南宋新儒家的学术研究与教学活动并未被禁止，他们依然掌握着文化话语权。因处于政治边缘地带，他们不可能依靠官府创办和直接管理的机构开展学术活动，民间色彩相当浓厚的书院成为他们的必然选择，这就是南宋初期书院在月湖兴起的背景。

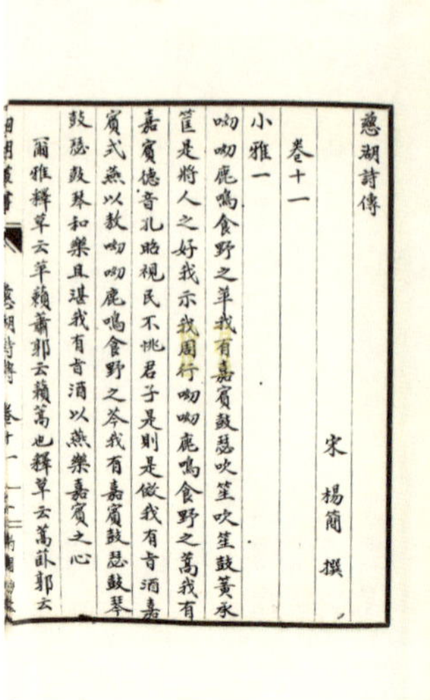
慈湖詩傳
卷十一　宋　楊簡　撰
小雅一
呦呦鹿鳴食野之苹我有嘉賓鼓瑟吹笙吹笙鼓簧承
筐是將人之好我示我周行呦呦鹿鳴食野之蒿我有
嘉賓德音孔昭視民不恌君子是則是傚我有旨酒嘉
賓式燕以敖呦呦鹿鳴食野之芩我有嘉賓鼓瑟鼓琴
鼓瑟鼓琴和樂且湛我有旨酒以燕樂嘉賓之心
爾雅釋草云苹蘋蕭郭云蘋蒿也釋草云蒿菣郭云

杨简撰《慈湖诗传》书影

杨简（1141 ~ 1226），字敬仲，慈溪县城（今江北区慈城镇）人，乾道五年（1169）进士，任富阳主簿，后调任绍兴府司理。杨简个性刚强，不畏权势。《宋史·杨简传》记载：“为绍兴府司理，犴狱必亲临，端默以听，使自吐露。越陪都，台府鼎立，简中平无颇，惟理之从。一府吏触怒帅，令鞫之，简白无罪，命鞫平日，简曰：‘吏过讵能免，今日实无罪，必擿往事置之法，某不敢奉命。’帅大怒，简取告身纳之，争愈力。”说的是杨简任绍兴府司事期间，处理案件严格按照事实，秉公执法，统帅下令审讯无辜的府吏，杨简拒不从命，统帅大怒，杨简拿出自己的“告身”，即委任官职的文书，宁愿失官也要据理力争。杨简还是一位善于教化的官员。《宋史·杨简传》记载，杨简任江西乐平知县时，“兴学训士，诸生闻其言有泣下者。杨、石二少年为民害，简置狱中，谕以祸福，咸感悟，愿自赎。由是邑人以讼为耻，夜无盗警，路不拾遗”，杨简对于为害一方的少年，以教育为本，亲自到牢狱之中，对他们晓以大义，促使他们醒悟，弃恶从善，愿意赎罪。由此，乐平县人都以诉讼为耻，夜无盗窃，路无拾遗，成为仁人之乡。

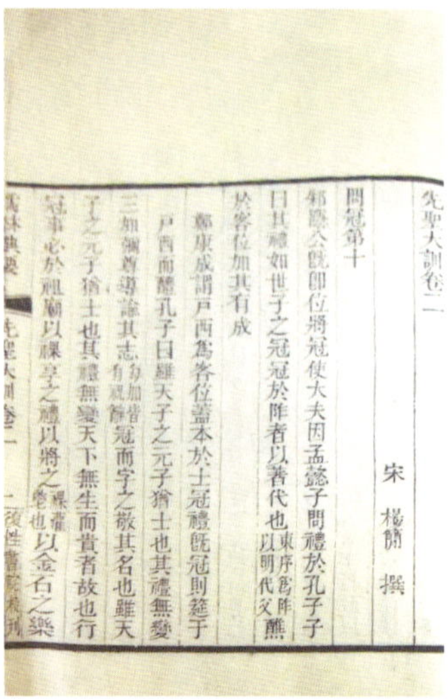
先聖大訓卷二
宋　楊簡　撰
問冠第十
邾隱公既即位將冠使大夫因孟懿子問禮於孔子子
曰其禮如世子之冠冠於阼者以著代也
於客位加其有成
鄭康成謂戶西爲客位蓋本於士冠禮既冠則醮于
戶西而醴孔子曰雖天子之元子猶士也其禮無變
三加彌尊導諭其志冠而字之敬其名也雖天
子之元子猶士也其禮無變天下無生而貴者故也行
冠事必於祖廟以祼享之禮以將之以金石之樂

杨简撰《先圣大训》书影

因为个性刚正不阿，注定了杨简起落不定的仕途。47 岁时为叶适推荐，第二年委任为嵊县知县，因父亲去世，丁忧三年，没有赴任。51 岁，任乐平知县。绍熙五年（1194）任国子博士。韩侂胄打击政敌赵汝愚，罢黜赵汝愚右相之职，祭酒李祥上奏章为之辩论，杨简时为国子博士，也呈上奏章，表达自己对事情的看法，说“昨者危急，军民将溃乱，社稷将倾危，陛下所亲见。汝愚冒万死易危为安，人情妥定，汝愚之忠，陛下所心知，不必深辨。臣为祭酒属，日以义训诸生，若见利忘义，畏害忘义，臣耻之”。结果杨简被认为与赵汝愚结党，在庆元学禁中被罢免官职，家居十四年，著书讲学。直到宁宗的“嘉定更化”（1208），杨简才再度为官。在任国史院编修官，兼实录院检讨官时，因进言不为朝廷施行，请求外补，任温州郡守。温州在杨简的治理下，闾巷雍睦，无忿争之声，老百姓敬爱杨简如同父母。离开温州时，倾城哭送。宝庆元年（1225），以德高望重的耆宿大儒膺宝谟阁直学士、太中大夫，封爵慈溪县男，卒谥文元。著有《慈湖遗书》《慈湖诗传》《杨氏易传》等。

杨简在哲学、文学、书法、绘画、器乐等各方面都有深厚造诣，尤其是在发扬光大陆九渊心学上，贡献远远超过为官从政。杨简勤于研磨，学问日进，“慈湖杨敬仲之学，直挈心宗，大悟一十八遍，小悟无数，在宋儒中，可谓杰出。人多以近禅訾之。先生之学，岂真禅耶？明眼人当自辨之”（清代李颙《二曲集》）。史载杨简任富阳主簿时，陆九渊到富阳，两人夜坐双明阁，陆九渊数次提“本心”二字，杨简问：“何谓本心？”陆九渊说：“君今日所听扇讼，彼讼扇者，必有一是，有一非。若见得孰是孰非，即决定为某甲是，某乙非，非本心而何？”经过陆九渊的启发，他终于发现真正的学问精神是让“本心”主宰自己，任何外在的经验教条都不是学问本质。杨简忽然觉得心中澄然清明，端坐到天明后，即拜长自己两岁的陆九渊为师。

杨简认为，万象归一，万理归一，生命归一；“一”是万物、万理和生命的本原，而这个“一”就是心。天地万物都是“吾心”的显现，“心”是一切事物的本原。杨简说：“人心，非气血，非形体，广大无际，变化无方，倏焉而视，又倏焉而听，倏焉而言，又倏焉而动，倏焉而至千里之外，又倏焉而

穷九霄之上，不疾而速，不行而至。非神乎？不与天地同乎？”（张寿镛辑《慈湖遗书》）他的本心论超越了陆九渊，能够主动地通天地，育万物，天之所以清明，地之所以博厚，日月所以明，四时所以行，万物所以生，全赖心得以存在，天地乾坤万物都是心的表现。这种论点突显了人内在的精神能量与自我觉醒的力量，让传统儒学变得简单而充满活力。

淳熙年间（1174 ~ 1189），杨简因退居四明的老丞相史浩的邀请，到月湖开馆讲学。当时月湖诸岛十之六七均为史氏所有，史浩辟出宅院，以供四先生。《宋元学案・东莱学案》载：“吕祖俭监明州仓，以淳熙壬寅（1182）至官去以丁未，凡六年。时，明州诸先生多里居。慈湖开讲于碧沚，沈端宪讲于竹洲，絜斋则讲于城南之楼氏精舍，惟舒文靖以宦游出。祖俭于诸讲院无日不会甬士，学者遂以祖俭代文靖，亦称‘四先生’。”史氏为

杨简曾经讲学的碧沚，即今芳草洲

杨简的学生，有史浩子弥远、弥坚，史浩从弟渐之子弥忠、弥巩，史浩弟涓之子弥林，史浩孙弥大之子守之，史浩孙弥正之子定之等，其他如钱时、陈埙等几十人。史守之因不满叔父史弥远专权，以朝奉大夫致仕，著书讲学于月湖碧沚，宁宗亲书“碧沚”两字赐予史守之。杨简归里后，史守之辟碧沚为书院，邀请杨简主讲。

在这些书院中，生徒有着相当高的科举及第率，一方面是执掌者本身有着科举经历，为他们有效指导生徒参加科举提供了条件；另一方面是南宋实行经义与诗赋进士科并列，新儒学信奉者所参加的经义科考试重视对儒家经典的理解，新儒家从事的研究是在阐释儒家元典基础上，建构本学派体系，因此书院讲求新儒学不仅不会影响生徒应试，而且从某种意义上来说，有利于生徒的科场决胜。

杨简用一生的时间来践行“本心”的灵明和无瑕，即使贬官降职也无所顾惜。任绍兴府司事时抗辩统帅、为“赵汝愚事件”上书皇帝等，无不光明磊落、大义凛然。宋理宗是史弥远政变后被扶上皇位的，有一次他问杨简：“听说师相幼小时曾接受过你的教育？”杨简回答：“臣教育弥远不是叫他这样做的。”理宗说：“这话怎么说呢？”杨简回答：“弥远把君皇当作由他来摆布的棋子。”理宗一时默然。后来理宗将与杨简的话讲给史弥远，史弥远只好以“臣的老师平素有心病”回答。朱熹就非常推崇杨简既能修身，又能治国，担任地方官时，致力于造福百姓与推动文化。朱熹认为“游陆氏之门多践履之士”，说的就是以杨简为代表的浙东四明之学。

三、袁燮与絜斋心学

全祖望在《城南书院记》中说："四先生之中，长庚晓日，最光显于暮年者，文元与正献也。而文元之教，不如正献之密。"意思是"淳熙四先生"中有两位在年老之时，学术光芒越发显现，为世人敬重，这两位先生即杨简与袁燮。"四先生"中，杨简与袁燮也最为高寿，并均在晚年成为朝廷高官。杨简与袁燮相比较，全祖望认为，袁燮的学问更为缜密。

袁燮（1144 ~ 1224），字和叔，鄞县人，正献是其谥号。袁燮的一生与杨简有许多相似之处，早年都入读太学，为同学，一起求学的还有舒璘，后又有沈焕，几人在学校"朝夕以道义相切磨，器业日益充大"。当时担任学录的是陆九渊的兄长陆九龄。学录即执行学规，考校训导的国子监文官。陆氏六兄弟，即九思、九叙、九皋、九韶、九龄和九渊，均学识渊博，号称"陆氏六杰"。其中，九韶、九龄、九渊之学并称为"三陆之学"，均致力性命之学。袁燮也是进士出身，淳熙八年（1181）进士及第，调任江阴尉，后升为太学正。在庆元党禁中，也因非议朝政而去职。后又起用，历仕司封郎官，迁国子监祭酒。为礼部侍郎时，与权相史弥远争和议，被罢官回乡。又起用为温州知州，进官直学士。主要传世著述有《絜斋集》26 卷、《絜斋家塾书钞》12 卷、《絜斋毛诗经筵讲义》4 卷。

袁燮出身鄞县望族，高祖袁毂是家族崛起的关键人物。袁毂是王致的门人，也是楼郁的学生，嘉祐六年（1061）进士，先为建安尉，后为邵武军，后升为杭州通判，与太守苏东坡共事。后任处州知州，终为朝奉大夫。著有《文集》70 卷、纂《通题》90 卷。袁燮曾祖为袁灼，元祐年间（1086 ~ 1094）进士，曾先后知婺州、随州、泗州等，以朝议大夫终，是一位刚正不阿的大臣。袁毂、袁灼登科入仕，奠定了四明士族的地位。袁燮祖父袁坰、父亲袁文虽无意科举，但都喜爱学术，并尽力教育子女，袁文著有一部具有学术性的笔记作品，即《瓮牖闲评》8 卷。袁燮叔父袁章为乾道五年（1169）进士，知识渊博，曾教袁燮六经。由此来看，袁燮的学问与"庆历五先生"还有着血脉联系。

袁燮主讲地城南书院

袁燮心学的特点是传承陆氏，兼采诸家之长。袁燮的本体论思想即来自陆九渊，“心”也是袁燮思想体系的最高范畴。袁燮主张：“吾之本心，即古圣之心，即天地之心，即天下万世之心。”“圣人即我，我即圣人。”“吾心即道，不假外求。忠信笃实，是为道本。”“道不远人，本心即道。知其道之如是，循而行之，可谓不差矣。”意思是“心”为至高无上的本体，不仅天、地、人和世间万物因为“心”而相通，而且人间的伦理观念和价值准则都是“心”的体现，“心”与天地同本，与圣贤同类。袁燮讲“吾心即道”，实际就是陆九渊“心即理”这一命题另一种方式的表述。袁燮由“我与圣人，同一本根”，即圣人、君主、官员和平民因为“心”相同，所以相互之间也是平等的，在一定程度上为后世的民主和平等思想提供了思想资源。

但在“发明本心”的方法上，袁燮与陆九渊有所不同。因为“心即理”，主观的“心”要与客观的“理”达到合一，就要求人革除心蔽，清除欲望，彻底反省人所固有的仁、义、礼、智之心，恢复心体的本然状态，这就是“发明本心”。陆九渊强调要“先立乎其大”，从大处着眼进行义利之辨，进行自我反省、自我认识；袁燮赞成陆九渊向内求“本心”，但也主张通过循序渐进、持敬渐修的方法来提升人的修养，“圣人之所以为圣，只有一个勤”，“九仞之山欠了一篑，便不成这山，十分功夫欠了一分，岂能至于圣”，这些论述里有朱熹所主张的“今日格一物，明日格一物，格尽万物以求天理”，可以看到袁燮的心学有对两种理学思想进行调和的取向。

在四先生中，袁燮在朝的时间最长，并经常向皇帝进言，对宁宗嘉定时期的政治产生了一定影响。由此，袁燮心学表现出重视将学术研究与政治伦理相结合的特点：一方面通过心学理论来论证现实社会的价值原则和伦理规范的合理性与神圣性，另一方面强调心学在政治与社会中的实际应用。袁燮说：“人纯乎天，发而为政，皆与天合。以我之心，感民之心，民之不能忘，由我之不可忘也。”袁燮在君主之上引入了“天”的概念，以“天”之精神为坐标，规正人君的行为。在袁燮的概念里，“天”是和“民”紧密结合在一起的，“天心”即“人心”，上合“天心”也就是要下合“民意”。君主最重要的品德就是顺应天意，并将之付诸用人、纳谏、吏治、省官、省兵、制敌和裕财等具体的政治实践。一般的观点，以为心学过度重视个体精神，而不能落实到实际生活，袁燮心学却纠正了对心学的这类偏见。或者说，与杨简相比较，杨简多是从“心”之本体方面进一步深化心学内涵，而袁燮多将“心”的本体论精神运用到实际生活，尤其是具体政治之中。

袁燮在月湖城南书院讲学时，必启发诸生“反躬切己，忠信笃实”，“其教多以明心为言，盖有见于当时学者陷溺功利，沈锢词章，积重难返之势，必以提醒为要”。全祖望在《城南书院记》中说：“正献之言有曰：‘学贵自得，心明则本立，是其入门也。’又曰：‘精思以得之，兢业以守之，是其全力也。’”《宋元学案·絜斋学案·正献袁絜斋先生燮》记载其为国子祭酒时，“延见诸生，必迪以反躬切己，忠信笃实，是为道本。每言人心与天地一本，精思以得之，兢业以守之，则与天地相似。闻者竦然有得，士气益振。”絜斋门人众多，如朱元龙、史弥忠、史弥坚、史弥巩、史守之、史弥林、史定之、胡谊、胡谦、徐愿、舒衍等。絜斋心学与其他心学学派有着广泛切磋，袁燮的学生也有受教于杨简等先生。

在袁燮诸多的学生中，史弥忠、史弥巩、袁韶等主要是发扬陆学“民为邦本”的政治思想，注重实政，为官清廉，并都有不错的政绩。袁韶为袁燮族侄，为临安尹时，袁燮特意嘱咐：“吾徒切己无他事，万善根源一片心。”

花屿袁宅

袁韶被称为“能臣”，擅长处理复杂案件，平反了很多冤狱。史守之退隐月湖之后，对心学思想有进一步的阐扬，著有《世学》24 卷、《潜虚解》等。《世学》一书主要在辟佛老，捍卫儒学正统之义。其中成就最大的，为袁燮的儿子袁甫。袁甫（1179 ~ 1257），嘉定七年（1214）进士，历任建康军节度判官、秘书郎，提举江东常平、福建转运判官，官至兵部尚书。谥正肃。袁甫也是杨简的学生，真德秀《正肃像赞》说袁甫“传絜斋心，得慈湖髓”，其著有《蒙斋中庸讲议》4 卷、《蒙斋集》20 卷。袁甫主张将“发明本心”落到“实”处，积极倡导忠君孝亲之实心。他将忠君最后大胆地落实到“正君心”上，面对国家空前的政治危机，袁甫认为国家不幸在于有偷安、壅蔽之要，宴安逸欲之念，并在政治、经济、军事、教育等方面提出革新的主张。

袁燮的心学思想是家族文化背景和环境熏陶的结果，在他身上也可以看到祖先耿直清介、嫉恶如仇的身影；也是时代的产物，他的社会思想饱含着忧国忧民意识和强烈的民族精神；也与他的为官经历和人生经历有着直接的关系，使他把改革弊政、振兴国家的希望寄托在君主个人的开悟和奋发图强上。

袁燮终身以名节自期。袁燮在宅院西塾的竹丛中建有一亭，名为“直清亭”。袁燮解释：“直，天德也，人所以生也，本心之良，未有不直。回曲缭绕，不胜其多端者，非本然也，率性而行，不劳巧智，可不谓直乎？表里昭融，洞彻无间，可不谓清乎？直则清，清则不累其初矣。”

袁燮说：“心者一身之宗主，家传之要道也。人孰不爱其子孙？与之爵秩，心不正则不能继；丰其财用，心不正则不能保。惟此心之传，精纯不杂，气脉不间，其将弥久而弥昌乎？”这里的传“心”，即以天地精神气脉传于家族。相传，袁家家贫，其父在屋舍旁整理三亩之园，种植花草和竹子，子孙相互“考德问业，忘其为贫”。袁燮说：“此吾家不可阙者。与其增膏腴数十亩而传之后裔，孰若复三亩之园而不坠其素风乎？”袁燮在儿子袁甫入官后，曾经写诗寄人，说：“痴儿侥幸居前列，朴学流传本故家。第一不宜贪显宦，更烦师友护兰芽。”一方面说自家的传统是朴学，即落在实处的践履之学，另一方面希望友人帮助儿子在自我修养上有所提高。

袁燮说：“人生天地间，所以超然独贵于物者，以是心尔。心者，人之大本也。此心存，则虽贱而可贵；不存，则虽贵而可贱。”中国唐以前论及世家，多与官职、财产、门阀相关；到了宋代，由重门第到崇德行。袁氏家族正是这一转变的典型。袁燮之子均有声名，长子袁乔，为宣义郎，知绍兴府新昌县，编《絜斋家塾书钞》10卷。二子袁肃，庆元五年（1199）进士，官至少卿，曾知江州。拜舒璘为师。三子即袁甫，是四明心学的代表人物。幼子袁商，曾任承奉郎等职。

四明袁氏千年以来一直是书香绵延，名人辈出，与家族推崇本心正直品质的治家理念有着直接关联。单就著名的藏书楼来说，有袁文的卧雪庐、袁甫的愿丰楼、袁韶的东西堂、袁似道的南园、袁桷的清容居等。袁韶，袁毂第四世孙，幼学于袁燮，淳熙丁未（1187）年进士。袁桷（1266 ~ 1327），师从戴表元、王应麟，为元代宁波最著名学者之一。承曾祖父袁韶、祖父袁似道、父袁洪三世素业，藏书在元朝甲于浙东。仕元在朝二十余年，参与纂修《累朝实录》，泰定元年（1324）辞归。其著述有《易说》《春秋说》《清容居士集》《延祐四明志》等十余种，《延祐四明志》为《宋元四明六志》最精实之本。

现在月湖花屿袁宅就是袁燮后人袁震、袁绍濂父子的住宅。

四、四明心学与竹洲三先生

竹洲是月湖湖中四岛最南面的一个，占地面积七千多平方米。竹洲虽小，却是宁波文教所毓之地，所谓“庠声序者，洋洋邹鲁”。北宋庆历兴学时期，楼郁等先生为教竹洲，王安石等一代文豪也常登临此地，丰稷、舒亶等四明才俊在这里求学，聆听先生教诲。百余年后，告老回乡的南宋宰相史浩，邀请心学名家到竹洲讲学，使竹洲的教育又上了一个台阶，竹洲成为宋代心学传播的中心之一。

史浩（1106 ~ 1194），宋孝宗赵昚的老师，清廉忠耿，享有极高的声望。他对于心学颇有研究，他的政治生涯可以说致力于将心学思想运用到治国之中。他在著名的《光宗皇帝即位封事》中提出，“心是百行之本，心为万化之原，天地之灾祥，阴阳之舒惨，日月之明晦，禾黍之丰凶，纲纪之弛张，风俗之薄厚，人材之邪正，人心之从违，虽万变千差，殊有一心之感召”，“心正则本立，本立则道生”，“万事虽繁，专在一心”，“谋国之方必正心为主”。在史浩看来，心统率万事，立国之本为心正，谋国之人必在正心。心术不正之人，不可能治理好国家。他的心学思想散见于他的著作《鄮峰真隐漫录》以及《尚书讲义》之中。史浩回乡后居住月湖宝奎巷一带，竹洲是孝宗所赐，拨银万两建“真隐馆”。如果熟悉史浩的理学思想，就不难明白他为何会将皇帝恩赐的竹洲腾让出来，辟为书院，邀请四明心学学者设帐讲学。历史应该记住这一个时段，史浩促成的淳熙四君子讲学时代，时间不长，却是宁波文化史最为人称道的气象清明、融融泄泄的时代之一。

宋明心学开山之祖为陆九渊（1139 ~ 1193），其实他的年龄与淳熙四君子相仿佛，淳熙年是他们精力最为充沛与学问开始成熟的阶段。陆九渊是乾道八年（1172）的进士，新第归来之时，杨简在富阳拜其为师。陆九渊回家后，辟旧屋“槐堂”为讲堂，讲学三年，为其思想基本形成时期。淳熙元年（1174），陆九渊任靖安县主簿，开始仕宦生涯。第二年应吕祖谦之邀，与朱熹在江西上饶之鹅湖寺相会，就“为学之方”展开讨论，这就是历史上著名的“鹅湖之会”。淳熙九年（1182），陆九渊担任国子正，在太

竹洲老照片

学讲学一年，陆九渊的心学思想引入全国最高学府，当时主要讲《春秋》，重点是当时士子的热门话题“严夷夏之辨”，这一鸿章巨论确立了他思想界的领袖地位。陆九渊的学术活动主要也是在乾道、淳熙、绍熙年间进行，影响主要在江西和浙江两地。江西及门弟子，史称“槐堂诸儒”；浙江即以四先生为代表，又称“甬上四君子”。大致来说，“槐堂诸儒”的贡献在于陆派门庭的确定和陆学的传播，而“甬上四君子”的贡献在于思想学说方面对陆学的阐发与扩充。四君子同宗陆九渊象山心学，但因为各自人生经历、兴趣性格、研究旨向的区别，形成四种风格，称慈湖（杨）、絜斋（袁）、广平（舒）、定川（沈）。慈湖心学发展了陆氏之本心说，具体实践了陆氏“六经注我”的为学方法，许多学者认为他的主张向禅宗靠拢；而其他三人以“平实”著称，有折中朱陆之倾向，并注重心学的致用。

四先生中，舒璘在宁波的时间相对较少。舒璘（1136 ~ 1199），奉化广平（今大桥镇舒家村）人，故人称广平先生，乾道八年（1172）进士，是一位长期躬耕于基层教育的官员，尤其在徽州，地方文风因他的努力而兴盛，被当时丞相留正称为“当今第一教官”。舒璘一生少谈抽象的本心之善，而是关心现实社会生活，虽然身处闲职，但忧国之心不减，与朝中友人保持书信往来，敦促他们为国出力。黄宗羲说，“广平之集久不传矣，近得之其子孙，所论常平、茶盐、保长、义仓、荒政皆凿凿可见之行事，而言学者甚寡。”舒璘无意汲汲利禄，从不为矫激之事。因为教育成绩突出，同僚和上级纷纷举荐，但他都加以拒绝。至61岁时，才在众人力推之下任平阳（今浙江平阳县）县令。三年后升为宜州通判，但未上任而去世。传世作品为四库全书本《舒文靖集》2卷等。

舒璘以进学修德为己任，为人为学笃实不欺，袁燮说他“平生之于言语，率由中出，未尝见其一语之妄”。舒璘认为人生在世，要做到不管世务如何变化，心中一定要坚持自己的基本道德原则，以心中之不变应世事之万变，心中不变的就是“良心”“义理”，“吾辈此身不过天地间数十年之物，而昭然理义盖千古不磨耳，平时要著明处，断不可以数十年之物而失其所谓不磨者”，意思是说人生追求的是永不磨灭的义理，而不能为了这几十年所需之物而毁坏了千年不变的义理。舒璘强调“此心之良，人所具有。先生能开吾善，不能予吾以善”，人的良心本自纯粹，依据本心而行，人人可以成为圣人，但“人心易明亦易惰”，必须在日常的行动中切实践行自己的良心。舒璘一生就是践行“良心”的一生，如果人能够对自己行为的意义有着这样一种自觉的洞明，他的一生是充实而幸福的，用舒璘的话来说，“心安”。

沈焕（1139 ~ 1191），世称定川先生，定海崇邱乡沈家山（今北仑区小港镇）人，乾道五年（1169）进士。历任上虞尉、扬州教授、婺源令、舒州通判等。传世作品有《定川遗书》2卷、附录4卷。沈焕出身于书香门第，祖父、父亲都为进士。其人仪表堂堂，而且为人正直不阿。淳熙八年（1181）为太学录时，因反对仅凭考试来决定学生行艺，主张应参考誉望，司业认为已有定法，难以实行，而沈焕不改意见，被认为“与长官争议，非安静者”，外补高邮军教授。淳熙十年（1183），丞相史浩将竹洲岛赠与沈

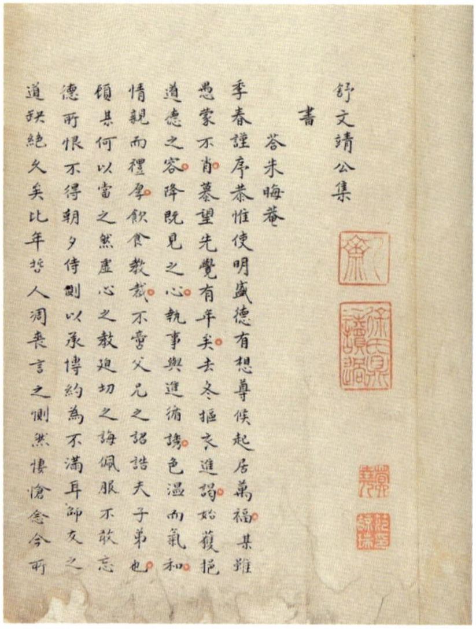
舒文靖公集

書

答朱晦菴

季春謹序恭惟使明盛德有想尊候起居萬福某雖愚蒙不肖慕望先覺有年矣去冬摳衣進謁始獲挹道德之容降既見之心執事與進循誘色溫而氣和情親而禮厚飲食教載不啻父兄之詔誥夫子弟也顧某何以當之然盡心之教迫切之誨佩服不敢忘德所恨不得朝夕侍側以承博約為不滿耳師友之道殆絕久矣比年哲人凋喪言之惻然悽愴念今所

舒璘撰《舒文靖公集》书影

陆九渊

焕，沈焕与其弟弟沈炳讲学于此，此时吕祖俭（？ ~ 1200）正好官明州仓监，也应邀前来，这就是历史所称的“竹洲三先生”。沈焕的讲堂叫“竹洲讲舍”，每日前来听课的学子达数百之众。淳熙十三年（1186）后，沈焕多在外任职。

沈焕学问深受吕祖谦影响，全祖望在《竹洲三先生书院记》中评价：“沈氏之学，实兼得明招（吕祖谦）一派。”吕祖俭即为吕祖谦弟弟，吕氏兄弟出身官宦世家，八世祖为北宋太平兴国二年（977）丁丑科状元吕蒙正，吕蒙正曾三次入相，其后代代有大官。祖父吕弸中时迁至金华，伯祖即为著名江西派诗人吕本中。吕祖谦（1137 ~ 1181）开创“金华学派”，为浙东学派先声之一，与朱熹、张栻齐名，同被尊为“东南三贤”。其弟吕祖俭，从兄长吕祖谦学，吕祖谦去世后，主持丽泽书堂。沈焕因经常与吕祖俭探讨，学术达到炉火纯青的地步。沈焕为学强调根本，认为立乎根本，则纲举目张；根本不立，则精神未免于凋丧，事务也就难有所成，“吾儒急务，立大本，明大义耳。大本不立，大义不明，虽讨论时务，条目何为？”而这“大本”或“根本”就是“正心修身，爱亲敬长”，“以正心修身、爱亲敬长为本。步趋中规矩，言论有典则”。也就是说，正心修身之“本”不能仅仅停留于认识层面，而是必须在行动中实实在在下功夫，从家庭做起，从具体的政务做起。他担心自己性格刚烈，不为父母喜欢，便在自己的卧室里挂有“深爱、和气、愉色、婉容”的条幅，以训勉自己。入仕之后，他“日进其德，骎骎焉自期于纯全博大者”，守道而行。而对那些无视人的根本，只追求个人私利的行为，则直言批评：“朝廷之上不言功名之大小，则问官爵之崇卑，利禄之厚薄，此何等风俗哉？”有人讽刺他不懂世俗，书生意气，他毫不妥协：“君子居其位，必行其道。道之不行，吾实耻之。”袁燮赞扬他：“考其平生大节，宁终身固穷独善，而不肯苟同于众。”黄宗羲以“尊德性”还是“道问学”作为区分陆、朱学说的基本依据，即陆学主张教育应以德性的培养为主，故重践履；而朱学主张以知识的探索为先。这样来看，沈焕的学问还是带有鲜明的心学特色。

吕祖俭治学贯彻兄长吕祖谦“讲实理，育实材，而求实用”的原则，能够包容诸家学说，培养了大批“经世致用”的人才，在南宋乾道淳熙年间林立的学派中有较大影响。史载淳熙八年（1181）吕祖谦病逝，吕祖俭正要赴宁波上任，于是向朝廷请求为兄长服满丧期再赴职。当时规定，半年不赴职者为违年，而服兄长丧期需要一年。忠公（祖俭谥“忠”）宁愿弃官，坚持上表表达自己要服满一年兄丧的愿望。朝廷顾念他们兄弟感情深厚，批准了他的请求。而由此开始，朝廷诏令违年均以一年为限。吕祖俭在宁波，公事之余便泛舟来竹洲讲学，在全祖望的《竹洲三先生书院记》中这样描写，“每忠公兴至，辄泛棹直抵湖上，端宪公（沈焕）从水阁望见之，辄呼徵君（弟季文）曰：‘大愚来矣！’相与出俟于岸上，或竟入讲堂，讨论终日，或同泛湖上”。意思是吕祖俭乘船而来，沈焕与弟弟沈炳则在岸上等候，有时就直接到课堂讲课，有时就在湖上泛舟一天，切磋学问。

沈炳也是心学学者，陆九渊的学生，但同样也深受金华学派的影响。三位先生其学说有独立之处，也互相借鉴，说明月湖学术开放的气象，一方面，贤才辈出，以群体的力量，营建起月湖浓厚的讲学之风，推动了四明学术的发展；另一方面，各派学术之间研磨互动，丰富了宁波心学的内容。文天祥由衷赞叹：“一时师友，聚于东浙，呜呼盛哉！

这也是一个思想自由而气度开阔的时代，王国维指出："宋代学术，方面最多，进步亦最著。"月湖学术氛围的高涨与融洽正是这个开放时代的写照。南宋定都杭州，进一步确立了浙江作为全国文化中心的地位；而宋代与士大夫共治天下，作为畿辅之地的宁波，必然努力在重新构建道统、学统与政统关系的历史进程中占据其地位。这种时代背景与城市气度是月湖学术构建以心学为主体、兼容各派思想格局的原因之一。月湖士大夫以个体对自身的道德本质作为存在本质的根本认同为基点，以这种道德本质的内在涵养为方法，以这种道德本质的充实扩展以至与天道的圆融合一为最高精神境界，个体"成圣"和张扬"内圣"的修炼，彰显着一个时代知识分子的新世界。而由月湖，我们也可以洞见南宋朝的文化格局。中国的文化转向与浙东的经济、文化传统相交融，促使浙东学术的繁荣与特质的形成。南宋诸多学派或在浙东产生，或因在浙东传播得到扩展，如朱熹的理学派、陆九渊的心学派（包括以淳熙四先生为代表的四明学派）、叶适所代表的永嘉事功学派、吕祖谦为代表的金华学派、陈亮为代表的永康学派。南宋是古代中国学术思想的巅峰时期，在近百年中，学派间互争雄长，欣欣向荣，形成了继春秋战国之后中国历史上第二次"百家争鸣"的盛况；而浙东是一个极其热闹而重要的区域，月湖即为其中一个辉亮的点。月湖虽不是心学理论框架的构建之地，但却是心学的发展与丰实之地。四明学派与金华学派等广泛交流，形成了自身的特点：反对"重本抑末"的传统经济观，倡言"四业皆本"；精研史学，主张经世致用；讲求实利功效、义利合一等。这也是浙东学术的共同特点，这种务求实效的现实主义思想体系和根深蒂固的文化基因，构成了浙东地区特有的民间心理、文化传统和历史渊源。

这是一个大城市兴起、市民阶层形成、商业经济繁荣的创造性时代，一个指南针、印刷术等科技发明不断成熟的时代，一个打开国门、面向大海的时代，而不仅仅是在学术上积极地解释古代典籍，发挥自己的社会政治见解，提出解决重大问题的方案，并用于现世社会的改革。日本学者将宋代称为"东方的文艺复兴时代"。而刘子健以为："此后中国近八百年来的文化，是以南宋文化为模式，以江浙一带为重点，形成了更加富有中国气派、中国风格的文化。”扩大一些看，南宋时，儒学文化传至东亚各国，与各国的学术思想和民族文化相融合，形成了东亚“儒学文化圈”。从这个意义上说，月湖这一个点，那就不仅仅是中国文化史上的一个点，而是对东亚社会的政治、经济、思想文化、社会生活、家庭关系等方面，及至现代仍然发挥着重要影响的一个出发点。

附：

四明淳熙四先生甬上弟子

（引自张如安著《南宋宁波文化史》153 页，浙江大学出版社，2013 年 2 月）

姓　名	籍　贯	门　徒	统　计
杨　简	鄞县	袁甫、袁肃、沈民献、史弥忠、史弥远、史弥坚、史弥巩、史弥林、史守之、史定之、陈从、舒衍、汪文学、陈允平、陈师稷	15
	慈溪	桂万荣、童居易、冯兴宗、刘厚南、冯国寿、翁埏、杨恪（子）、杨叔中、杨叔正、桂锡孙	10
	余姚	赵彦悈、赵文昌、杨瑾	3
	奉化	李元白、汪伋、李鹗、陈师稷、舒铣	5
	昌国	许孚、朱介、魏榘	3
袁　燮	鄞县	史弥忠、史弥坚、史弥巩、史弥林、史守之、史定之、舒衍、袁甫、袁韶	9
	奉化	胡谊、胡谦	2
	昌国	徐愿、朱介、魏榘、孙枝（迁鄞）	4
舒　璘	奉化	李元白、袁肃、舒钘、舒钲、舒铣、舒锴、陈师稷	7
沈　焕	奉化	竺大年、舒衍、舒钘、吕乔年、陈师稷	5
	定海	沈传曾、沈鲁曾、沈省曾、沈敏曾	4

五、王应麟与深宁学派

王应麟（1223 ~ 1296），出生于月湖东岸云石街内的念书巷，字伯厚，号厚斋，南宋灭亡之后改号深宁居士，晚年自称深宁叟、深宁老人。先祖为河南祥符县（今河南开封）人，曾祖王安道在靖康之难后护驾南渡，约于宋孝宗乾道年间（1165 ~ 1173）举家定居于宁波。因祥符县古称为浚仪，故王应麟也自称浚仪遗民，门生友人则尊称他为厚斋先生、深宁先生。

在望族林立的月湖边上，浚仪王氏并不显眼。王应麟的父亲王撝早年从楼昉学，后又从史弥巩学习心学。嘉定十六年（1223）王撝考取进士，后曾任温州知州。在中进士这一年，他的夫人生下双胞胎男婴，取名为应麟、应凤。王撝对儿子的教育极为严格，两个儿子也都极为勤奋。《宋史》说王应麟“九岁通六经”，19 岁时，即理宗淳祐元年（1241）考取进士，宝祐四年（1256）又中博学宏词科，并获第一名。博学宏词是宋代科举考试的最高级别，以博学善属文为主要内容。据王应麟《词学指南》序，绍兴三年（1133）博学宏词科试文包括制、诰、诏、表等共十二种体裁。王应麟立志为国家立典章制度，这是他参加博学宏词科考试的原因，他说：“当今读书人追求举业，只知道沽名钓誉，得到功名后就把一切委弃，对制度典故漫不经心，实非国家所望。”博学宏词科属于士林荣选，应试者必须进士出身，考取后，往往得到快速提拔。王应麟考取词科后，尚未赴任浙江西路安抚司，即被宋理宗任命为这一年（即宝祐四年，1256 年）科举考试的殿试复考检点试卷官。理宗在审阅试卷时非常欣赏第七名的文章，命王应麟复核。王应麟读罢，回奏“是卷古谊若龟鉴，忠肝如铁石，臣敢为得人贺”，理宗于是把这份考卷定为第一名。这位状元就是后来的一代名臣文天祥。自此之后的二十年，王应麟除了因为得罪权相短暂罢官或被排挤到地方之外，官职从枢密院架阁文字（从七品）屡迁至吏部尚书（正三品），直翰林学士院。

这二十年也是南宋政权的最后二十年，但面对强敌窥伺，先后主持朝政的宰相丁大全、贾似道、留梦炎欺上压下，专权徇私，并不以国事为重。

王应麟塑像

王应麟因上疏直言边境之患，而被丁大全罢为台州通判。“蟋蟀宰相”贾似道与副宰相政见不和，用辞职的方式来要挟宋度宗将对方罢免，王应麟进言：“孝宗朝缺相者亦逾年。”贾似道顿时收回辞呈。之后，王应麟被排挤到地方担任闲职。咸淳、德祐年间，即南宋王朝的最后十年，王应麟两次担任权直学士院、三次担任中书舍人，皇帝制诏、政府文书多半由他完成，如《责谕贾似道终丧归里诏》《赐文天祥诏》《勉谕陈宜中诏》等，这些诏书言辞谨严，行文练达，提振士气，感发人心。德祐元年（1275），王应麟上疏弹劾丞相留梦炎任用私人贻误国事。按照宋代律法，弹劾奏章如果没有得到皇帝回应，上疏者要闭门待罪，但还可以选择继续上疏弹劾，如果第二次弹劾没有回复，上疏者必须在都门之外待罪，但还可以第三次上疏弹劾，如果依然没有回复，上疏者就要主动辞官，这就是“三疏不报”。王应麟三次上疏，但朝廷均不予理睬，只好辞官还乡。三个月后，元朝军队兵临临安，谢太皇太后抱着5岁的小皇帝宋恭帝出降。

是年为1276年，王应麟从此开始了长达二十年的遗民生活。这时他居于月湖之畔，闭门"汲古堂"不出，专心著书教学。

就王应麟的学问来说，可以分为三个阶段。一是初入仕途的十三年，辗转各地，职务不高，但初步编撰了四部词科参考书——《词学指南》4卷、《玉海》200卷、《词学题苑》40卷、《笔海》40卷，体例参照唐代虞世南的《北堂书钞》、吴兢《西斋书目》，既是为词科所要考查的经史知识进行艰苦的编纂与摘录，总结其科举经验，也为其学术奠定了知识基础。二是入朝为官二十年中，利用担任史馆修撰、翰林学士的机会，系统翻阅官府和皇家藏书，"每以小册纳袖中，入秘府，凡见书籍异闻则笔录之，复藏袖中而出"，不断充实《玉海》等词科参考书，对《诗》《书》《礼》《易》等儒家经典也形成了自己的理论。因为宋代是古代中国文化最为昌盛的时期，宫廷藏书也最为丰富，可能王应麟读书之广博，是前无古人。在咸淳年间（1265 ~ 1274），王应麟已经以学问研精覃思成为儒林的领袖。三是遗民晦匿时期，惟以读书教子为业，完成的学术著作有《通鉴地理通释》《汉制考》等。因为潜心学问，境界日高。

遗民时期，其治学也由重知识广博向专题研究转化，撰写《困学纪闻》。《困学纪闻》这部书采用笔记形式，分类编排，对文献典籍、学术渊源、文化现象，进行疏理、考证、鉴定与评价，至今仍是研究传统文化必读之书。袁桷在《困学纪闻》序中赞扬："后千余年，礼部尚书王先生出，知濂洛之学，淑于吾徒之功甚溥。然简便日趋，偷薄固陋，瞠目拱手，面墙背芒，滔滔相承，恬不以为耻。于是为《困学纪闻》20卷，具训以警，原其旨要，扬雄氏之志也。先生年未五十，诸经皆有说，晚岁悉焚弃而独成是书。其语渊奥精实，非抽绎玩味不能解。"王应麟讲解搜集资料、进入学问领域途径与方法的百万字类书《玉海》也在月湖完成，但仅用六十四字为著作作序，谓"斫轮不传，屠龙无用，缄之青箱，以诏洛诵"。"洛诵"，反复诵读之义，精湛应博学宏词科的技艺却无用武之地，只是锁进竹箱，告诉人们

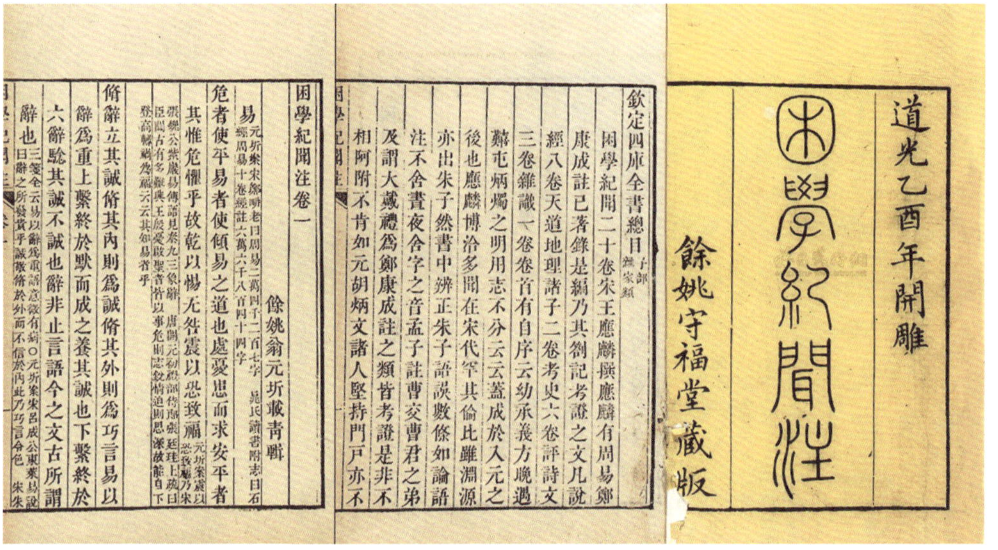

王应麟撰《困学纪闻》书影

可以读读罢了，一代鸿儒无可奈何的悲哀可以想见。

这一时期，王应麟还编著了大量蒙学著作，如《小学绀珠》《小学讽咏》《蒙训》等，使蒙学教育达到“见末知本，因略致详，诵数以贯之，伦类以通之”的要求。千百年来家喻户晓的《三字经》相传也是其所作。从某种意义上来说，王应麟是两宋平民教育的总结者，王应麟对蒙学的重视，反映了两宋学者强烈的道德使命感：他们以社会才华为己任，以历史、天文、地理、道德以及一些民间传说为内容，广泛宣传治国安邦之道以及忠孝仁义等文化观念，达到化民成俗的目的。蒙学对于整个社会价值认同的形成极为重要，对很多贫民子弟来说，是教育的开始，也是教育的终结，蒙学让他们获得人生的精神基垫。月湖文脉之所以不断，是因为月湖社会精英层与大众层有一个良好互动的文化机制。王应麟等教育家、思想家编印教材，开馆讲学，致力于将教育推向大众，在极为广泛的社会层面上，施行以孝悌为核心的“明人伦”的教育，因为这些“正心敬身”的教育，从而使“为天地立心，为生民立命，为往圣继绝学，为万世开太平”这样崇高的道德理想转化为宁波普通大众的意识。童蒙的社会教化，使讲史活动在市井活跃，像《三字经》中所列举的从先秦圣师孔子到唐代神童刘晏

海曙念书巷（王应麟故居所在地）

等二十多位先师哲人，成为社会共同熟知的对象，泛舟学海、勤奋学习、致力成材的人生历程被社会广为认同。从某种意义上说，月湖史学风尚的形成，与这样的社会背景密切相关。

元代社会稳定之后，四明地区的学术氛围又重新开始活跃。作为耆老泰斗的王应麟，门生众多，更以王应麟之号来命名，形成深宁学派。与王应麟的学术专长有关，深宁学派的特点是“博洽多闻”，以兼综文献、绍述旧闻见长。王应麟幼承家教，接触陆学；后又拜真德秀弟子王应礥为师，研习西山真氏学派的朱熹理学；又从吕祖谦高足楼昉精研吕学，也曾从兼治朱、陆、吕学的汤权游。王应麟还遍览永嘉学派的功利学、蔡元定父子的象数学以及苏轼的史学等，与慈溪人东发学派的创始人黄震、绍兴人潜庵学派的韩性等都有广泛交游。总体上，王应麟学问以师法金华学派的吕祖谦为主，兼治朱（熹）、陆（九渊）诸家，反映出吕祖谦“金华学派”的调而偏于陆学的特点，《三字经》开篇“人之初，性本善”即为心学思想的体现。因为宋末学界崇尚空谈义理，学风空疏，王应麟的学术还主张汉宋兼采，重拾汉唐诸儒的经注、经说，重视汉唐学者的解经方法。由于王应麟于汉唐两宋学术尽取其“实”而尽去其“虚”，极少玄谈性理，使他的汉宋兼采与朱熹的汉宋兼采不尽相同，也使他的学术在清初备受学者推崇。《四库全书》在《困学纪闻》提要中评价王应麟“皆考证是非，不相阿附，不肯如元胡炳文诸人坚持门户，亦不至如明杨慎、陈耀文。国朝毛奇龄诸人，肆相攻击。盖学问既深，意气自平。能知汉、唐诸儒，本本原原，具有根柢，未可妄诋以空言，又能知洛、闽诸儒，亦非全无心得，未可概视为弇陋。故能兼收并取，绝无党同伐异之私。所考率切实可据，良有由也”。从理学发展来看，王应麟是理学思想从南宋末过渡到元初的中间环节，一传、数传子孙及弟子有王良学、王昌世、王厚孙、胡三省、史蒙卿、戴表元、黄叔雅、郑芳叔、孔昭孙、王惟贤等。元至元二十四年（1287），袁洪遣其子袁桷拜师门下；师徒相授，如切如磋，形成了月湖新的学术高潮。

因为受吕祖谦“六经皆史”“经史并重”的影响，王应麟致力于史学，并教人以致用为事。从严格意义上说，王应麟是一个哲学史家，而非哲学家；在学术上的基本特点是述而不作，其治学方法主要就是由博学而进求笃问、慎思、明辨之功，即由性理、义理之学出发，进而尊经、证史、博文，《玉海》《困学纪闻》即是这样一种学术实践，并形成了一种使文史知识系统化、谱系化的学术新方法。这种治学方法也是深宁学派的基本方法，他的弟子袁桷、胡三省，以及后来清代乾嘉学派中戴震、凌廷堪、钱大昕等人，大致也是秉承这一门径。或者说，是王应麟开清初考据学之先河。王应麟的学术也反映了乾道、淳熙之后学术界的一种现象，思想创造的高峰过去之后，紧接的是对这种创造业绩的继承与整理。这就是王应麟的学术格局。

王应麟在整理古代历史文献、考辨训诂名物上，实践着其经世的思想。深宁学派的专长也在于经史的研究和考证，对于纠正当时空疏的学风有着积极意义。王应麟将天理与历史、现实结合起来，验证圣人之道在历史兴衰中的作用，诚如章学诚谓“言性命者必究于史”。同乡明代黄润玉在《先贤赞》中称颂王应麟：“春秋绝笔，瑞应在麟。宋祚讫录，瑞应在人，尼父泣麟，先生自泣。出匪其时，呼嗟何及。”此派在发展过程中，弟子史

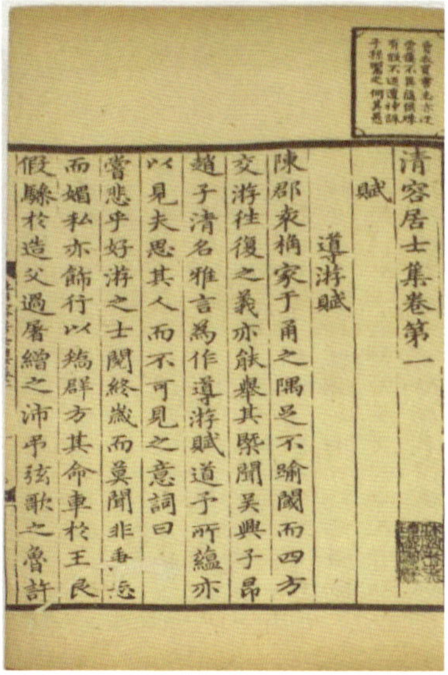
清容居士集卷第一
賦
導游賦
陳郡袁桷家于甬之隅足不踰閫而四方
交游往復之義亦龂舉其槩聞吴興子昂
趙子清名雅言爲作導游賦道予所緼亦
以見夫思其人而不可見之意詞曰
嘗悲乎好游之士閱終歲而莫聞非吾忘
而媚私亦飾行以𪂹群方其命車於王良
假騄於造父過曆縉之沛弗弦歌之魯許

袁桷撰《清容居士集》书影

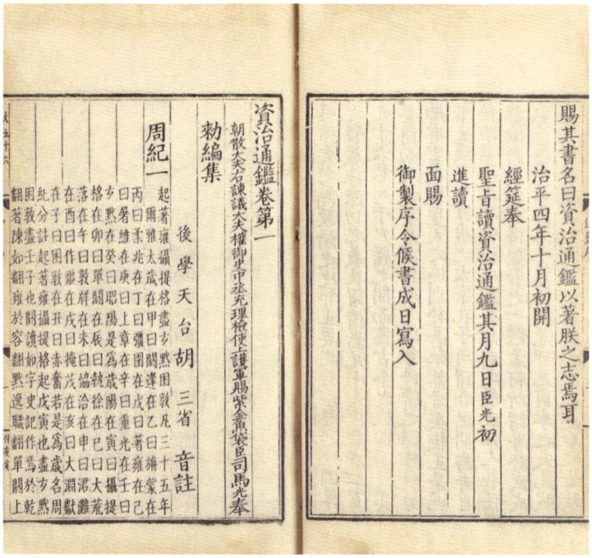
賜其書名曰資治通鑑以著朕之志焉耳
治平四年十月初開
經筵奉
聖旨讀資治通鑑其月九日臣光初
進讀
面賜
御製序令候書成日寫入

資治通鑑卷第一
朝散大夫右諫議大夫權御史中丞充理檢使上護軍賜紫金魚袋臣司馬光奉
勅編集
後學天台胡三省音註
周紀一

胡三省撰《资治通鉴音注》书影

蒙卿另创“静清学派”。史蒙卿为史弥巩之孙，出生于鄞州张斌桥。他对王应麟的学说，多有修正和发挥之处；入元后不仕，寓居天台。弟子袁桷博才多艺，戴表元称：其“持身有士行，居家有子道，天资高，文章妙，博闻广记，尤精于史学。近复贯穿经术。他如琴书、医药诸艺，深得其理”。袁桷代表着南宋遗民对元廷态度的变化。在元大德元年（1297），袁桷被荐为翰林国史院检阅官入仕。在朝二十余年，朝廷制册、勋臣碑铭，多出其手。至治元年（1321）迁侍讲学士，参与纂修《累朝实录》，泰定元年（1324）辞归。袁桷在延祐七年（1320）完成《延祐四明志》，四库馆臣称该志“条理简明，最有体要”，“考核精审，不支不滥，颇有良史之风”，历来被视为《宋元四明六志》之首。元初月湖周边一带，学术相对活跃，其他有宁海人胡三省避居袁桷家中，并在袁家最后完成《通鉴》校勘、《资治通鉴音注》著述等。东发学派创始人黄震，也隐居日湖。宋亡后，隐居宝幢山中，誓不入城府。文学则如戴表元、舒岳祥等，均著述丰厚。

王应麟双胞胎弟弟王应凤（1223 ~ 1275），也是著名学者，开庆元年（1259）中博学宏词科。兄弟讲学，经常至于废寝忘食。著有《默斋稿》，已佚。

六、月湖与浙东史学派

说月湖学术，必须从浙东学术说起，月湖学术是浙东学术的一个重要组成部分。说浙东学术必须说到“浙学”这一概念。最早提出“浙学”的是南宋福建大儒朱熹，他多次谈到“浙学”崇尚事功的特点，“近世言浙学者，多尚事功”。朱熹的概念中，“浙学”就是指“浙江儒学”，大致包括婺学、永嘉之学、永康之学、四明之学，是儒学在浙江区域所表现的地域化现象。而在南宋时代，至少存在闽学、浙学、湖学、江西四大地域性儒学流派。到宋末元初，“浙学”的提法已经广为人接受，不仅外地福建学人、江西学人使用，浙江本土学人也在使用。

到了明代，“浙学”的内涵有了变化，往往指王阳明的心学，当时还有人称阳明心学为“浙宗”，如广东学人王渐逵对广东心学大师湛若水说：“阳明之派曰浙宗，先生之派曰广宗。”明代福建人刘鳞长编有宋明浙江心学学脉史《浙学宗传》。

清代以后，出现了“浙东学派”这一称法，接着绍兴人章学诚在18世纪提出了“浙东史学”与“浙东学术”的概念。章学诚有《浙东学术》一篇，专门论述浙东学术传统，并强调浙东学术的精华在史学。章学诚所指的浙东学人，包括黄宗羲、万斯同、万斯大、全祖望。经过近代以来梁启超、章太炎、钱穆、陈训慈、杜维运等史学家的继承与发扬，成为人所共知的“浙东史学”或“浙东学派”。

中国“学派”的建构，是宋代以后的事，两宋学者重新整合儒学经典，尤其是对《大学》《中庸》《论语》和《孟子》，即“四书”有了突破性解释，完成了儒学体用学理的构建。黄宗羲阐述汉学术史时，非常注重对学者的宗旨的揭示，认为“大凡学有宗旨，是其人之得力处，亦是其学者之入门处”，宗旨的师承关系就构成了“学脉”。黄宗羲编纂的《明儒学案》《宋儒学案》《元儒学案》，其中一个个专题学案也就是在建构学脉。这种学脉意识的强化，谱系史的建构，是学人自我意识觉醒的表现，是学术史编纂进步的体现。一般认为“浙东学术”与“浙东学派”概念是相通的，即指宋

黄宗羲（摄于余姚名人馆）

明时期在浙东地区逐步发展起来的以心学为主要倾向的学术流派，包括吕学、永嘉学派、永康学派、北山学派、东发学派、深宁学派、四明学派、阳明学派、浙中王学、宗周学派、姚江书院学派、浙东史学派及其相关代表人物，学派有籍可考者近千人之多，其中在学术思想史上占有重要地位的不下百人。分为南宋浙学、明代王学、清代史学三阶段。月湖是浙东学术研究与播扬其中的重镇。

就内容而言，浙东学术主要指心学与史学两大部分。学术研究上，一般认为心学与史学是不同的，心学是义理之结构，是在“心”的层面上，而史学是义理之展开，是在“物”的层面上，或者说史学是心学精神在历史层面的展开，心学为体，史学为用，是对经世致用的浙东学术精神的具体践行。因为浙东学术重在史学的缘故，故而“浙东学术”这一术语在发展过程中逐步向“浙东史学”转型。章太炎的阐述中，浙东史学始于黄宗羲，但一般认为浙东史学应上溯至宋末元初宁波的黄震、王应麟。黄震，慈溪人，著有《春秋集解》《礼记集解》《黄氏日钞》，在宋元之际，曾居住日湖之畔。在学术上之所以以黄宗羲为浙东史学之始，与黄宗羲对阳明心学后期“无”“空”思想泛滥的反拨相关。明末清初，只知谈心性、诵语录、参话头、背公案的空疏学风与社会存在之间已经处于严重的对立状态。黄宗羲所主导的浙东史学是治国经邦之术、经世致用之实学，在扭转社会思想发展方面发挥了巨大的历史作用，符合时代对思想界提出的迫切要求。

浙东史学是明清实学的核心内容。实学学风由明中叶丘濬开创，以“治平”角度，提出要恢复儒学“有体有用”的真精神。其产生实质是针对明中叶以后学术沦于虚空、脱离实际导致误国的现状，一些地主阶级革新派和新兴市民阶层相汇合，提出以“有用之学”改革弊政。当时的实学也包括如何治河、如何管理盐务、如何运粮、如何守边、如何收粮等改良政治的“实政”，在道德与学问之间寻求治国平天下之途。黄宗羲著述丰盈，涉及政治、经济、教育、科技之类，如《留书》《明夷待访录》《明儒学案》《宋元学案》等，以史学为著。黄宗羲经世致用的史学思想即在这样特定的历史条件下，对儒家思想所作的总结，体现出鲜明的近代走向，一种对时代的新觉醒。客观上说，是将宋明理学推进至又一新的阶段，为近代思想的产生准备了资料，清除了障碍，铺垫了道路，成为中国由古代迈向近代的一块跳板。这一思潮在清朝道光、咸丰年间（1821 ~ 1861）结束，而进入近代的“新学”。

月湖之畔的史学在这样一个大框架上来认识，就变得清晰了。浙东学术是儒家学术重要的区域化学理构建，南宋以后，宁波境内政治基本安定，月湖学脉基本没有中断过，使学术不断出现高潮成为可能，也使之见证了浙东学术、中国儒学发展的转型。月湖畔的浙东史学第一个高潮就是宋元之交王应麟的深宁学派，而第二个高潮就是得黄宗羲真传的明末户部主事万泰八子。

现在宁波城内万氏遗迹最为著名的是环城西路南段的白云庄，为全国重点文物保护单位，白云庄即为万泰的郊外祠庄。其实万氏主要住处在城内，在月湖东岸广济桥西，以及子城西面；广济桥的住宅清初被清军占为提督署，万氏一度迁居白云庄，后又迁回月湖畔，“在今大尚书桥之北，即宋时杨侍郎宅”（《四明谈助》卷十六）。万氏祖籍安徽定远，宁波的始迁祖为明代威远将军万斌，万斌子万钟袭父爵，封宁波卫佥事。此后，

海曙白云庄

广济街万氏故居旧地（今为宁波老年大学）

子孙定居宁波，世袭指挥佥事。到第七世万表始，以儒而显，其子达甫、孙邦孚都有文才。至第十世万泰时，弃武从文。万泰生活于明末，与黄宗羲等共同从学于蕺山刘宗周，为明末复社成员，在宁波有开清初学风之功，为浙东学人领袖。万泰还与黄宗羲共同参与明末抗清活动，出生入死营救过被捕入狱的黄宗羲之弟黄宗炎。万泰以为“今日学术文章，当以姚江黄氏为正宗”，故令诸子师事黄宗羲，万泰八子为斯年、斯程、斯祯、斯昌、斯选、斯大、斯备、斯同，各在经学、史学、理学、文学等上有成就，世称“八龙”。

黄宗羲博学声名在外，东林、复社人士及弟子均向他请教学问，但黄宗羲最为属意的弟子却为甬上学子。全祖望《续甬上耆旧诗》说：“故先生自言生平师友，皆在甬上，及风波稍息，重举证人之席，虽尝一集于会稽，再集于海昌，三集于石门，而总不甚当先生之意。尝曰‘甬上多才，皆光明俊伟之士，足为吾薪火之寄。’而吾甬上当是时经史之学蔚起。”1657年11月，万泰去世，黄宗羲写信给万斯年，要他招万氏兄弟叔侄到余姚黄竹浦受业。1661年1月，万斯备、万斯同、万言到余姚化安山龙虎草堂拜访黄宗羲。1664年6月，万斯选到余姚拜访黄宗羲，见老师诗稿零落，便整理眷写，黄宗羲题为《南雷诗历》。1667年9月，黄宗羲在绍兴重新开设停讲24年的绍兴证人书院，以期重兴“读书谈道”之风。甬上弟子为之兴奋，万斯大带领策论会成员27人到余姚黄竹浦求学。康熙七年(1668)，黄宗羲亲赴宁波，与学子聚于广济桥高氏家祠，后又会于延庆寺，以“证人书院”为名，每月集会两次，给甬上弟子开讲。为区别于绍兴证人书院，故称“甬上证人书院”。甬上证人书院无固定讲堂，有延庆寺、陈赤衷家、陈氏云在楼、张氏黄过草堂等处，后以白云庄最久；书院听讲的前后有100多人，其中弟子66人，被黄宗羲推许的有18人。章太炎所推崇的在中国思想史上占有重要地位的浙东学派就此开创。甬上证人书院的讲学活动持续了8年，到康熙十四年(1675)结束，这8年是宗羲讲学最有成就而且影响最大的时期。

全祖望塑像

黄宗羲授徒，经史科学并重，所习课程有经学、史学、文学、历算等，治学严谨，立论大气精深；讲会之日先由司讲者就某一论题进行阐述，一俟讲毕，与会诸生即可对所讲问题展开讨论和争辩。研讨一般要持续整整一天，中午在讲堂用便饭，只有两菜，极为简约、俭朴。诸家子弟凡年龄在10岁以上者，均要求跟随听讲，以增知识。黄宗羲解惑释疑，时人记为“言论丰采，翕然可观”，“讲道论心，极一时师友之盛”等。其中万斯大传黄氏经学，万斯同传黄氏史学，成就最为显著。

万斯大为万泰之第六子，讲经会主要创始人。因为逢丧乱，不事科举，授徒自给。为人刚毅，敢于仗义执言，史载其“嗜义若饥渴然”。张苍水死于国难，弃骨荒郊，万斯大醵金葬于南屏。他深研诸经，最专长于《春秋》《三礼》，“以为非通诸经不能通一经，非悟传注之失则不能通经，非以经释经则亦无由悟传注之失。”最初纂诸家说，有242卷，但毁于一场大火。现流传于世的有《宗法》八篇，黄宗羲盛赞“为冠古绝今必传之作”。其他如《学礼质疑》2卷、《学礼偶笺》3卷等。

万斯同为万泰第八子，其生而异敏，8岁时能在客人面前背诵《扬子法言》。著有《历代史表》《纪元汇考》《儒林宗派》《群书辩疑》等。万斯同最为人称道的是以布衣参与编修《明史》。万斯同遵黄宗羲嘱咐，在史局前后十九年，不署衔，不受俸，表现出崇高的民族气节。《明史稿》500卷，皆其手定。历史记载他对汉以下制度沿革和明代史事了如指掌。纂修的官员写成初稿后，送到万斯同处复审。万斯同看完每一篇，就告诉纂编者，取某书某卷某页，有某事应当补入；取某书某卷某页，某事应当核实，从无一谬误。徐元文、张玉书、陈廷敬、尚书王鸿绪相继担任纂修《明史》的总裁，均延请万斯同修《明史》。万斯同一生不慕荣利，惟以读书励名节相切磋；态度谦恭，与人交往都自称“布衣万斯同”。但京中上至王公下至学子，无不尊称他为“万先生”。

万氏八子后代，亦有不少闻人。万斯大之子万经，康熙三十六年（1697），入京住在万斯同北京私邸，他曾以万斯同《明史》稿本为参考，与堂兄万言先后撰成《明鉴举要》一书。又曾以斯同、斯选康熙年间所修的《宁波府志》为底本，修成雍正《宁波府志》。万经在康熙四十二年（1703）中进士，官授编修，贵州学政等，任上曾参与《康熙字典》等大型官修著作的编写。

月湖史学的第三个高潮是黄宗羲的私淑弟子全祖望。全祖望

烟屿桂井巷

（1705 ~ 1755），传经、史、文献之学，著作有30余种，400余卷；计有《鲒埼亭集》38卷，《外编》50卷，《诗集》10卷；另有《汉书地理志稽疑》6卷，辑补《宋元学案》100卷，《全校水经注》40卷并补附4卷。全氏在南宋时随康王南下，驻居海曙洞桥镇沙港村，相传宋理宗、宋度宗的皇后均为沙港全氏。至15世纪时，全氏落户宁波城里。当时全氏住宅在月湖西畔桂井巷，相传全祖望就出生在桂井巷“五桂堂”，原来是陆瑜的尚书第，据说“五桂堂”三字是明朝万历皇帝朱翊钧所写。全祖望28岁考中举人，32岁中进士，选在翰林为庶吉士。他在翰林院与内阁学士李绂一起攻读秘藏的《永乐大典》，甚为投契，深得其赏识。李绂，江西临川县城荣山镇人，清代著名政治家、理学家和诗文家，是清朝前期的财税改革摊丁入亩等制度的主要推动者。但因李绂和大学士张廷玉有过节，在翰林院结业考时，张廷玉给全祖望定为“下等”，外放为候补知县，全祖望一气之下回乡；方苞想推荐他到三礼馆去任职，他也拒绝。从此断绝仕进之心，着力以著述、授徒为业。

全氏家族到全祖望时已经没落。全祖望回宁波后，居于青石巷胡御史旧第的宅后小屋适可轩，命名为“双韭山房”。“双韭山房”原为全氏祖先在海曙大雷山的别墅，全祖望以之明隐居之志。全祖望学术融会百家，并有独立思考；在他看来，学问当汲取百家之所长，再经过自己悉心揣摩、加以融会，从而获得属于自己的真知。自乾隆十一年（1746）开始，全祖望历时九载，续修了《宋元学案》，增补共计32个学案，凡33卷，约占全书所立案卷的三分之一。经过增补，宋元学术的主流与支流均得到充分梳理，并在学案中增订并精心撰写《序录》，客观叙述各家各派学术利弊得失。经过全祖望续修的《宋元学案》，反映出融会诸说、不定一尊、注重独创的治学精神，成为中国学术史著作成熟的标志，深为学者所推崇。《鲒埼亭集》为其最主要著作，以评、传、碑铭、论、记、跋等各种文章，彰扬一大批明末忠节之士的精神，这些人大都曾经在月湖畔活跃过，如王翊、董志宁、冯京第、李邺嗣等；在清初大兴文字狱的时代，全祖望敢于这样做，确属宁波知识分子的典范。全祖望对地方文献的搜集整理也情有独钟，也正因为全祖望的努力，浙东人文传统赓续绵延。《鲒埼亭集》翔实地记述了很多地方文献与掌故遗闻，有关月湖诗文均可在其中获取；《鲒埼亭集》还翔实地记述了很多地方文献与掌故遗闻，有关月湖诗文均可在其中获取；所附《经史问答》10卷，为答弟子董秉纯、张炳、卢镐、蒋学镛等所提问的经史疑义而作。除此之外，全祖望还七校《水经注》、三笺《困学纪闻》，以实事求是之精神，推动了清代浮躁学术风气的转变。

全祖望性情耿直，轻视利禄，甘守清贫，自诗云："野人家在鄞江上，但见山清而水寒。一行作吏少佳趣，十年读书多古欢，也识敌贫如敌寇，其存爱睡不爱官。况复头颅早颁白，那增逐队争金幱。"全祖望生活贫苦，但概不受人无端馈赠。曾因绍兴太守杜甲之请，任蕺山书院山长。据载初时，绍兴学子有意出题为难全祖望，但不久便被其真才博学所折服。后全祖望不满杜甲无礼，辞职回家，绍兴学子公推蔡绍基等人到宁波来恳请其返院，而遭拒绝。后又主讲过广东高要端溪书院，因病回到故里。50岁时因心力交瘁辞世，因贫无以丧葬，后人售卖全氏藏书得银二百余两，葬于南门祖关山下。

全祖望之后，浙东史学由邵晋涵、章学诚等发展史学理论，开创了古代方志学，并对浙东学术做了较全面的论述。晚清时代甬人徐时栋、董沛、王梓材等，是清代浙东史学派之殿军。徐时栋即烟屿楼主人，董沛为徐时栋忘年之交，徐时栋在病危时将鄞县县志修治之事托付董沛。董沛著有《两浙令长考》《唐书方镇志考证》《竹书纪年拾遗》等，相传其六一山房藏书5万多卷。王梓材，学者称閟轩先生，世居鄞西柳庄坊，与冯云濠共同编撰《宋元学案补遗》100卷，共补遗约七八百条。

由此回顾中国儒学与时代变迁前行的历程。春秋战国，孔子"仁""克己复礼"等思想不断丰富，孟子的"仁政""民贵君轻""性本善"，荀子的"王道""君舟民水"等，蔚为大宗。到西汉董仲舒提出"罢黜百家，独尊儒术""君权神授""天人感应""三纲五常"等新儒学思想，汉武帝付诸实行，成为中国传统文化主流。唐宋遭遇佛学等冲击，始于韩愈，儒学重建本体，"二程"提出"格物致知"的认识论，朱熹提出"存天理，灭人欲"，陆王心学提出"心即理""心外无理""致良知""知行合一"，全面完成了理论化、思辨化的过程。明末清初黄宗羲、王夫之、顾炎武等，继承民本思想和探索精神，以"经世致用"使儒家思想重焕生机。从春秋的原始儒学，到两汉的经学，到宋代理学，到明清实学，在一步步发展过程中，我们看到文化热点随着经济等中心在中国大地上的空间转移而转移。至宋代，宁波作为江南这一新文化中心的临海大港，吸引了一批思想大家的到来，诞生了一代宗师，以自身的学术特点占据时代高峰；而且这一学脉一直延伸到明清，月湖以万氏、全氏为代表的知识群体接踵而现，见证"浙学"之繁荣。实学至清代康熙后期即开始变化，至乾隆、嘉庆年间，发展为以整理、考订古代典籍为主的考据学，即乾嘉朴学。这一时代，官方动用人力，物力编撰丛书、类书，私人购书、校书、刻书、编书也蔚然成风，这对学术界的影响是导致专注于校勘、辨伪、文字训诂的学者越来越多。月湖学者尤其是全祖望之后，深受朴学之风影响。实学所提倡的回到儒家原典中去寻找依据，真正把握孔孟的精神，最终演化为变研究为目的，解释思想的初衷变化为考证与收集。这就是清代月湖书生的时代局限。而儒学的后一变迁，是为与西方近代民主、科学思想交流融通的近现代新儒学，而这一新儒学的首发者在广东，始于广东南海人康有为。

【三】

书香门第

一、两宋楼氏风华

楼氏祖先传说为大禹。大禹十四世孙夏桀荒淫无道，为商所灭，其子仲和、仲礼避祸会稽山，改“姒”姓为“娄”姓；周武王灭商后，封大禹第三十六世孙娄云衢为杞国国君，封号为东楼公，并将“娄”改为“楼”姓。这一起源，楼钥也多次在文章中提及。东汉末年至魏晋之际，楼氏因北方战乱南迁到义乌，始迁祖为大禹七十九世孙楼泰；唐玄宗先天元年（712），楼氏一支迁居奉化，始祖为楼鼎，到第四代楼皓时，成为地方大族，在袁燮为楼钥所撰的行状中说“居奉化县，世以财雄于乡”。楼皓子为楼杲，楼杲子为楼郁。

致力教育的楼郁将家族带入了士族范围。王安石赞楼郁“学行笃美，信于士友”，庆历八年（1048），应王安石之聘，楼郁离开家乡，投身明州城的庆历兴学运动。楼郁于北宋皇祐五年（1053）考取进士，曾任舒州庐江县主簿、大理评事等职，因“禄不及亲，不欲出官”，不久就还乡执教。最初在城南柳亭设讲堂教课，后迁入月湖竹洲，前后长达三十年，“乡人翕然师之”，“成就一时人物甚众”，著名的学生有丰稷、舒亶、袁毂、汪锷、罗适等。楼钥曾说：“吾乡四明庆历、皇祐间，杜、杨、二王及我高祖正议号五先生，俱以文学行谊表率于乡，杜先生又继之，讲明经术，名公辈起，儒风益振。”其子孙也先后科举及第，如楼常、楼光、楼肖，楼常子楼异等。楼光“才气尤俊伟不群，妙年决科，刚介自守”。楼肖则“家传擅名而邃于小学”，建有藏书阁“纸阁”。楼异开掘广德湖，以得田税，史载“典乡邦，因湖之淤请于朝，而田之岁得谷无虑四十万斛，父老以为德，生立祠”；他同时也在宁波辟高丽使馆，造万斛神舟，促进宁波城市的外向型发展。高丽使馆在月湖菊花洲宝奎巷西，建于1117年，现存遗址，在1999年考古挖掘中，发现大量北宋时代的越窑制品，以及高丽青瓷残片等，故而楼异在历史上有很大争议。也正是楼异使楼氏在两宋之交成为宁波第一家族，楼异有五子，楼琛、楼璹、楼琚、楼璩、楼珌，皆以荫补入仕，楼璩即为楼钥的父亲。楼璹历任湖北转运使、湖南转运使兼知潭州、知扬州，有

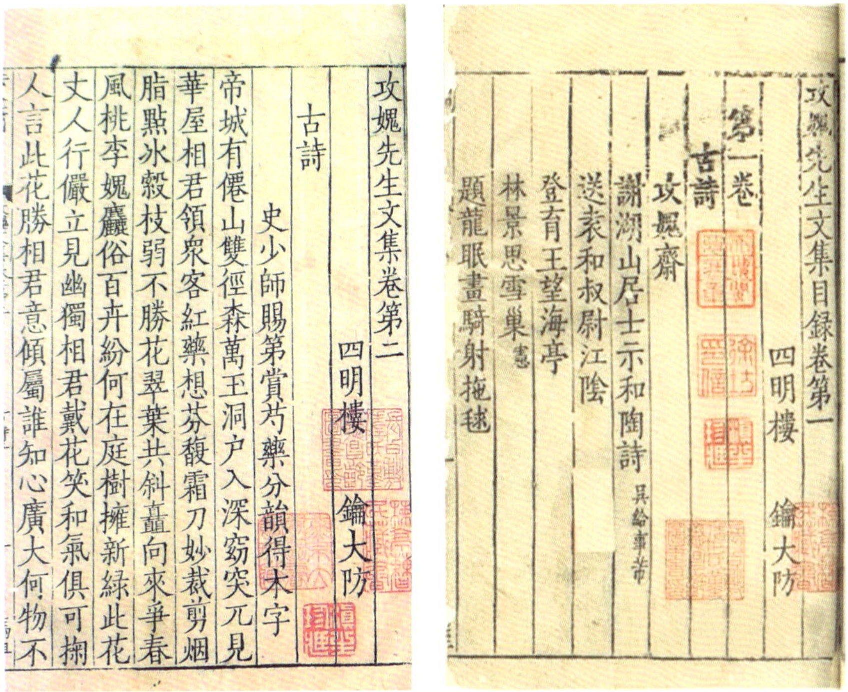

攻媿先生文集卷第二　四明樓　鑰大防

古詩

史少師賜第賞芍藥分韻得木字

帝城有僊山雙徑森萬玉洞户入深窈突兀見華屋相君領衆客紅藥想芬馥霜刀妙裁剪烟脂點冰縠枝弱不勝花翠葉共斜矗向來爭春風桃李媿麤俗百卉紛何在庭樹擁新緑此花丈人行儼立見幽獨相君戴花笑和氣俱可掬人言此花勝相君意傾屬誰知心廣大何物不

攻媿先生文集目録卷第一　四明樓　鑰大防

第一卷

古詩

攻媿齋

謝湖山居士示和陶詩　呉給事芾

送袁和叔尉江陰

登育王望海亭

林景思雪巢　憲

題龍眠畫騎射拖毬

宋刻本楼钥撰《攻媿先生文集》书影

很好的政声；在任于潜令时，曾作《耕织图》上呈东宫，图画流传至今。

楼钥（1137 ~ 1213），出生时正值金兵南下，宁波兵祸相连，遭受巨灾。楼钥记载，“建炎中金兵至四明，诸父仓猝避难，室庐遭毁，故物一不遗”，“中遭兵毁，故书无一存者”。而其父楼璩“仕不加进，生计日削”。因生活艰难，楼钥自幼长于外祖父汪思温家。汪思温（1077 ~ 1157），为汪洙长子，汪大猷之父。汪氏也是宁波举足轻重的大族，居于月湖竹洲东岸。汪洙父亲汪元吉为鄞县从事，王安石为鄞县令时，称其为廉平吏。汪洙自幼善赋诗，9 岁时一首“神童衫子短，袖大惹春风。未去朝天子，先来谒相公”，列于《训蒙神童诗》首章。晚为明州助教，著有《春秋训诂》，在教里，人称“汪先生”，与庆历五先生齐名。生二子，子汪思齐为崇宁五年（1106）进士，官吏部郎。子汪思温为政和二年（1112）进士，官至太府少卿，因得罪秦桧而罢官，其与史浩、周必大等当时名臣均有密切关系。汪思温让楼钥求学于乡人王默、李鸿渐，后又送到名士郑锷处学习。汪大猷，即楼钥

楼璹绘《耕织图》(部分)

舅父,历官吏部郎,孝宗时为太子侍讲,是汪氏家庭中社会资望最高的,与史浩同为高宗绍兴十五年(1145)进士。他是楼钥仕途和交游方面的提携者,汪大猷任礼部秘监等职时,楼钥一直随侍舅父左右。楼钥学问受朱熹影响较大,宁宗即位后,韩侂胄出于权力斗争需要,发动“庆元党禁”。楼钥极力为朱熹等抗辩,也被列入党禁名单,闲退故里月湖十余年。此时,汪大猷已经致仕,两人往来更为密切。他们掌诗社、管义田,与士族官宦唱酬往来,殆无虚时。

回顾其政治生涯,楼钥是活跃于南宋孝、光、宁三朝的重要政治人物。在地方为政时,如淳熙十四年(1187)为温州知州时,宽民赋、严吏治,治绩斐然。在朝中任职时,以天下为己任,锐气逼人,敢于诤言。在绍熙内禅、庆元党争等重大政治事件中,虽然不是主角,但也是整个政治、人际网络与事件中不可忽视的一环,连宋光宗都说:“楼舍人朕亦惮之。”庆元元年(1195)起,楼钥闲退十二年。开禧三年(1207),韩侂胄北伐失败被诛,史弥远拜相,年过七十的楼钥被重新召入朝廷,很快晋身宰辅之列。至嘉定六年(1213)三月还乡。

楼钥交游对象极广,有朱学、陆学、吕学、永嘉学派的士人,明州的同乡和贤达,官场上的同僚等。他是一位具备复合型知识结构的士大夫,博通经史，学识渊博，文学、政事、学术俱佳，一生切实践行士大夫信守的儒道，无论在职，还是闲赋，始终如一，故而在社会上享有崇高声望，时人评价其“浑厚正大”。他讲求实学，在训诂小学诸方面能纵贯古今，论述大多可信。长期供职于内廷，擅长内外制及书奏启札之类的应用文字。而在文学上，真德秀在为其文集所作的序文中赞扬：“南渡以来，词人固多，其力量气魄，可与全盛时先贤并驱，惟巨野李公汉老、龙溪汪公彦章及公三人而已。”录楼钥《月夜泛舟姚江》一诗，诗歌记其夜泛姚江一事，尽显清雅，如读苏东坡《赤壁赋》，“秋暑不可耐，几思泛中川。晚来兴有适，溪船偶及门。凉月才上弦，平潮可黄昏。倚楫纵所知，卧看龙泉山。长虹跨空阔，过之凛生寒。坐稳兴益佳，夜气方漫漫。草虫鸣东西，飞乌相与还。仰头数明星，垂手摇碧澜。坐客惜此景，不及携清樽。无酒要不恶，徜徉足幽欢。幽欢有何好，叩舷澹无言”。

而从整个楼氏家族来看，楼氏家族的变迁史则是一部宋代变革史的缩影。这一中原移民家族的后代，在庆历新政时期，积极呼应时代变革，通过设立家塾、延师购书、经营产业、提倡家族内部的团结互助等方式，从财富型平民家族转变为有兼济天下之志的士人家族。尤其跨越数代的教育，使家族发展长盛不衰，即使遇到了两宋更替、金兵毁城这样残酷的事件，当社会秩序回归正常，以楼钥为代表，家族迅速复兴，具有极高声望的士人不断涌现。从北宋仁宗到南宋理宗，进士及第者达 40 人，以荫补入仕者众多，单楼异一支后代，考取科举功名的有 23 人。科举之盛，达到极致。楼钥有四子两女，楼淳、楼濛（早夭）、楼潚、楼治，都以荫入仕。

楼氏家族学术事业薪火相传，累世不绝，显示士族之间互相帮助的作用。先祖楼郁从教三十余年，四明英俊得其教诲。因为有这一段特殊的历史，楼氏在四明民间与官场上结成了广泛的人际关系网，或者说，同学、共事、交游、婚姻等方式是楼氏成功的外在原因。姻亲汪氏，在楼氏衰落时，起到了关键作用。但要维持家族科举兴盛，最主要倚仗家族成员顽强的毅力和坚定的信念。河南程氏家族在北宋时期曾出现了两位大学者程颢、程颐，这是影响两宋理学发展的哲学家，但在南宋时家学却不能得到继承，尽管朝廷屡次褒录赠官，却终究不能挽回门户零替、家道衰落的状况。楼氏却是世代勤勉相继，族人以终身学习行道为乐。不能中举者，也往往通过坚持而在学术上达到较高水平，如楼弆，即楼钥叔祖，终身布衣，但“百氏之言无不该贯”，“小学尤精”，楼钥广博的知识很大程度上得益于楼弆的传授。楼钥曾自述其家族：“吾门自高祖先生以儒学起家，衣冠六世，仕者以清白相传，学者以诗礼相勉，门内雍穆，虽总角之童，亦恂恂自守家法，遂为四明望族。亦知夫所以致此者乎？”“诸父承家学之传，尽洗膏粱习气，至不使人见有子弟态。吾曹今日不耕而食、不织而衣，生长以来不知人间辛苦劳役事，正以上世书种不绝，故得为天之幸民。吾之弟若从子，皆宜自勉于学，以无负尉曹咏归之意。”楼氏家族达到了家学、科举与社会声望之间的相互促进，这也是古代士大夫治理家族的一种理想境界。

楼钥学宗朱熹，素好读书藏书，自己有一首诗云：“门前莫约频来客，坐上见观未见书。”对于精椠著本、刻本、抄本，楼钥必一一收藏，亲手校雠，并印上“四明楼钥”字样。也因推崇朱熹，反对韩侂胄，故卷入庆元党禁，被罢逐回乡里，在月湖南岸（今宁波市桂芳桥巷与梅园巷之间）建“东楼”，收藏书籍，经历几十年聚集，藏书超过万卷，其中手抄居半，与当时的藏书家史守之并称为“南楼北史”。东楼之中即藏有楼钥跟随汪大猷出使金国时所撰《北行日录》和深得世人推崇的楼钥名著《攻媿集》120卷。楼钥藏书即是家族风尚，楼氏藏书始于楼郁，楼郁好书不倦，自六经至百家传记，无所不读，相传最多时也达万卷。但楼钥并不把读书应举视为追求功利的捷径，而是主张读书是使人获得知识，增长学问，接受全面的儒家道德观的教化。楼钥在东楼经常接待读者，光绪《鄞县志》载：“客有愿传者，辄欣然启帙以授。”

到了南宋末年，元兵南下，东楼藏书终随改朝换代而渐渐散失。楼氏开始走下坡路，入元以后，义庄田产一度落入当地富户之手，后虽经族长楼彬等人诉官夺回，但终属“族窭且弱”，走向衰落。至明末更是全数败落，旧宅多归王家墩汤氏所有。

史氏发祥地东钱湖下水村

二、一川烟湖尽归史

史氏是一个古老的姓氏，始祖相传为黄帝时史官，即创造文字的仓颉，以官职称谓为氏。史籍《新唐书》《元和姓纂》等书的记载，史氏源于西周太史尹佚，与姜太公、周公、召公并称为当时"四圣"。史氏在北宋时期迁到宁波，他们的祖先可能是江苏溧阳史氏。宁波明确有记载的人物是史成，但缺乏史料来了解他的情况。史成之子史简，读过一点书，做过乡间政府的衙役，但英年早逝，留下妻子叶氏独立扶养儿子史诏（1058 ~ 1130）成人。坚毅能干的叶氏独立支撑家业，还一度使史家达到小康水平。史诏具有中等文化水平，因为孝行得到政府的赏识，进入过太学，史氏文脉由此开端。史诏之子史师才为政和八年（1118）进士，成为明州史氏第一个取得进士功名的人，先后担任过处州县尉、余姚县尉等职；南宋偏安后，位至副相，但因投靠秦桧，历史评价很低。史师才有五兄弟，中过进士的还有史师木，另三位为师仲、师禾和师光。史师木能力过人，在金兵攻陷明州时，曾成功地组织家族成员和乡民逃难海上。这时的史家在地方上已经有了一定的号召力，当时主要居住地为东钱湖畔下水村。

史师才长兄史师仲的儿子史浩使四明史氏得到崇高声望。同样为官，史浩的品性与史师才截然不同，他是一位忠直耿介之士。史浩（1106 ~ 1194），庆历五先生之一王致的学生，曾求读桃源书院。南宋绍兴十五年（1145）中进士，因不愿意投靠权门，长期在地方上做小官。1157 年，史浩因老臣张九成的推荐，进入朝廷担任太学正，后转任国子博士。1159 年，史浩获得觐见宋高宗的机会，在这次会见中，史浩提出确立赵玮（后改名赵昚）皇太子地位的建议，得到高宗赞赏。事后，他被高宗选中出任高宗养子普安郡王赵玮的老师，普安郡王就是后来的宋孝宗。这一事件使史氏与南宋皇室建立起不同一般的政治关系，改变了史氏家族的命运，家族进入兴盛时期，所谓“一门三宰相，四世两封王，五尚书，七十二进士”。在宋代一门三代为相的，只有东莱吕氏、真定韩氏和四明史氏，前两个家族在北宋，而四明史氏在南宋，共经历师、水、弥、之、卿诸代人，家族地位举足轻重，“渡江之后，世家之盛独在史氏”，影响着南宋大部分时期的政治和文化。

史浩、史弥远、史嵩之三人先后为相，构成了史氏发展的三个阶段。第一阶段，从隆兴元年（1163）史浩为相开始到其在绍熙五年（1194）逝世为止。史浩两度为相，虽时间不长，总共不超过 14 个月，但他老成持重、足智多谋，在选拔人才、勤修内政方面极有作为，奠定了家族兴旺之基；水字辈还有通判史浚、中散大夫史涍等，都在朝廷占有重要地位。第二阶段，从史弥远诛杀韩侂胄开始到绍定六年（1233）史弥远逝世止，这一时期是史弥远专权时期，独相时间长达二十五年之久，为史氏全面成功时代；弥字辈有礼部侍郎、太子左庶子兼太子侍读史弥大，以资政殿学士致仕的史弥忠，兵部侍郎史弥坚，连州知州史弥应等，这一辈有 9 人考中进士。史弥远之死是家族由盛到衰的转变。第三阶段，从史弥远死后到史嵩之被罢相为止，史嵩之任相八年；之字辈有朝奉大夫史守之、绍兴知府史宜之等。

月湖见证了这个家族的兴盛。孝宗皇帝赐予史浩丞相府第于月湖，并赐万金建真隐观于月湖竹洲。史浩在竹洲建精舍，让沈焕居住讲学，并在岛上建藏书楼，由高宗御书“鄮峰真隐”，光宗御书“四明洞天”名其观，孝宗御书“月湖竹洲”名其洲、“明良会阁”名其阁、“旧学”名其堂，等等。并在菊花洲建宝奎阁保存皇帝的御书，“奎”即对皇帝御书的尊称。宝奎阁修建得颇有气魄，史浩《明良庆会阁上梁文》这样描写：“觚棱金碧，既耸于星辰；榱桷丹青，更交辉于海岳。”月湖史府收藏有高、孝、光、宁四朝皇帝的手书御赐，其政治地位与社会影响可想而知。当时，月湖诸岛尽归史氏，陆游等社会名流接踵而来，与史浩互咏。史浩还以真隐观为核心，建“月湖诗社”，创“四明尊老会”，竹洲成为甬上文士聚会中心。史浩的四个儿子，长子弥大居于东，称鸿禧府；次子弥正居于南，后迁月湖西，称月湖府；三子弥远居于西，称卫王府，宋代称观文府；幼子弥坚居于北，名后府，宋季改监丞府。与竹洲一水相隔的竹屿和月岛，则是史氏的菜园果圃。全祖望说：“谁移洞天，跨湖之薮？曰惟史氏，十据其九。”（《湖语》）史浩完成了史氏在月湖的居住群建设。而城外的马园，原为丞相府的养马场，至今“马园”地名仍存。

其实，在史浩初次罢相时，还是非常寒怆的，其自称“归乡无屋可居，旅泊山寺”。此时归甬，史浩封为越王，月湖史氏相连的宅第成为宁波高官显宦集团形成的具体写照，也标志着地域政治地位的显著提升。而在南宋之前，宁波地区出仕朝廷高官的人数极为有限，更不用说宰相之位。可以说，史氏集居月湖积极提升了地域的政治与文化的自信。而对家族来说，借助史浩在孝宗朝中极高的政治地位，子孙赢得了与皇室联姻或恩荫入仕的机会，如史弥坚娶孝宗同母之兄崇宪靖王赵伯圭的女儿为妻，史弥正未中进士而以恩荫出仕等。而史浩对于家族的贡献尤在于修谱作训，力推教育。史浩寄希于家族通过教育维续长期的发展，一方面他极为重视家族建设，立义田庄，推行公益，《延祐四明志》记载：“太师史忠定王镇会稽日，捐公帑之金，市田数百亩，名曰义田，凡仕族有亲丧之不能举与孤女不能嫁者，以其租入差给之。”又与汪氏一道发起创立四明义田庄。一方面积极推动谱牒撰修，在他看来，族谱可以“序昭穆”，彰显祖宗功德，

"彰劝戒",教化后代;史浩还撰有家训,教育子孙敬长慈幼、信友和邻、勤俭持家和不废农作。在教育上,史浩最为突出的是聘请名师讲学书院,使家族内部形成了崇尚学术研究的氛围。应史浩之请讲学四明,教育史弥远、史弥坚等人的理学名家除淳熙四先生外,还有孙应时等人,礼遇备至。

史浩

史弥远的专断在历史上多有非议,一是在政治上,对金一贯采取屈服妥协的政策,不得民心;二是在经济上,滥发会子,导致物价上涨,使国家财政处于破产边缘;三是诛韩侂胄后,恢复秦桧的王爵和官职,答应函韩侂胄于金人,有伤国体;四是结党专权,为保相位,在嘉定十七年(1224)宋宁宗死时,发动政变,矫诏拥立贵诚,是为宋理宗。宋宁宗为政懦弱,前期听命韩侂胄,后期听命史弥远;宋理宗由史弥远扶立,事事依赖史弥远,史弥远故能前后专权26年。其党羽有"四木三凶"之谓。"四木"是薛极与胡榘、聂子述、赵汝述,因四人名字中均有"木"字,故时人称之为"四木";"三凶"指李知孝与梁成大、莫泽,他们排斥异己,残害魏了翁、洪咨夔等忠良,被人们称之为"三凶"。宋代历来削弱相权,宰相任期没有年限规定,多在二三年,像孝宗时,因鉴秦桧独相17年的弊病,在位27年任命宰相15人。超过十年的仅秦桧、韩侂胄(12年)、贾似道(17年),但都不及史弥远。史弥远执政时间最长,积累矛盾也最多,南宋朝走向衰亡与其累存问题过多有关。

史弥远

史嵩之

史氏在文化研究和著述上也是成果斐然。从史浩开始,史氏一门文化著作多达70余种,涉及

菊花洲宝奎巷史氏故里

到经学、史学、文集等诸多方面。史浩本身在学术上有较高造诣，也为人肯定，今考学术著作有《周礼天地二官讲义》14 卷、《论语口义》20 卷、《尚书讲义》22 卷等。而他对饱学之士的尊重，也使他赢得了崇高的威望。在他主政期间，先后引荐过许多有用之才，其中包括张浚、王十朋、朱熹、杨简、陆游、叶适等近 50 人，受朝廷任用。莫济曾诋毁史浩，史浩还是向孝宗推荐，孝宗问史浩为何如此，史浩说："臣不敢以私害公。"张浚为史浩推荐，进封为魏国公，在山东用兵上与史浩对立，后兵败自劾，史浩不计前嫌，反而上表替他说情。

史弥远和父亲史浩也有相同之处，如起用了诸多理学人士，在嘉定年间，对不符合赐谥条件的理学家朱熹、周敦颐、程颢、程颐、张载，奏请朝廷特赐谥号，提高理学派的地位；并提携了一批四明人士，如郑清之、袁韶等，从而形成了一个显赫的四明高官显宦集团，所谓"满朝紫衣贵，尽是四

芙蓉洲原史弥远大观文府旧地

明人”，主要是在这一时代。史弥大与汪大猷一起，号召四明大族鼎力配合官府，促成州学的顺利完工。理宗宝庆年间（1225 ~ 1227），明州府学又经过了多次修建，规模巍峨壮观，在东南地区首屈一指。在北宋，明州的进士率不超过全国总数的 1%，而到了南宋，只占南宋总人口 1.5% 的明州，一次科试的进士人数就要占到全国的 10% 左右。史氏家族成为推动地域士人家族大量产生的重要力量。

史弥大的儿子史守之（1166 ~ 1224），是史氏家族中著名的藏书家，早年从杨简、袁燮游学，又从楼钥学古文。其为人耿介清正，淡泊名利，因厌恶其叔权相史弥远的所作所为，辞官回月湖隐居，闭门藏书，与杨简诸公讲学为乐。朝廷屡次下诏让他出仕，皆不应命。宋宁宗曾特地御书“碧沚”二字赐给史守之，“碧沚”意为清修好古之士，后来史守之的宅第和藏书楼就被称为“碧沚亭”，由此碧沚流芳后世。监仓吕祖俭有《题史子仁碧沚》诗："相家小有四明山，更葺桃源渺莽间。四明楼台相映发，一川烟水自弯环。"子仁即史守之之字。家有"旧学堂"，藏宋孝宗当时所赐旧学御书，故藏书印有"碧沚""旧学图书""旧学史氏""旧学复隐书印""史氏家传翰林收藏书画图章"等。藏书万卷的碧沚楼后由侄子史文卿继承，文卿号"石窗山樵"，书楼更名"山泽居"。书楼书籍散逸后多流入江苏，吴中图书有这些印章的，多为史守之的遗书。史守之著有《升闻录》。

史嵩之为史师木一脉，祖父为史渐，是史浩的堂表兄弟。史渐有儿子 7 人，其中有 5 人进士及第，史嵩之的父亲为资政殿大学士史弥忠。史嵩之为宁宗嘉定十三年（1220）进士，他在军事上的才干最为突出，是理宗时期最受倚重的封疆大吏之一。1239 年，被任命为右丞相，都督两淮、四川、荆湖军马，事实上掌握了南宋三大战场的军事指挥权。淳祐四年（1244），史嵩之的父亲病故，但他不肯依制守孝，最终引发了一场声势浩大的学生运动，临安太学生黄恺伯、金九万等率数百人上书论史嵩之不当起复，并指责他贪恋权位，席宠怙势，史嵩之被迫下台。宋元战争吃紧时，理宗几度想要起用史嵩之，但为群臣所阻。从此之后，明州史氏家族再无人进入中枢权力系统。这一结果自然对通过权力发家而盛极一时的史氏家族，造成致命的打击。到南宋灭亡前 30 年，史氏迅速衰落，而家族内部迭生的矛盾，加快了这一过程。卿字辈最为著名的是史蒙卿（1247 ~ 1306），史弥巩之孙，咸淳元年（1265）进士，入元后不仕。史蒙卿一改家乡宗陆之风，潜心研究朱子理学，"务明体以达用"，并有自己的阐发，创静清学派，弟子如程端礼、程端学、蒋宗简、乐良等。

南宋灭亡后，三代宰相之家的史氏家族大多数人选择过隐居生活。与皇权完全疏离的史氏家族，其优越的社会地位也迅速消失，大多沦为平民。史氏成员大量迁居外地，分散各地，聚族而居的大家族不再存在。宝奎阁逐渐荒芜，后来在遗址上建了一座土地庙，老百姓称之为宝奎庙，现在只剩下宝奎巷这一地名了。

三、群星闪耀的两宋月湖

两宋之间，宁波区域人口激增。唐天宝年间（742 ~ 756），明州四县（鄞、奉化、慈溪、象山）有户 42207，口 207032，平均每县 1 万户左右；宋元丰年间（1078 ~ 1085），明州有六县，主客户 115208，平均每县 2 万户；到南宋乾道年间（1165 ~ 1173），鄞县一县就有 39600 余户，人口在 20 万以上（《建炎以来系年要录》）。北方移民使区域内人口开始密集，对生活资料和生产资料的获取提出了更大的挑战，迫使人们以灵活应变的方式，以务实的态度，去开拓多样的生存途径，从而转化为宁波经济和文化发展的内在驱动力。而这一时期教育的兴起，科举的兴盛，带动了地域望族的出现，成为转型年代的一道亮丽风景。

鄞县文武进士及第，始于北宋端拱二年（989）杨说。在北宋中期以后，宁波陆续出现了楼氏、汪氏、史氏、袁氏、舒氏、丰氏、郑氏等重要的新兴士人家族，楼氏、史氏、袁氏等在前文已经讲述，这些家族或在学术、道德，或在政治、军事等，站在时代前沿；像汪氏，繁荣绵延七代，共有进士 13 人，最为著名的如汪洙、汪思温、汪大猷三代。郑氏，最为著名的即郑清之，居鄞县东钱湖，与史氏关系密切，为史弥坚老师；史弥远请郑清之为理宗老师，后又选定郑清之为自己的接班人；郑清之曾两度为相。舒氏，著名的如舒亶，为慈溪名士，罢官后到月湖隐居。丰氏，家族繁盛跨越七八百年，将在讲述明代家族时涉及。

在两宋交际，宁波的科举名录里又有新的成员加入，如高氏、赵氏、郑氏、姜氏、王氏、薛氏、戴氏等，他们的加入丰富了区域的文化内涵，扩展了四明社会的人际网络。就鄞县而言，历代文武进士及第者 1205 人，其中文进士 1174 人，武进士 31 人，而宋代占到 730 人，其中文进士 720 人，大部分集中在南宋。就进士数量而言，南宋为鄞县最为辉煌的时代。

这些家族的兴起，多与庆历五先生的教育有着密切关系。宋神宗元丰年发起第二次兴学运动，郡学教官由荐举法改为考选法，师资质量也进一步提高。明州郡学贤能学师众多，有郑耕老，绍兴年间（1131 ~ 1162）

海曙纪念有为官员的神庙之一它山庙

任明州教授，以兴起斯文为己任，善讲《大学》之道，文章追随韩愈、欧阳修之风，简古淡雅；傅伯成，隆兴元年（1163）进士，授明州教授；李韶，嘉定四年（1211）进士，调为庆元教授，与史弥远、袁燮等有交往。方万里，宁宗嘉定间（1208 ~ 1224）为郡学教授。这些教授在哲学（主要是经学）、史学、文学艺术等方面各有专长，基本涵盖了新宋学的各个方面。

扩而言之，宁波在宋代兴起科举家族，离不开崇文抑武、崇儒兴学的国策，离不开当地文化家族对时代变革的积极呼应，也离不开一批有为的学者，包括学者型官员对地域发展所做的基础性工作。宋王朝的优礼政策，开科取士的一系列措施，极大地激发了士大夫们“兼济天下”之志。整个时代充满意气风发的激情，贤牧代出，宁波历史上最有影响力的官员大都出在宋代，相比较元、明、清三代为时漫长，能者却寥寥可数。宋代贤牧除王安石外，著于史册的还有宋初奉国军节度使、吴越王钱俶的弟弟钱亿，浚广德湖，修它山堰。真宗天禧中（1017 ~ 1021）任太守的李夷庚，治镇明岭，徙建州学文庙，浚东钱、广德二湖。仁宗嘉祐中（1056 ~ 1063）知州事的钱公辅，浚月湖，筑州城。神宗熙宁中（1068 ~ 1077）守明州的曾巩，修筑城墙，修建水利，推行宽商政策。徽宗大观中（1107 ~ 1110）为明州通判的陈瓘，退隐后居于月湖，筑尊尧书屋。绍兴年间（1131 ~ 1162）任太守建逸老堂的莫将，孝宗乾道间（1165 ~ 1173）知军州事的张津，淳熙九年（1182）判明州的王恺，淳熙中（1174 ~ 1189）知州事的范成大，光宗绍熙初年（1190）知明州的程太昌，宁宗嘉定六年（1213）为两浙提举知军府事的程覃，理宗宝庆初年（1225）以兵部尚书知庆元府的胡榘，绍定年间（1228 ~ 1223）为庆元府通判的孙子秀，理宗淳祐初年（1241）知庆元府的陈垲，宝祐四年（1256）判庆元府的吴潜，咸淳丙寅（1266）以资政守四明的叶梦鼎等。这些曾经徜徉于月湖之畔的士大夫，重名重节，忧国忧民，在社会治理上强调经世致用，在文化领域自觉承担起振兴儒学的重任，众多牧守被百姓立祠而祀之。如吴潜，在二度任职宁波期间，“加惠庠序，笃意教养。立永丰仓，开惠民药局”，共主持治理了46条河道，修建了6条堤坝、6处水闸，工程数量和规模历代无人能及，慈溪、镇海、鄞县三地开辟出十万亩良田。澄浪堰、化子闸、大西坝，及月湖水则碑均为其所建。明人冯瑛在《宋丞相吴公祠记》中赞：“邑世世血食公绩，不在禹下。”区域里祭祀吴潜的庙祠有十余处。

一般认为宋代宁波的四大家族为楼、史、丰、郑，但也有人认为汪氏也须列入其中。汪氏虽然迅兴速衰，却是极有特色的家族，尤其是思温、大猷父子两代，藉交往、婚姻等关系，与地方名门望族紧密联结，在区域的公共建设与慈善活动中，展现组织长才，成为推动区域社会文化建设的中流砥柱。在高、孝、光、宁四朝，汪氏在地域的实际影响力甚至要超过四大家族。汪氏在《两宋楼氏风华》篇已有叙及，其最早为新安人，大约在宋初迁鄞，至汪洙时在西山筑室讲学；汪洙两个儿子思温与思齐均为进士。汪思温建友恭堂于月湖西南的五家墩，宅前旧有符桂坊。汪思温有用世之才，政绩彪炳，然而困于谗忌，致仕时间长达十八年。在这段闲退的时间里，汪思温经营有道，家庭累积财富，同时又因勇于为义，遂使汪氏成为四明名族。汪思温有四个儿子为大雅、大猷、大有与大定，以大猷的仕历与社会资望最高。大猷为史浩同科进士，为敷文阁学士，当时与两个外甥即陈居仁、楼钥同在翰林院，有“舅甥三学士”的雅称。汪大猷历任中央、地方各职，出使金国，受命平乱，经历丰富，交游极广，与四明历任参知政事等要职的魏杞、王伯庠、郑锷、赵汝愚、姜浩等，都有深交；后被罢居乡达二十五年。思温、大猷活跃于两宋之交，大批南迁家族得到他们的帮助。如陈居仁为迁鄞的陈膏先室之子，陈膏后娶思温之女为继室。陈膏去世后，陈居仁由汪夫人带回汪家，与楼钥共在汪家长大。姜氏原为开封大姓，富甲京城，在靖康之难时，寓居四明，在汪氏资助下，很快重振儒业家声。姜浩之弟姜涛、魏杞与大雅、大猷都在汪家家塾读书受业；汪大雅后娶姜浩之妹为妻。汪氏也与王氏缔结姻缘，王伯庠的女儿嫁与汪大有。王伯庠居月湖西社坛桥南，为绍兴二年（1132）进士。王伯庠父亲为王次翁，崇宁癸未（1103）进士，因迎合秦桧和议，历史上有非议。

因为家族间人际网络绵密，他们经常举办共同关心的活动，以分享生活经验，联络情谊，著名的如五老会、八老会、尊老会、真率会等，汪氏父子因长期居乡，处于主盟地位。以高宗绍兴年间组成的五老会为例，成员是70岁以上的太学旧人。有宗正少卿王珩，为庆历五先生之一王说的第三子，大观三年（1109）进士，是王正己、王正功兄弟的祖父，而正己是楼异的女婿。有朝议大夫蒋璇，蒋璇为蒋浚明之子，蒋浚明累赠金紫光禄大夫，居于月湖西南连桂坊金紫巷，蒋介石的先祖。有知衡州薛朋龟，是高闶的岳父；有郎中顾文，还有汪思温。后王珩与薛朋龟去世，王次翁致仕，再加入高闶、吴秉信、徐彦老和陈先，成立八老会。尊老会与真率会则是下一代，尊老会的主导是史浩，真率会的主导是汪大猷。

汪大猷还推动“乡饮酒礼”，以及乡曲义庄、学校、桥梁建设。当时知明州张津拨鄞县、昌国县二地五百多亩田地给州学，作为行酒礼的经费，“乡饮酒礼”于乾道五年（1169）恢复，后成为区域持续举行的文化活动，参加人数动辄上千。四明乡曲义庄建于绍熙元年（1190），由沈焕、史浩与汪大猷共创，运作良好，行之久远，汪大猷后由高氏第六代高文善接任。义庄的开办，显现了宁波在社会管理上处于当时的领先地位。明州州学重建于淳熙十三年(1186),成为东南最好的学校之一,也是汪大猷及史弥大之功。这些活动不仅凝聚地方意识,也成为具有全国性指标意义的社会文化活动。汪大猷身上集中体现了四明士族关怀乡土、关心教育、提振文化的胸怀,体现了四明士族彼此凝聚、互相扶持、前后相续的力量。士大夫在地域社会管理中占有越来越重要的地位。因为网络扩张极大,力量也就极为可观,成为一代风景。

制度化的科举,对耕读传家的家庭影响深远。由汪氏、楼氏等家族可以看到,各家族此衰彼兴,富不过三代,阶层流动性大。家族要能保持兴盛,必须注重教育,勉励子弟从事举业;同时要着眼经营长期的社会关系。如家族之间的通婚,往往使家族在窘困时得到纾解,像楼氏、袁氏等即由联姻走出一时的衰落,赢得中兴。而这种联姻,往往也不限于士族之间,与新兴的富户互动,成为新士族的婚姻特点。如高氏,从广陵迁鄞的第一代大约在北宋中期,居竹屿长春院、桂芳桥一带;第三代与富室樊氏通婚,积聚财富,第四代开始业儒;第五代即有显宦,为高闶、高閌兄弟;第六代有高文虎、高文善;第七代有高似孙、高衡孙、高衎孙等。七代以后,高氏鲜有显宦。高氏传二程洛学,宣和末,高闶五兄弟入太学,受教于杨时,以高闶成就最大。高闶为杨时甬上门人的魁首,擅长春秋学,其《春秋集注》为楼钥、全祖望等学者盛赞。这位四明理学先驱以二程之学,对抗王安石经学,在南宋初期影响较大。高文虎亦治春秋,以编宋国史著名。高文虎以后,家族由经史转向诗文、博物、医学等。像高似孙勤于搜罗文物,著述以博杂与快速称,著作丰富,有《疏寮小集》《剡录》《蟹略》《骚略》《史略》等。高氏族人与当政者关系较近,故有历史非议。如高闶因接近秦桧被批评,最后也因得罪秦桧而罢职返乡。高文虎、似孙父子迎合韩侂胄、打击道学,也受人指责。在庆元党禁中,楼钥、杨简、袁燮、周锷等四明人士都列入伪学逆党籍,高氏与他们的关系不仅疏远,甚至是对立。这也是南宋后期,在汪大猷、史浩等人通过文化及公益活动辛苦凝聚起来的地方意识、社会文化以及家族间良好的互动,在下一代就遭受破坏的原因之一。尤其是史弥远、史嵩之叔

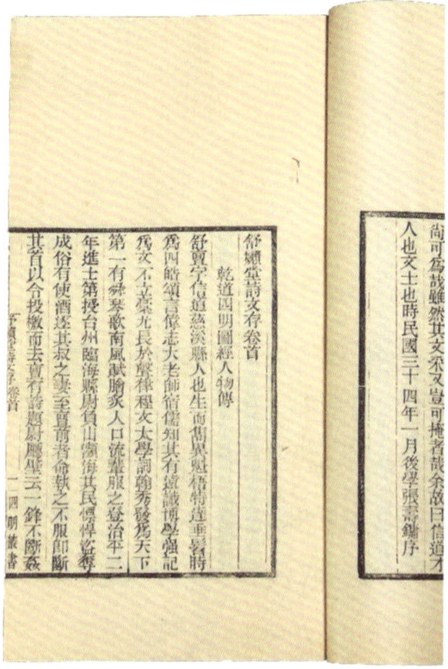

尚可為哉雖然其文采又豈可掩者哉余故曰信道才人也文士也時民國三十四年一月後學張壽鏞序

舒嬾堂詩文存卷首
乾道四明圖經人物傳
舒亶字信道慈溪縣人也生而倜儻魁梧特達垂髫時爲四皓頌言偉志大老師宿儒知其有遠識博學強記爲文不立稾尤長於聲律程文大學詞鋒秀發爲天下第一有舜琴歌南風賦膾炙人口流輩服之登治平二年進士第授台州臨海縣尉負山瀕海其民慓悍盜奪成俗有使酒逐其叔之妻至亶前者命執之不服即斷其首以令投檄而去亶有詩題尉廳壁云一鋒不斷姦

舒嬾堂詩文存卷首　一　四明叢書

舒亶撰《舒嬾堂诗文存》书影

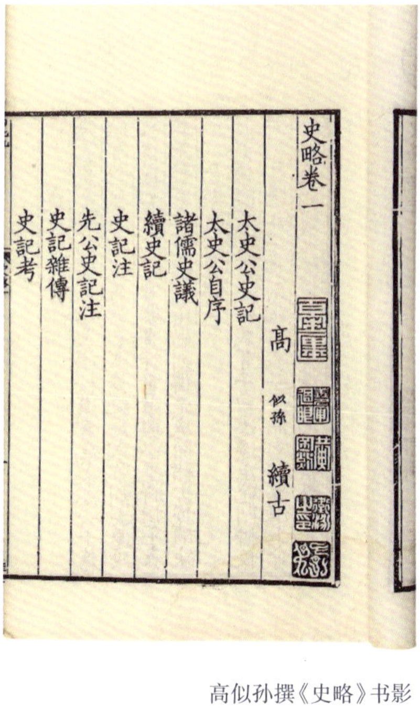

史略卷一
高似孫　續古
太史公史記
太史公自序
諸儒史議
續史記
史記注
先公史記注
史記雜傳
史記考

高似孙撰《史略》书影

侄专权之后，月湖士族间的关系日趋复杂，社会网络再难建立。之后，蒙古入侵，宋廷败亡，加之种族歧视，科举不兴，四明士族失去政治舞台，家族飘零。高氏家族在入元以后也走向衰落。在明代，高氏有都御史高斗枢、知肇庆府高萃等，居月湖东广济桥。

由高氏的政治活动，我们触及到了宋代的政治斗争。宋代政治斗争较其他朝代有一定区别，这与宋代的经济、政治与文化的转型有关。一方面，科举制度相对公平与公正，“取士不问家世”“一切考诸试篇”，使得非身份性的庶族地主取代了身份性的贵族地主。进入官僚队伍的士族虽有一定政治经济特权，比如子辈能以恩荫入仕，却不能再世袭官职，从而形成社会的流动状态。新的士族在法律身份上互相平等，只对皇帝负责。为了使自己的政治见解能为皇帝所接受，他们引经据典进行了阐释，从而为形成不同流派提供现实可能。另一方面，宋代商品经济发达，城市化急速发展，江南一带县镇级的小城镇蓬勃兴起，广阔的城市网络与庞大的市民阶层，影响了传统的义利观；整个社会形成了士农工商“皆百姓之本业”的共识。旧儒学难以解释新格局，促成思想家“断以己意，作新斯人”，进行创造性转换。宋学家提出“民吾同胞，物吾与也”的平等思想，正是缘于时代的深刻变动。再之，宋代重用文臣、优待文士，宋太祖特立不杀士大夫和言事官的戒誓，养成臣下刚劲之气。新儒学士大夫的共同特点是有“以天下为己任”的淑世情怀，自觉追求内圣外王，主张严格的道德自律，将当世与后代对自己名节操守的评价视为高过赏罚、超越生命的永恒价值。由此，宋代知识分子风骨要远高于前代，特别敢说话，不怕撤职，不怕贬官。

庆元党禁是最为剧烈的宋代党争事件。这一个案件与众多宁波人相关，还涉及一个特殊的家族，即宗室赵氏。赵氏多是从宋高宗渡江，徙居宁波，在宋代登第者有130多人。在月湖西锦里桥北有赵观文府，主人为资政殿大学士赵彦逾，绍兴三十年（1160）年进士。绍熙五年（1194），赵彦逾联合赵汝愚、韩侂胄和郭杲迫使光宗退位，拥立宁宗登基，史称“绍熙内禅”。之后，赵汝愚拜相，赵彦逾却被外放四川；故与赵汝愚反目。赵彦逾依附宰臣韩侂胄，以宗室居相位不利于社稷为由，排斥赵汝愚，并以禁伪学逆党为名，罢黜一大批与赵汝愚相关的官员，史称“庆元党禁”。庆元党禁实是事功型、才吏型官员与学术型即道学型官员之间的矛盾。北宋起，理学发展，程系道学到南宋时出现朱熹、张栻、吕祖谦、陆九渊等一批宗师，但宋孝宗并不喜欢道学，两派官员在孝宗朝矛盾较大，道学派为在野派，但常以清议方式较为尖锐地品核公卿、裁量执政。到光宗绍熙末年，随着赵汝愚的执政，以朱熹为首的大量道学人士进入朝廷；宁宗继位后，以赵汝愚为相，下诏改为庆元元年，改元诏书充满了对庆历、元祐之治的无限向往。这使反道学派与韩侂胄合流，韩侂胄先设计罢免朱熹，最终以赵汝愚为首的道学之党全面崩溃；赵汝愚客死贬途。

嘉泰二年（1202），庆元党禁结束，党禁虽然只持续了八年，尽管作为政治上的反对派，道学之士仍然有书院等阵地来传播自己的学术思想与价值理念，但也是一场中国学术的浩劫。一方面，打击面极广，那些并非朱熹一派的学者也在党禁中受到了打击，如陆氏心学的主要传人袁燮、杨简等也被列入党籍而遭禁，甚至连反对朱熹一派的学者，如永嘉学派的主要代表叶适等也被列入党籍而遭禁。另一方面，由过去的政见之争，发展为对政敌的歪曲丑化，借助政权力量彻底扫荡士大夫安身立命的道德规范、价值观念，导致政风大坏。庆元党禁使得乾道、淳熙年间的那种学术繁荣、学派林立、百家争鸣的局面，一去而不复返。月湖再无可能出现淳熙四君子与竹洲三先生共同讲学的风景。

在北宋，较大的党争为乌台诗案、元祐党禁等，其中乌台诗案与慈溪人舒亶有关。舒亶42岁退隐后居于月湖，筑有“嬾堂”。舒亶为治平二年（1065）进士，试礼部第一。一生毁誉参半，其有济世之才，行事果敢，诗文极佳；但在任监察御史时，与李定同劾苏轼，制造乌台诗案，以及弹劾曾经提拔自己的恩人张商英，为人诟病。客观来评判，乌台诗案实际是新旧党争的焦点事件。在北宋，积累的社会矛盾爆发后，“变风俗、立法度”的改革思潮一直处于主流，范仲淹的庆历新政、王安石的熙宁变法都是改革思潮的杰出实践。王安石变法时形成新旧两大派系，对立面司马光、苏轼等人，为旧党，其在思想实质上，也是主张变革的，双方争论的焦点在变革方法的差异上。当时，新旧两党水火不容，舒亶作为变法集团中的中坚人物，深知变法对于改变北宋积贫积弱状况的重要性，故而对反对新法者一律治之，舒亶不仅在乌台诗案，拷问苏轼中表现积极，对宰相王安石的弟弟王安国，同样也不宽容。因为舒亶办事精当，行事迅疾，故被王安石选入中央。总体来说，北宋的党争多为政见之争，这些进士出身的士大夫，在文学、艺术、政治、学术等多个领域都有才干，在政治方式的表现上相对逊色。他们在相对优越的社会历史条件下互相辩争，尽管有高度的政治积极性、主动性、责任感、使命感，但结果并没有换来政治的有序和稳定。元丰六年（1083），御史中丞舒亶以罪除名勒停，优游于月湖之间，与丰稷及庆历五先生的其他弟子们相互唱和，吟诗作赋，为当时地方诗坛主宰。崇宁元年（1102）被重新起用，平定地方叛乱，卒于任上。

粗线条构勒舒亶、赵彦逾、高闶，以及汪大猷等人的生平行状，宋代士大夫的精神气度，以及他们在经济文化变革大潮中的主动呼应，也就较为清晰地显现出来了。是时代创造了他们，他们是一群与汉学家迥然不同的士大夫群体，这一代抛弃汉唐学者章句训诂繁琐之学的学者们，复苏了传统儒家旧有的开放精神，从宏观方面解经、通经，完成了中国古代学术内部的自我更新，建立了思辨结构完整的宋学。而他们又以感恩图报之

延庆寺

心，积极参与政治，他们创造的士大夫政治，又强化了时代的转型趋势，平民化时代不可阻挡地已经到来。月湖以兼容并包的气度，浓缩了两宋的文化气象。月湖士大夫或从事学术，或以政治为主；或是平民崛起，或与皇家有着种种关联。但他们有一个共同特点，重实际，讲实效，能够理家，也能理国理天下。他们以理学为人生旨归，以奋斗彰显生命价值。他们不迷信权威，敢于怀疑，敢于议论，敢于突破藩篱。他们身负天命、经世致用的价值取向，已经渗入地域的精神内核。而从精神思潮上看，每一个人又与禅宗有着密切关系，他们身上体现着儒释道三教合一的学术新思潮：开放、兼容、创造。这也是禅宗在宁波两宋时繁盛至极的原因之一。禅宗在宋代独领天下，并最终取代其他宗派成为中国佛教的主流。而日本、高丽的遣宋使在宁波登陆，学禅于天童寺、育王寺、雪窦寺、天宁寺、延庆寺等。高丽王族义通（927 ~ 988）在延庆寺弘法，成为天台宗的第十六代宗祖；影响日本最大的临济宗、曹洞宗等均以天童为祖庭，以宁波为圣地。这是一个群星闪耀的朝代，重理两宋月湖，我们常常惊讶于那个时代蓬勃发展的新思路、新方法，他们的伟大正在于能站在哲学的高度，破除一个世界，也能创立一个世界。

四、从丰稷到丰坊

丰氏是一个古老的姓氏，人数不多，但分布广泛。始祖一说是周文王姬昌十七子姬子于，属于以封邑名称为氏；一说是源于郑穆公姬兰之子公子丰，属于以先祖名字为氏；一说为出自古代丰水流域，属于以地名为氏。丰氏迁入宁波的具体情况无法考知，丰稷时始居马园，后居月湖。宋代时丰氏与史、楼、郑等氏列为望族，以名德清节享誉士林。

丰稷（1033 ~ 1107），为北宋著名大臣、文学家。仁宗嘉祐四年（1059）进士，历任监察御史、著作佐郎、提点利州及成都路刑狱等，宋徽宗时召为谏议大夫，迁御史中丞。任御史中丞时，所推荐的人才都知名于当时，被人称为“藻鉴”。藻鉴即镜，指善于品评和鉴别人才。丰稷以廉明见称，当时正当章惇、蔡京用事，丰稷刚直不阿，所上《崇俭爱民疏》《揭蔡京蔡卞奸邪疏》等奏章，针砭时弊，义正辞严。以故多遭排挤，崇宁元年（1102）出知苏州，以枢密直学士守越，入元祐党籍。蔡京得政后，责授道州别驾、台州安置，后又除名徙建州，移婺州居住。后复为朝请郎，提举亳州太清宫。丰稷为官清苦廉直，人们称颂“清如水，平如衡”。死后朝廷谥为“清敏”，《赐谥清敏》中解释为“不迩声色曰清，务时成志曰敏”。

丰稷“天性嗜学，逮老不衰”，“余闲每燕坐一静室，前后书史，终日观阅。所到惟以书自籍自随，衣衾之处，他无一物”。曾巩《送丰稷》中赞其“读书一见若经诵，下笔千言能立成。精微自得有天质，操行秀出存乡评”。其著述有《浑仪浮漏景表铭词》4 卷、《丰清敏公遗书》6 卷等。丰稷还擅长书法，遗迹有《慈溪永明寺殿记》，“书形大而不沓拖，谨密而不拘曲，驰骋于意象之先，从容于笔画之外，蔡、苏、黄、米之美，无不挹取，而不用其一笔”。

可以说，丰稷开启了家族融冶游艺、治学、藏书于一体的风尚。民国《鄞县通志・文献志》称“丰氏家族藏书肇自北宋”丰稷，至明代丰坊万卷楼落成，历时 17 代，共 470 余年，聚书最多时达 5 万卷。万卷楼位于月湖西区，大致是宋代史弥远的“大观文府”的一部分，相传藏有唐贺知章的《千字文》《孝经》《龙瑞宫记》，欧阳询的《唐化度寺邕禅师碑》，王羲之的

《十七帖》等等。丰家万卷古本氤氲的书香气象，令江南士人倾慕。这十多代中，家族之中才俊也是代出，《鄞献表》云：“马园丰氏，在宋有进士七人，明时进士四人、贡士一人。”如丰稷五世孙丰有俊，南宋绍熙元年（1190）进士，“以讲学与象山（陆九渊）、慈湖（杨简）最相善”，官通判南昌府，迁居绍兴。六世孙丰存芳，“官太平州通判，元兵至，知州孟知缙将以城降，存芳力争不得，詈之。知缙引元兵害之，家同死者十八人”。十二世孙丰寅初，“博学笃行，耻事胡元，隐居句章之墟”，著有《古易略说》。十三世孙丰庆，明正统四年（1439）进士，累迁河南布政使，著有《古易筮法》《简庵集》等。十四世丰耘，官教授，著有《家礼便宜录》《唐诗续音》等。

丰稷

明中叶十五世丰熙、十六世丰坊为丰氏家族又一文化高潮。丰熙（1468 ~ 1538），即丰坊之父，师事慈溪学者姚镆。姚镆，慈溪人，弘治六年（1493）进士，明代名臣，其子姚涞为明世宗嘉靖二年（1523）癸未科举榜状元。丰熙少年即有大志，曾在壁上大书：“立志当以圣人为的，逊第一等事于人，非夫也。”弘治十二年（1499）殿试第二，当时明孝宗对丰熙的才学极为器重，赐状元袍带以为奖励，这是明代唯一以榜眼而享状元之荣的特例。丰熙曾任侍讲等职，参与编修《孝宗实录》，后又迁右谕德。时正值宦官刘瑾当道，因不附炎趋势，外放到南京翰林院。刘瑾伏法后，升为翰林学士。但在明世宗“大礼议”之事上，与众文臣伏于左顺门哭谏，触怒皇帝，下诏狱审讯，丰熙后被遣

丰氏藏书印

至福建镇海卫。“大礼议”即指武宗去世后，由其堂弟朱厚熜继位，即为明世宗，年号嘉靖。嘉靖帝以藩王入继帝位，生父为兴献王。嘉靖应称孝宗为“皇考”，还是兴献王为“皇考”？此谓大礼议。以首辅杨廷和与丰熙为首，主张应遵循礼法，称孝宗为“皇考”；但嘉靖属意张璁、桂萼，称兴献王为“皇考”，借以树立自己威权。此后，丰熙在福建戍所杜门著书为业，绝口不言政事，著有《古易传义》《礼教仪节》《鲁诗正说》等。直到世宗死后，隆庆帝继位，才予以平反，赠礼部侍郎并赐恤。

丰坊（1492 ~ 1563），25 岁（正德十四年）参加浙江乡试而中解元，30 岁（嘉靖二年）参加殿试，获二甲第三十一名，赐进士及第，仕至礼部主事。明嘉靖三年（1524），丰坊随其父熙争谏“大礼议”，触怒世宗，受杖阙下。丰熙被遣戍，丰坊也调为南京考功司主事，后再降为通州同知。丰熙去世后，丰坊为其父感到冤屈，他不管同乡陆钎和张时彻的劝阻，在嘉靖十七年（1538）上疏，说谏“大礼议”非出其父本意，而为之辩解，并称：“孝莫大于严父，严父莫大于配天。请复古礼，建明堂，加尊皇考献皇帝庙号，称宗以配上帝。”这一大逆转的举动，不但没有给他带来仕途转机，反而玷污了父亲丰熙的清操令名，世人都责骂其违背父志。明王世贞说：“丰坊者起而疏请宗睿皇入太庙，天下皆恨其谄。”有人认为丰坊这些作为是文人艺术家单纯幼稚所致，也有人认为是受张璁、夏言等人怂恿，后丰坊也追悔莫及，“家居贫乏，思效张璁、夏言片言取通显”，“因兹一念，失足附尘寰”。受此挫折，丰坊开始滑稽玩世，徜徉自恣，性情极为孤僻。为购法书、名帖、古籍，典卖良田千余亩。至晚年时，丰坊的心智已不正常，行为怪诞，成为一个悲剧性人物。丰氏万卷楼的数万卷珍版善本被门生窃取过半，后又遭受火灾，损失惨重。无奈之下，丰坊将万卷楼及剩余之书尽售于好友范钦，并写了“碧沚园、丰氏宅，售于范侍郎为业，南禺笔”字条。南禺即丰坊之号。潦倒的丰坊，为世人“妒喙交张，竞掩其长，往往诬以漫语”，以致流落他乡，最后病死在杭州吴山的东岳祠行宫之中。

但不可否定丰坊是明代屈指可数的几位学者之一，在经学、易学、诗学、绘画、书法、篆刻等诸多领域成就斐然。书法上篆、隶、行、草、楷五体

芙蓉洲环形剧场，丰氏万卷楼曾在此一带

皆精，《砥柱行》《自书诗卷》《逍遥游》等都为传世精品，董其昌称文徵明与丰坊是“墨池董狐”，还完成了《书诀》等书法理论著作。他的著述《〈易〉辩》《古书世学》《〈春秋〉世学》《五经世学》等，都有较高的学术价值。然而，旷世奇才，却毁于封建专制的压制和世俗的诋毁之中。当时浙东文坛领袖张时彻在《丰南禺摘集》序中感叹：“南禺公没，墓且宿草矣。余读其遗文，盖肃然伤之焉。公质禀灵奇，才彰卓诡，论事则谈锋横出，摛词则藻撰立成。盖九流百家，罔不涉其津涯。七步八叉，未足夸其捷丽。”

如果置放于整个明代的时代发展，我们会发现丰坊的悲剧有着深刻的背景原因。月湖兴于唐宋，是宁波学术文化集聚之所，与月湖文化相共生的是三江口海洋贸易，经济与文化一直有着较为良好的互动，南宋月湖心学的播扬与经济地域形态有关。在明代，宁波的文化生态发生了巨大变化。嘉靖二年（1523），由于日本使者在宁波争贡的事件，在夏言等辅臣的促使下，明政府实行严酷海禁，裁撤宁波的市舶司。当时民间私人海外贸易已经极为繁盛，以中国为中心的亚洲贸易网络已经形成，以朝贡贸易为中心的贸易受禁后，在宁波东面的六横岛上，双屿港成为当时最为繁忙

丰氏碧沚园即今芳草洲，后售予范钦

的走私贸易中心。但双屿港在嘉靖二十七年(1548)也被铲除，政府一刀切的决断，推着海民入海从盗，啸集亡命，转掠海滨，即发展为嘉靖倭患。丰坊的几个兄弟就是死于倭乱。丰坊曾为俞大猷生祠撰写碑记，突出赞扬其抗倭业绩，这与他对倭寇有着国恨家仇是分不开的。

与之同时，明代中叶酝酿着一场思想的大变迁。“正德末、嘉靖初……能者方成，拙者乃毁；东家已富，西家自贫；高下失均，锱铢共竞；互相凌夺，各自张皇。”（顾炎武《天下郡国利病书·歙县风土论》）皇帝骄奢、宦官专权、政治腐败、军备废弛，许多知识分子也不再“安贫乐道”，处于官学地位的程朱理学因僵化而对此种状况无能为力，人们的现实生活方式、思维、情感、行为方式离程朱理学愈来愈远，出于维系道统的需要，产生了新的理论要求。王阳明以“绝世之资倡其新说，鼓动海内”，心学为拯救当时“天下波颓风靡”的社会危机而提出了思想体系。王阳明提出“心之本体即是天理”，揭“致良知”之教，希求以“良知”净化道德律，倡“知行合一”说，一方面以端正人心，整饬风习，使士习民风归于圣学正途；另一方面实现了价值中心的内向转移，真理标准的唯我独尊，个体意识的空前觉醒，高扬了生命意志。

丰坊深受阳明心学影响，主张张扬个性，强调生命感受、内心体验、生活情调，蔑视传统权威，反对循规蹈矩和复古守旧，敢说别人想说却不敢说的话。这就是他的艺术创作与经书解读都带有强烈的叛逆性的背景。而家学渊源与家族遭遇，使其恃才傲物，目空一切。当时，明政府对异端邪说的打击极为严厉，如明代余继登的《典故纪闻》记录嘉靖诏书：“今后若有创为异说，诡道背理，非毁朱子者，许科道官指名劾奏”，“自后遇乡试，礼部必详阅试录与各生公居。有仍前离经叛道，诡辞邪说者，则治监临考校官之罪，黜其中式者为民”。丰坊就假托为先人之说，如《河图》石本、《鲁诗》石本、《大学》石本，丰坊谎称是其先祖丰稷得于北宋间；又有朝鲜《尚书》、日本《尚书》，说是其曾祖丰庆得之于驿馆等。故全祖望在《天一阁藏书记》中评说：“贻笑儒林，欺罔后学。”但是，瑕不掩瑜，全祖望还是给予了肯定：“则虽荒略，亦自可宝矣。”李邺嗣则说：“然余尝间览《五

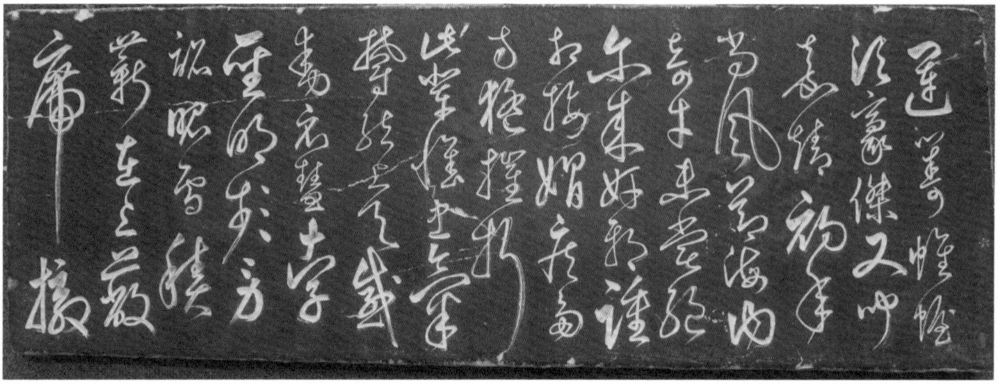

丰坊书法《砥柱行》(部分)

经世学》,虽多悖于大义,而自能探奇出隐,以深研于六艺之旨,亦非近世所易及。”郑振铎在《关于诗经研究的重要书籍介绍》中说:“只有异军突起的丰坊,能稍跳出他们的范围。丰坊的影响也颇大,如凌濛初、张以成都是相信他的话的。当时的刻书家且传其书,这可以算是明代《诗经》研究中的一支别派。”当然,现在有些书是不是丰坊所作也很难判断,清刘献廷《广阳杂记》(卷一):“丰熙,鄞人。与其子坊,皆善造伪书。”这些书可能是丰氏家族这种个性张扬与社会产生了极大的磨擦与矛盾的结果。

丰坊藏书上,有“发解出身”一印,发解即乡试第一名者,一印见丰氏自傲外显的性格。丰坊另有两方闲章,一为“土木形骸仙风道骨”,一为“笔研精良人生一乐”,这是一位聪明雅致的士大夫对自己的期许,睹其印章,仿佛一位风姿绰约仪表堂堂、家学深厚谈吐优雅的绅士款款向我们走来。如若仅此,怎能想象一位拘谨稳重的读书人,竟然有又玩世不恭又才华横溢的癫狂模样。丰坊的悲剧无疑是一代江南才子命运的缩影,当时间远去,大时代的背景渐渐清晰的时候,我们看到的却是刚与柔、燥与润、程式与性灵、书斋与自然、中国文人道统与早期启蒙思潮,或者说大陆文化与海洋文化交织的复杂人物形象。

丰坊之子丰越人,生卒年不可考,自号天放野人,工诗,著有诗文集《天放野人集》4卷,其诗往往有凄咽之音。越人弟吉甫,著有《鸣皋集》,兄弟时称为“二丰”。

五、范氏：千秋功业一楼书

范氏始祖相传是唐尧，据《元和姓纂》记载，帝尧裔孙刘累的后代，入周后被改封于杜，称为唐杜姓，他的孙子士会，春秋时任晋国大夫，因授封于范地（今河南），以封邑为姓，即为范氏。范氏历代屡出奇人，如春秋后期越国政治家范蠡、项羽的主要谋士范增、史学家范晔、无神论者范缜等。宋名相范仲淹以"先天下之忧而忧、后天下之乐而乐"，名闻天下，为名相典范。其于皇祐二年（1050）在苏州吴县创设的范氏义庄，是中国最早的家族义庄，虽然朝代更迭，历经战乱，但一直到清朝宣统年间义庄依然有田 5300 亩，共持续了 800 多年。现在月湖北面范宅的主人范亿系范仲淹的第十七代后嗣，是当时甬城名医，其子范洪震承父医术，孙辈起改从儒业。范宅是宁波至今保存最好的明代住宅之一，现为一古玩市场。

天一阁范氏家族是另外一支范氏，据《范氏居鄞族谱世系直图表》，祖先居湖广襄阳县邓城村，一世祖为两宋之间范宗尹，为参知政事，守尚书右仆射、同中书门下平章事兼御营使，随高宗南渡至临安。宗尹有三子，公麒、公麟、公骥。公麟入赘参知政事右丞相兼枢密使鄞县人魏杞之妹，于是成为鄞县人。范钦为十六世孙。

范钦（1506 ~ 1585），字尧卿，号东明，嘉靖十一年（1532）进士，殿试取为二甲，第三十八名，是四明范氏自明以来考取的第一个进士。范钦入仕后，以强硬著称。在任工部员外郎时，因顶撞皇亲武定侯郭勋，受郭勋诬害，受廷杖下狱。出为袁州知府时，严世蕃在袁州老家欲夺取宣化坊，范钦秉公执法，得罪严世蕃，而严氏终畏其刚直而不敢动。后任湖广按察使副使，广西布政使司参政、福建按察使、副都御史，巡抚南赣、汀、漳诸郡等，在抗倭中，历经艰苦战争，赢得荣誉。嘉靖三十九年（1560），升为兵部右侍郎。因严嵩当权，为南京御史王宗徐等劾奏"黩货纵贼，贻患地方"，"回籍听勘"，范钦于是辞归乡里。与当时从南京兵部尚书退职回乡的张时彻和告老还乡的兵部右侍郎屠大山十分相投，诗文唱和，被称为"东海三司马"。

天一阁博物馆正门

戎马倥偬的范钦却是爱书如命，每到一处，就刻意搜集当地的公私刻本。对无法购置的书就雇人抄录，而且经史百家之书，兼收并蓄，天一阁抄本占五分之一左右，如《太平御览》《册府元龟》等有 1000 卷，《三才广志》有 1184 卷，可见当时抄书规模之大。他把各地搜集到的书籍，寄回宁波。最初“东明草堂”为他的藏书处，因藏书量大增，范钦于明嘉靖四十年（1561）前后修建天一阁。鉴于丰坊万卷楼失火之事，范钦在阁前开凿水池，使之与月湖相通，蓄水备用。“天一阁”之名，也是借郑玄《易经注》“天一生水，地六成之”之语，取以水制火之义。书楼共两层，楼上为一个统间，合“天一”之数；楼下分为六间，合“地六”之数，象征“天一地六”。池，也取名“天一池”。

范钦爱好刻书，从政伊始，即主持刻印《王彭衙诗》等；归里建阁后，更是形成规模，如《稽古录》一书，署名的刻工就有52位。天一阁所刻的书，经范钦亲自校订并流传至今的有《范氏奇书》，计 20 种，具体如《乾坤凿度》《周易乾凿度》《周易古占法》《周易略例》《麻衣道者正易心法》《穆天子传》《竹书纪年》《虎钤经》《两同书》《新语》等，这些书籍大多是比较罕见的古籍，内容深奥神奇，均为范钦的手订。而对于收集的书集，范钦非

范钦塑像　　民国重修天一阁

常重视当代文献资料，包括明朝的实录、邸抄、揭贴、招供、名人传记及诗文集等，更以地方志、科举录见长。因为为官30年，辗转11个省份，为他收集地方志、科举录提供了方便。他收集的明代地方志多达415种，比《明史·艺文志》著录还要多；现存的271种明代地方志中，海内孤本占164种。现存明代科举录370种，占全国现存明代科举录总数的80%，其中90%以上为海内孤本。范钦还与江苏太仓著名藏书家王世贞互相交换转抄罕见之本，并得到袁忠彻静思斋等藏书，经过多年累积，蔚为大观。至谢世前，已达7万多卷。袁忠彻即西门袁氏，其父即明初著名相士袁珙。

天一阁也收藏法书、金石，范钦编过《天一阁碑目》（已佚）。范钦后人重书轻"石"，直到清乾隆三年（1728），史学大家全祖望登阁访书，整理出《天一阁碑目记》，天一阁的碑帖、拓片才为世人重视。乾隆五十二年（1787），范钦八世孙范懋柱与史学大家钱大昕等编《天一阁碑目》，著录天一阁时藏帖石远至周秦、两汉至宋元，多达200多种，后又续增94种，共

天一阁西园

计 804 种。最著名的有北宋拓本《石鼓文》和《秦封泰山碑》、汉《西岳华山庙碑》等。

天一阁藏书印达 30 枚，除了“天一阁”等易辨识外，还有“尧鼎”“东明山人之印”“古司马氏”“和鸣国家之盛”“壬辰进士”“壬辰子大夫”“司马之章”“人生一乐”“子子孙孙永传宝之”“四明范氏家藏”“范氏看画记”等，个个都包含着主人的生平志趣。

范钦自己的著述也颇多，世传《奏议》4 卷、《东明书目》1 卷、《天一阁集》32 卷等。范钦的行草书法，几乎可比肩于沈周、文徵明之间。当时与范钦交往较多的即有丰坊，丰坊曾在范钦弹劾郭勋而遭牢之灾时，以《砥柱行》相赠，强烈抨击当时的险恶人心，并对范钦寄予深情厚望，“天下望公如砥柱，太宰司马堪立取，亦知金瓯眷当宁，万金湖中波弥弥，狂夫乐此期没齿，为君湖傍先洗耳”。此文摹勒于石，今存天一阁凝晖堂内。从某种意义上说，范钦买入丰氏住宅、图书、珍帖，是续接了地域文化。范钦立

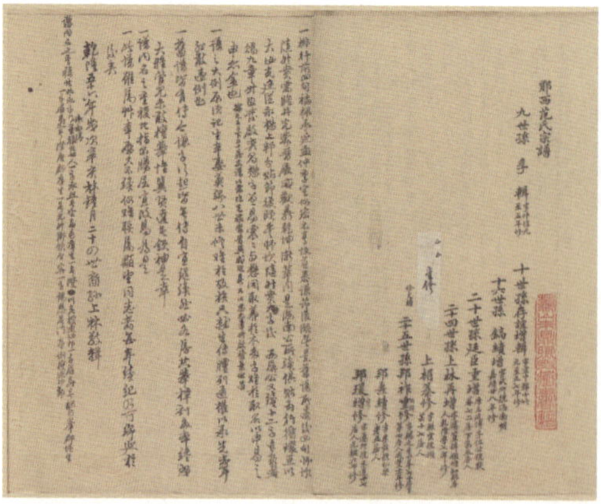

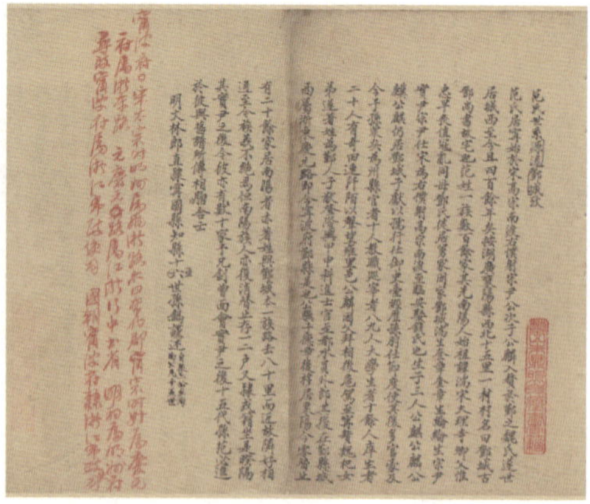

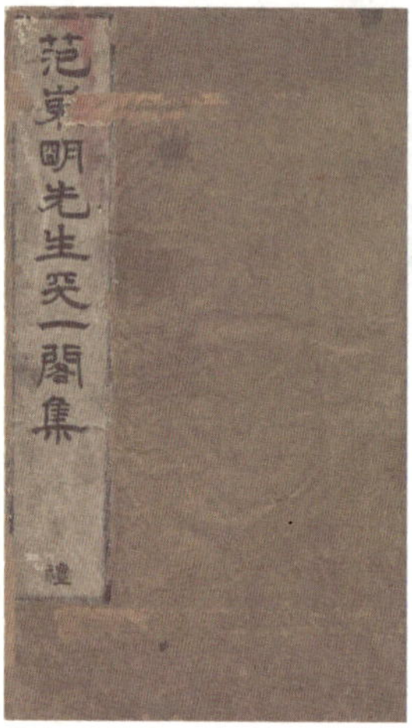

范東明先生天一閣集

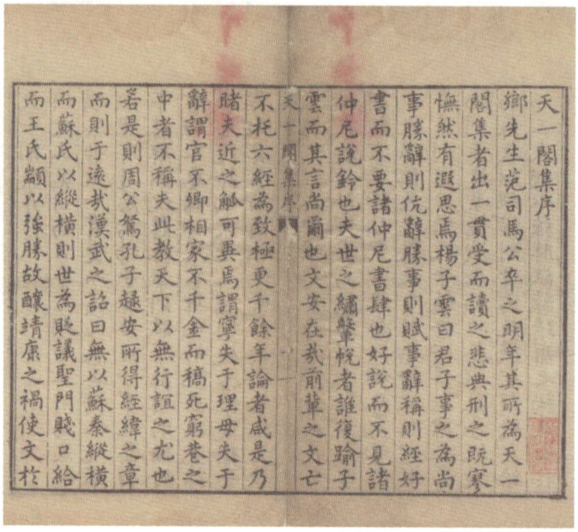

天一閣集序

鄉先生范司馬公卒之明年其所爲天一閣集者出一貫受而讀之悲典刑之既寥慨然有遐思焉楊子雲曰君子事之爲尚事勝辭則伉辭勝事則賦事辭稱則經好書而不要諸仲尼書肆也好說而不見諸仲尼說鈴也夫世之黼黻帨者誰復踰子雲而其言尚爾也文安在哉前輩之文亡

不托六經爲致極更千餘年論者咸是乃睹夫近之觚可異焉謂寧失于理毋失于辭謂官不卿相家不千金而稿死窮巷之中者不稱夫興教天下以無行誼之尤也若是則周公篤孔子趍安所得經緯之章而則于遠哉漢武之詔曰無以蘇秦縱橫而蘇氏以縱橫則世爲貶議聖門賤口給而王氏顓以強勝故釀靖康之禍使文於

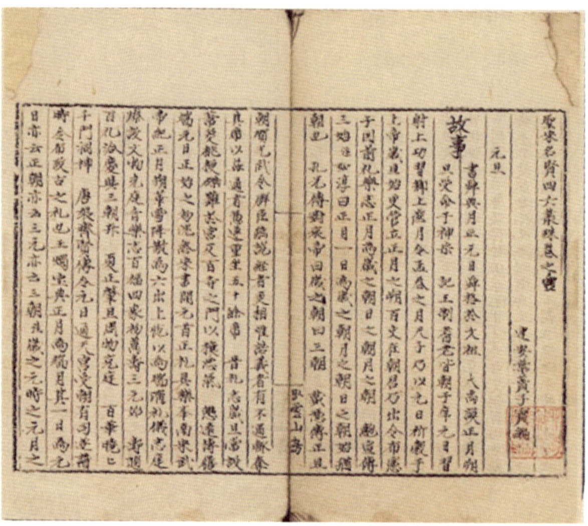

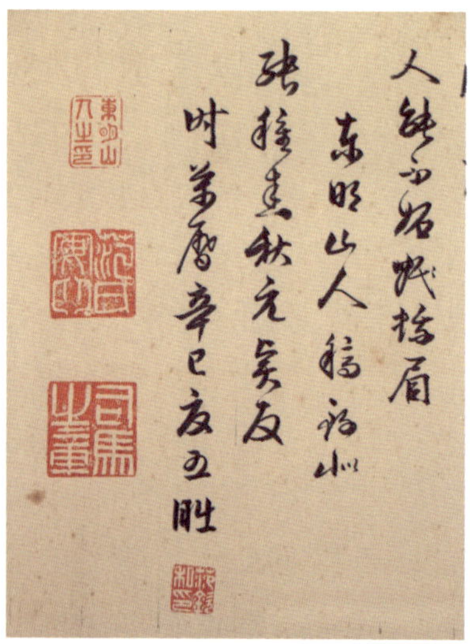

1.2.《鄞西范氏宗谱》书影

3.4.《天一阁集》书影

5. 卧云山房抄本《圣宋名贤四六丛珠》书影

6. 天一阁藏书印

下“严禁烟酒登楼”等家规，也是对丰坊过失的警戒。

天一阁的奇还在于严格的图书管理，为了让藏书楼世代保存下去，范钦设计了一个与时间、战争、分蘖博弈的制度：“代不分书”，“凡阁橱锁钥分房掌之，禁以书下阁梯，非各房子孙齐至不开锁，子孙无故开门入阁者罚……因而典鬻者，永摈逐不舆祭”，“书不出阁”，甚至传说“不准女性登楼”等。从一切方面杜绝书籍散失的可能。范钦弥留之际，把遗产分成两份，一份是万两白银，一份是一楼藏书，让大儿子范大冲和第二个儿媳妇（次子大潜已故）挑选。这个家族故事极具征召意义：选择藏书之人，必须身担责任，义无反顾，别无他求。而其中又有钱绣芸欲观书嫁入范氏，终不能破例上楼观书的故事，让人嗟叹不已。

注重“藏”的天一阁，也有开放的一面，从而对于地域甚至整个国家的文化起到了积极作用。黄宗羲、万斯同、全祖望、阮元等著名学者登阁阅览，并编写书目，在一定程度上促进了浙东史学的发展。而乾隆年间范氏家族向朝廷献书 638 种，以助编修《四库全书》，得到乾隆御批，使天一阁的影响扩大到整个藏书业。其中 95 种书编入《四库全书》（该书共收古籍 3460 多种），另有 381 种编入《四库全书总目》，合计 476 种，为诸家进呈之冠。《四库全书》修编完成以后，乾隆下诏，命浙江省织造局寅著到天一阁查看其藏书楼的建筑式样与书柜款式，并命仿天一阁藏书楼形制，建造四库七阁，用以贮藏《四库全书》。此外宁波著名藏书家卢址的“抱经楼”、金陵藏书家甘福的“津逮楼”、扬州藏书家吴引孙的“测海楼”等也都模仿了天一阁藏书楼形制。

现在的天一阁，矗立于一片赏心悦目的园林之中。这片园林由康熙四年（1665）范光文增设。1933 年，范氏后人依靠地方热心人士的帮助，在修葺天一阁的同时又增设兰亭，并移原府学中的尊经阁于宝书楼之后，增筑“明州碑林”。20 世纪 80 年代后建新书库，扩建东园；90 年代，秦氏支祠归入天一阁，抱经楼、水北阁迁入天一阁南园，从而拥有较大的规模和气势。而从图书收藏来讲，曾因清末战争、盗窃散失几万册的天一阁，在 20 世纪 50 年代以来，前后有 30 余家藏书楼或个人将所藏捐赠给天一

天一阁藏书

阁。其中冯孟颛“伏跗室”捐藏书近11万卷、朱赞卿“别宥斋”捐藏书10万余卷、孙翔熊“蜗寄庐”捐藏书14000余卷、张季言“樵斋”捐藏书5.7万余卷、杨容林“清防阁”捐藏书12168卷等，天一阁藏书已然成为地域薪火相传的事业。

天一阁藏书客观上促进了家族的科举繁盛，冯贞群先生考证：“范侍郎子孙繁衍，就其长子大冲光禄言之，今有男丁一百五六十人，登进士者二人，举人四人，贡生七人，监生十四人，诸生二十八人，读书种子继绳不绝。”而这只是范钦长子冲一脉，城西范氏自清入关以来至咸丰，中进士者更有11位之多，居甬上望族之首。范氏家族以藏书为传家之本，走科举立家之路，印证了“古今来许多世家，无非积德；天地间第一人品，还是读书”这句俗谚。在近世科举取士的社会大背景下，“书”是“家”“国”成为一体的唯一桥梁；只有读书，才能完成从个人修养到管理家族再到治国理政的基本路径。天一阁是范氏家族之魂魄，同时也是地域理性人文精神的写照。这种精神是中国农业文明与儒家精神合奏的历史产物，这种强调在文化书籍中自强不息，进可提笔安天下、退可守家慰平生的价值范式，引领着地域理想，塑造着地域刚健的崇文风尚。

而范氏其他支系家族也以藏书著称，如范大澈的“卧云山房”、范汝梓的“落迦山房”、范永祺的“瓮天居”等。范大澈为范钦之侄，藏书之富几与天一阁相埒。据民国《鄞县通志》载，范大澈“初之聚书也，盖有激于仲父钦吝于假观”，《甬上耆旧诗》也有关于两人藏书逸事，“初，司马公（即范钦）归里，于宅中起天一阁，藏书极浙东之盛。子宣数从借观，司马不时应。子宣拂然，益遍搜海内异书秘本，不惜重值购之充其家。凡得一种，知为天一阁所未有，辄具酒茗佳设，迎司马至其家，以所得书置几上。司马取阅之，默然而去”。范大澈能与叔父争胜，一是极爱收藏，竭尽全力；二是曾经担任鸿胪寺序班，多次出使外国，使其有机会收集域外书籍；再之，他也是独具慧眼的收藏家，异书秘本、古印收藏方面颇有成就。范大澈的古印收藏达四五千枚，堪称明代收藏古印第一人。但范大澈弱于对藏书的管理，余秋雨称其为“小家子气”，“终极性目标是很有限的，只要把

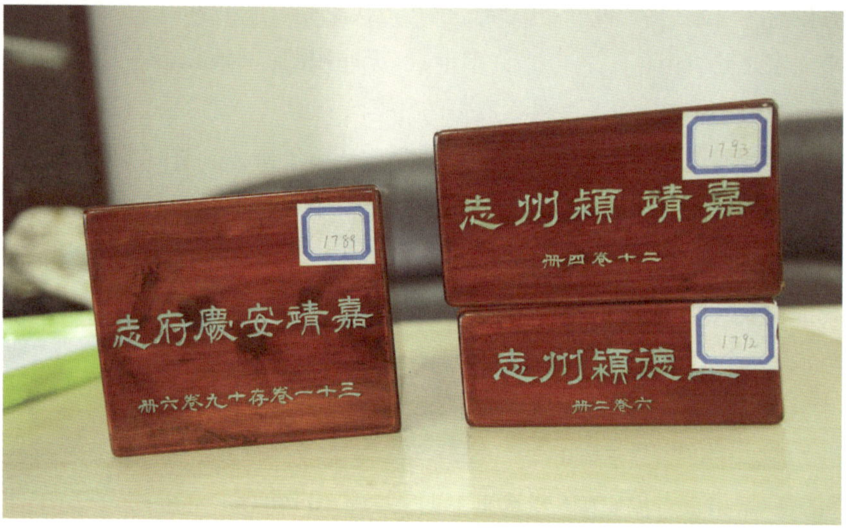

天一阁所藏地方志

楼建成，再搜集到叔父所没有的版本，他就会欣然自慰。结果，这位作为后辈新建的藏书楼只延续几代就合乎逻辑地流散了”。卧云山房位置大概在前莫家巷一带，至李邺嗣写传时，已几近湮灭。范汝梓为范大澈侄子，从小由范大澈抚养，万历三十二年（1604）进士，著有《落迦山房集》，藏书也已散尽。范永祺，范钦裔孙，乾隆五十一年（1786）举人，尤喜收藏明清两代名人的信札真迹，编有《明诸名贤忠节尺牍》等。

六、十洲迤逦治经家

明代，尽管乡试有名额限制，每届多在90人以内，竞争激烈，但宁波在科举上的表现依然非凡，共出295个进士，位于浙江前列，与余姚、慈溪并称姚江金三县；进士频出的家族有数十个。著名的如江北屠氏，后以居住在尚书街的屠滽，屠园巷的屠隆、屠大山、屠本畯为代表；海曙沈氏家族，居月湖东广济桥附近，以沈一贯、沈光文为代表；海曙栎社东杨村杨氏，后居月湖周围的杨守陈、杨守随、杨守阯兄弟，为同朝三尚书；海曙古林镇布政村张氏，后居月湖的张邦奇、张时彻这叔侄俩先后成为兵部尚书，他们都是两浙文坛的盟主。再之，如西湖陆氏，以月湖西畔的陆瑜、陆铨、陆釴、陆偁、陆世科、陆宝等为代表，陆宝曾在月湖桂井巷辟建"辟尘居"，内设"南轩书屋"，专收藏海内孤本善本。月湖李氏，以李堂、李麟、李康先为代表。当时余姚著名的姚江王氏，以王华、王阳明父子为代表；姚江吕氏家族，以吕胤昌、吕天成、吕师著为代表；孙家境孙氏，以孙燧、孙鑛、孙如法等为代表；慈城姚氏家族，以姚镆、姚涞为代表，等等家族，不一而足。这些人中，不乏个性张扬、特立独行如丰坊的；如屠隆，精通曲艺，有《彩毫记》《昙花记》等名作传世，专爱写男子弃官求道，最终与美妻爱妾修成正果的传奇爱情故事。也有老成持重之士，如杨守陈、张邦奇等，为学以程朱理学为宗，以涵养为事。此时的月湖，往往成为科举家族的聚居之地，只是这些风雅家族的踪迹大多要凭借古地名、旧传说而寻访得之。

许多学者都推明朝第一科举家族当为鄞县杨氏家族，在明朝景泰至成化（1450 ~ 1487）的27年间出了杨守陈（1451年中进士）、杨守随（1466年中进士）、杨茂元（1475年中进士）、杨守阯（1478年中进士）、杨守隅（1484年中进士）、杨茂仁（1487年中进士）6个进士；嘉靖至南明间，又陆续出了杨美益、杨承闵、杨德政、杨文瓒4个进士，共10个进士。一般2个进士可称科举家族，5个进士可称科举大家族，杨氏家族"一家三尚书一门十进士"，科第之盛不言而喻。

芙蓉洲三板桥巷（杨氏故居所在地）

杨氏家族本为苏州人，于北宋真宗景德二年（1005），杨厚为鄞县教官时迁居而来，后聚族于小江湖一带。宋元时期，小江湖逐渐消失后，成为小江，明代称碧川，这就是杨守阯自号镜川的缘由。宋时著名人物如杨畏（1013 ~ 1095），官至礼部侍郎、礼部尚书。元时，杨氏家族以世代为宋臣，义不仕元，后人称“镜川之杨，执义不仕”。到明初时，十世祖杨起汶（1349 ~ 1420）为地方著名乡绅，“究心儒书，兼通释典，以赀甲于乡”。洪武年间，政府打击富民；杨起汶散尽千金，以避祸患。生活陷入困厄后，家族并未放弃儒学，其长子杨范（1375 ~ 1452）接受程朱之学，“通《易》《诗》《书》三经，博涉群籍，力希濂洛关闽之学”，成为家族崛起的奠基人物。杨范一生没有参加科举，教书为业，“以道德文章鸣于乡”。杨范生三子，即杨自惩、杨自悆、杨自忞。杨自惩（1395 ~ 1451）是杨守陈与杨守阯的父亲，自幼继承家族读书之路，16 岁成为私塾老师。但杨自惩科举之路坎坷，一生未中进士，漂泊在外，至景泰元年（1450）才谋得泉州府仓

莲桥第杨氏宗祠

副使一职。杨自惩外出北京求官、教书期间，家中事务由二弟杨自悆、夫人张素纶及老父杨范承担。杨自惩赴泉州上任这一年，儿子杨守陈考中浙江乡试第一名即解元；次年二月，杨守陈会试考得十三名；三月殿试后，成为进士；选为庶吉士，入馆读书。

杨守陈科举成功后，杨氏家族制度逐渐完善，杨氏以《易》学为代表的家学也愈加厚重。之后，守字辈、茂字辈五人考中进士。杨氏家族人物在理学、文学、史学、文献学等各方面皆取得了较大的成就，其中杨守陈尤为突出，全祖望认为杨守陈完全是有资格列入《明儒学案》的学者。杨守陈入仕之后，没有放弃学术研究，入馆学习期间，“得尽读中秘书，博采而精择之”，“由是学益博，文益有名”。1451 年冬，杨自惩去世，杨守陈归家丁忧；其后又丁祖母忧，前后七年。其间居庐读礼，作《礼记》《周礼》《仪礼私抄》；还重点辅导弟弟守阯的举业，攻读《易》学。1458 年，杨守陈至京任翰林编修，修《大明一统志》；1466 年为侍讲学士，为明孝宗的老师。

因为经年累月的钻研与实践，杨守陈形成了自己成熟的经学思想体系。他以理学审问经义，对不符合义理的经传进行修订，全祖望赞其“兼收朱、张、吕、陆之长，不墨守一家”。但遗憾的是杨守陈兼注四书五经，付出诸多精力，最终未能刊刻，致使大多亡佚。杨守阯师事兄守陈，学行相埒。成化元年（1465）乡试第一，为解元，成化十四年（1478）中进士。因表兄杨守随为李孜省所迫害遭到贬官，连及守阯，贬为南京翰林侍读。弘治改元（1488）后，杨守阯召还京城，纂修《宪宗实录》。弘治八年（1495），晋升为侍讲学士。武宗登极（1506）时，以尚书致仕；后刘瑾乱政，夺去杨守阯尚书衔，直到刘瑾事败才被恢复。

杨守陈、守阯两兄弟与父亲杨自惩均有著述传世。杨守陈、守阯两兄弟在成化、弘治年间，是翰林院中传统理学的代表，与当时的陈献章心学形成对抗。陈献章（1428 ~ 1500）即“白沙学派”代表人物，提倡融会佛学思想，主张“天地我立，万化我出，而宇宙在我”的心学世界观，在当时有很大的影响。两兄弟又擅长文学写作，以宋代翰林作家如苏东坡等人风流为尚，与翰林院内文学观念相近的一些作家，形成一股道学文学创作流。

杨守随初任御史之职，后升为工部尚书，掌管大理寺。杨守隅为杨自悉之子，官至广西布政司右布政使；杨茂元、杨茂仁为杨守陈之子，其他四进士均为镜川杨氏其他房派后裔。杨氏家族立身都以直谅著节而闻名。如杨守随、杨守隅等执法断事不依不饶，均曾为宦官刘瑾所害。明末，杨

《唐土胜景图卷》(日本画僧雪舟笔下的明代宁波府城)

氏一门四忠(杨文琦、杨文琮、杨文瓒、杨文球)、双烈(文琦妻沈氏、文瓒妻张氏)坚决抗清,为人称颂。

杨氏成功之后,在城内择居。其中杨守陈长子杨茂元在府学右边建镜川书屋,为杨守陈退休以后居住。杨守阯的子孙主要居住于日湖东的采莲桥,至今留有杨氏碧川房祠堂。杨守随约于弘治年间在月湖西青石桥建第,人称康简公第。退休以后,杨守随与宁波城内的六七个士大夫结成文会,以诗酒自娱。

杨氏繁荣前后,月湖陆氏家族兴起。陆氏在浙东为大家族,北宋左丞相陆佃之子、明州通判陆寘择居鄞县,后代显宦辈出。据《甬上族望表》,月湖陆氏为明初迁鄞,奉陆元为始祖;最早出仕的为第五代陆瑜(1409 ~ 1489),生于月湖烟屿,宣德八年(1433)进士,成化九年(1473)致仕,是宁波明代第一位官至尚书的官员,对杨守陈家族也有一定影响。杨守陈在陆瑜退休时,赞其“以风节动朝廷,以行义表闾里,以诗礼引宗族而淑之”。而杨陆两家联姻,更是宁波科举史上的佳话,杨守阯长女杨茂英嫁与陆偁(1457 ~ 1540),陆偁为陆瑜从孙,有三个儿子,分别为陆钶(1488 ~ 1554)、陆铨(1492 ~ 1543)、陆钦(1495 ~ 1534)。三外孙从外公《易》学,均进士出身,长子陆钶官副都御史,次子陆铨官广东布政使,少子陆钦为榜眼,官山东按察副使。其后,陆氏家族的进士如陆键(1465 ~ 1512),弘治十年进士,治《易》;陆泰(1513 ~ 1577),嘉靖三十二年进士;陆世科(1561 ~ 1644),万历三十五年进士,治《易》。先后出过11名进士、1名征辟（皇帝下诏征聘或官府辟召做官）、27名举人、18名贡生、2名武举。一时之间，烟屿之上，陆氏各房綮戟相连，有“尚书房”“副使房”“都御史房”“布政房”“榜眼房”“给谏房”等。陆铨、陆钱为官时，正值嘉靖大礼议时，兄弟伏阙力诤，都受到廷杖之刑。陆世科是明中后叶影响较大的人物，当时魏忠贤权倾朝野，陆世科与同里李康先因不附逆，公开反对为魏忠贤建生祠，而削籍回乡。陆世科有五子，即陆春明、陆周明等，为明末著名爱国志士。“给谏房”最著名的学者为陆宝，世称“中条先生”，喜作诗，与屠隆、杨德周等为友，作《甬东诗括》一书，其“南轩”藏书与范氏天一阁、陈氏四香居齐名；明亡时，书籍散失无存。

这里说到的李康先（1582 ~ 1641），也是月湖望族，万历三十五年（1607）进士，官至礼部尚书。李康先母亲也是杨氏，但不能考知是否属镜川杨氏。李康先先祖李堂（1462 ~ 1524）是杨守阯的女婿。关于李堂的出生，宁波还有一个传说，说李堂父亲梦见有人抱一婴儿从陆瑜家中出来，等到出生，李堂果然不同寻常，有陆家才俊之气度；这一说法使得杨、陆、李三家联在了一起，之间关系错综复杂。李堂也治《易》，成化二十三年（1487）进士，官至工部右侍郎；后因病辞归，在家治学。李氏家族进士还有李麟，李堂堂兄，弘治六年（1493）进士，治《易》；李承嗣，李堂从孙，嘉靖三十八年（1559）进士，治《易》。

另一个与杨氏有着通婚关系的是古林张家潭村槎湖张氏，张时彻《芝园定集》记载有两位来自杨氏的夫人。受杨氏影响，张氏子弟也是专攻《易》经。张氏家族第一个登科的为张时孜（1467 ~ 1544），弘治十二年进士，第二个进士为其子张邦奇（1481 ~ 1544），弘治十八年进士，官至礼部尚书，张邦奇以陆偁为师。张时彻（1500 ~ 1577）从辈分上说为张邦奇之叔，但以师事张邦奇，嘉靖二年进士，官至南京兵部尚书，与张邦奇并称为“叔侄二尚书”。张邦奇最初泛滥于词章之学，后来以涵养为功，以周敦颐、二程、朱熹之学为宗。著有《易说》《诗说》《大学传》《甬川史说》等10余种。张时彻热衷结社，与一批四明文士酬唱雅集，诗名极盛。张邦奇侄张子瑫，嘉靖二十年进士，其母亲为杨茂亨长女。

柳汀陆殿桥与关帝庙

明代鄞县四大家族为杨、陆、张、屠，前三大家族后均居月湖近处，屠氏原住江北，自屠滽（1440 ~ 1512）发迹后居于城内尚书街一带。屠氏与杨氏等家族也有着通婚关系。其余在月湖周边居住的著名家族，除范氏、丰氏外，还有众多。如全氏家族，全天叙，万历十四年进士，归里后，居住桂井巷“五桂堂”，即原来陆氏旧宅，又买竹洲一曲为别墅，筑石堤于长春门，树桃于上，即为“桃花堤”。赵氏家族，进士有赵昊、赵世禄等；谢氏家族，进士有谢升等；余氏家族，有榜眼余本等；王氏家族，有进士王庄简；徐氏家族，有进士徐时进等；张氏家族，宋宰相张知白之后，有进士张士埙等。再之如闻氏家族，闻氏世居海曙石马塘，弘治十八年（1505）闻渊中进士，正德九年（1514）闻泽中进士，两人买地马衙街建进士第。因闻渊以吏部尚书致仕，故闻宅又称天官第。天一阁东园即为天官第，南园为

芙蓉洲马衙漕，明代闻氏花园

闻泽参议第；马衙街另有闻源参政第和闻泮锦衣镇抚第，是当时月湖最显赫的大族之一。闻氏与杨氏、陆氏等也有着婚姻关系。

这些科举家族成功之后，在月湖边、拱桥畔修建宅第，三百年间，如若辰星，此暗彼明，连绵不断。月湖科举的繁荣，名望家族辈出，实际也成为明代科举制度的一个缩影。家族专攻对于科举成功有着重要支持，杨氏家族从杨范开始专攻《易》，以《易》传家，有点类似于东汉以后靠一经传家的门阀家族，因为掌握了一定的窍门，使家族容易在科举考试中胜出；同时也带动了相关联姻家族的举业，出现了地域数个家族共荣的局面。因为文化的共荣，吸引着这些家族在月湖聚族而居。但科举毕竟竞争高度激烈，众多家族往往经过二三代的高潮后，子孙往往失去苦读进取之志，靠恩荫入仕，家族走向衰落。如杨氏家族到晚明以后，科举中试明显下降；而像陆氏家族、李氏家族有二次中兴较为少见。以读书致仕的一代，其成就常远远在优越文化环境中长大的子孙之上，其中以杨守陈、守阯兄弟，张邦奇、张时彻叔侄等最为典型，著述宏富，并影响一代文坛。他们仕宦各地，往往也是有志于圣贤，“汲汲于斯道”，而非汲汲于自己的名利。像陆瑜参与了明代的仁宣之治，杨守陈、杨守阯、张邦奇等参与了明孝宗的弘治中兴。

明代，皇权越来越强，相权越来越弱。朱元璋废除宰相，独断朝纲，并取消了刑不上大夫的古制，建立锦衣卫；明成祖时建东厂，明宪宗时建西厂。宋代时的“与士大夫治天下”的基本政治构架被打破，不少知识分子死于政府罗强的文字狱等刑案之下。而明王朝对皇储又缺乏系统教育，历代君主多缺乏帝王素质，行事乖张，有明一代能称者仅太祖、成祖、仁宗、宣宗、孝宗而已，孝宗之后几乎没有成器之帝。他们重用宦官，为非作乱，严重影响国家社稷、黎庶安危。在政治生态恶劣的环境下，众多士大夫丧失了本身应具有的批判精神，整体士风、士气远不如宋代。众多士大夫的生存成为为国家政权服务，学问除了诠释国家政策之外，剩下的即为对经典的疏引考证，或在风花雪月中消磨时光。士大夫对权力的依附导致道德沦失，具体表现为对某些权贵人物的个人依附，形成政治利益集团，并以儒学道德为重要的政治资源，在道德的旗帜下完成对对手的恣意抹黑与权力的分赃。但月湖士大夫秉持“天下为公，立君为民”之心，竭力维护仁义、忠孝的道德秩序，为河清海晏、盛世承平的政治理想努力，重大政治事件上常常以死进谏，甚至不惜肝脑涂地，表现出忠臣硕儒应有的大仁大义。这与或坐而论道，或言不由衷、言行不一的假道学，甚至不顾廉耻者形成对比，成为明代君子世风的担当者。明孝宗去世后，武宗尚小，刘瑾乱政，月湖科举家族主政多在这一时段，多数人因为正义申张而被贬。其后又有严嵩、魏忠贤专权，嘉靖朝“大礼议”之争，万历朝“国本”之争，月湖士大夫多因坚持道义而受黜。“邦有道则见，无道则隐”，受迫害而退隐家园的官员，因为共同的人生价值理想与仕途遭遇，常常在月湖风烟十洲的乡贤聚会活动中，找到惺惺相惜的告慰。

烟屿楼

七、徐时栋与"烟屿楼"

从总体上看，月湖书香门第与官僚阶层有着较多的重合，中进士者多为身负家学渊源的门第子弟。为给普通人士提供更多夺魁的机会，各个朝代有意在政策上向寒士倾斜，如宋代在有关状元录取制度中规定，现职官员和皇族子弟不得录取为状元；清康熙以后，曾实行官、民子弟分卷取中之法。但无论怎样，科举制度还是封建社会下的一种制度公正，提供了较为公正与完善的社会结构体系与行为规则。在制度上，"朝为田舍郎，暮登天子堂"的美梦成为可能，为普通老百姓架起一条读书做官、光宗耀祖的梯子，十年寒窗、皇榜高中、金榜题名、状元及第、衣锦还乡、独占鳌头、一举成名，以及名落孙山、屡试不爽等成为百姓所熟知、认可的生活价值取向。

但是科举存在一个很大的内容问题，即从总体来看，考试内容不断缩小，由多学科缩小到儒家经典，最终锁定为"四书五经"，甚至连经书的解释都由官方确定，士子们只要烂熟于心，便可应试。参加科举从智商水平来说只有一般要求，看上去似乎既有利于评卷又有利于教育普及。可是，一旦走上科举之路，士人们便发现这些内容都是属于生活之外的世界，在学习时必须舍弃自己的生活世界而沉迷于儒家经典所建构的虚幻世界中。如德国人马克斯·韦伯所言，科举考试“目的在于考查学生是否完全具备经典知识及由此产生的、适合于一个有教养的人的思考方式”。如果一个读书人不能获取举人以上功名和政府安排的职位，那么通过学习科考内容所建立起来的价值观会使他们难以融入现实生活世界，从而要经受着物质和精神的双重煎熬。这会使有些落榜士子表现出反社会性或批评性因素，甚至与政府为敌，比如洪秀全发起的太平天国起义，以及蒲松龄的《聊斋志异》这种非暴力形式。像明代乡试录取率在4%左右，会试录取率在10%左右；再以清光绪九年（1883）应会试考生16000多人来看，只“赐陈冕等三百八人进士及第出身有差”，其录取率约为1.9%。可以说，明清两代在科举上所付出的社会代价是非常巨大的。

再之，经史是科举教育的核心，培养出来的学者都局限于文史哲领域，缺少其他方面的人才，这也是一部分升上去的进士或升不上去的举人、秀才、童生，经过进一步的博学审问，常常成了当时人文学者的原因。他们是推动了明清两代中国人文学术发展的基本力量，但他们的学问基础都在经史。徐时栋即为从科举业中退出来，经过自身发愤努力而成功的一位人文学者，他的著述有30多种，包括诗文创作，经学研究，史学考证，而且主持宁波的文坛三十余年，宁波后进学生大都出自其门。

徐氏，据《元和姓纂》源于嬴姓，伯益曾助大禹治水有功，虞舜封其子嬴若木于徐国（今山东南部郯城一带），子孙以国为氏。徐国第32代国君徐偃王，以文德仁义闻名于世。后楚伐徐，徐偃王为避免生灵涂炭，百姓遭殃，放弃抵抗，撤到“越城之隅”的舟山，故浙江徐氏多以徐偃王为始祖。《月湖徐氏家谱》也尊徐偃王为始祖，大约是唐光化年间（898 ~ 901），徐氏由衢州迁入台州，宋南渡之后再迁入宁波，居鄞州明楼一带，世称大墩徐家。徐氏以经商为业，富有钱财。徐时栋父亲徐太茂（1769 ~ 1829），是清末大墩徐家成为望族的重要人物，他曾经考取过府学，成为郡庠生，由遵例纳国饷，授职于武略骑尉总漕分府。徐太茂以义行闻于乡里，经商所得钱财，大多用于建书楼、设义庄、造渡船、修道路等。嘉庆二十四年（1819），徐太茂捐资建徐家祠堂，又在祠左建童蒙学舍，名敦本义学；祠右建成童学舍，名崇本书院。徐太茂生有六子，长男时楷，次男时桢，三男时栋，四男时樑，五男时楹，六男时榕。六子之中，有两位考取功名，即徐时栋在清道光二十六年（1846），以乡试二十名的成绩中举，徐时樑在道光二十五年（1845）考中进士。徐氏因两兄弟中举，徐时樑中进士，一个布衣家族跃升为地域望族。

徐时栋（1814 ~ 1873），别号为西湖外史、柳泉，世人多称为“柳泉先生”。幼时聪敏，曾就读于大墩故里的崇本书院，中举之后，两赴会试不第就不再应试，后来以输饷的方式授内阁中书一职。做了两年官，因觉索然无味，便回家发愤读书，以著述为业。徐时栋才气过人，当时罗文俊为浙江学政时，在宁波主持优贡考试，取六人，分别为洪伯章、徐时栋、沈玉士、章采南、诸葛榴生、金翰皋，徐时栋名列第二，金翰皋为道光二十五年（1845）进士榜眼，章采南为咸丰二年（1852）状元，洪伯章为咸丰六年（1856）探花，而徐时栋却屡受挫折。这里，我们也可以看到科举的弊端，临场发挥、应试地域、所受教育等各种机会因素影响着考生的命运，而个人的天资与勤奋只是一方面因素，这也使徐时栋“视世俗科举之学夷然有所不屑”。

徐时栋转而以立言立身，显现出其超人的坚持精神。徐时栋喜爱藏书，相比较于月湖其他藏书家，他的藏书精神可能更为纯粹。像范钦藏书始于爱书，同时也是为子孙计，藏书与科举是相辅相成的事情。徐时栋藏书出于爱好，也为研究，集收藏、校勘、编撰、著述于一身，因此藏书上“尊经重道”“经世重史”的特征更为明显。徐时栋年轻时就开始藏书，21 岁已经有很多藏书，为此编定了《新故书目录》2 卷，把藏书分为钦定类、丛书类、经类、史类、子类、集类六类。书目卷首自叙：“置书以宜读之书为务，奇僻之书无所宝也。故吾家所有书，大约皆布帛菽粟。”以表藏书之志。最初的藏书楼命名为恋湖书楼，后改名为烟屿楼。月湖西岸住宅以南北向为主，而烟屿楼是朝东面湖的。徐时栋坐书房而望月湖，“凭栏远眺，湖光一碧如万顷琉璃，玲珑四映。凡志所称花屿、柳汀、碧沚诸形胜，

移入天一阁博物馆的水北阁

无不争妍献媚于其前。”他还给自己的书房取名为“神清室”，这样的风景，以及居地拥有丰厚的历史蕴藉，确乎是文人雅士们读书的天堂。徐时栋在《五十七岁小像自记》中，这样形容自己：“四十年来苟无事故，吾手中未尝一日而释卷也。”斯是陋室，唯其德馨；同乡名士陈鱼门、董沛、陈劢等时而来访，“谈笑有鸿儒，往来无白丁”，他在这里构建了儒家圣人所描述的人生境界。藏书最多时达到 6 万多卷。因为烟屿楼也是居住之所，故徐时栋在西门外筑“城西草堂”以藏书。

徐时栋藏书历尽坎坷，三建二毁，可谓呕心沥血。太平军进入宁波后，甬城盗贼泛滥，诸多藏书楼遭到窃掠。1862 年，徐时栋避居乡下，城中烟屿楼遭到侵袭，大部分藏书散失。太平军退去后，徐时栋整理残帙，陈鱼门也帮其斥资收赎，藏书于城西草堂，藏书甚至还增加至十万卷。然而祸不单行，1863 年一场大火又把城西草堂化为灰烬。十万藏书毁尽，徐时栋依然不变藏书之志。1864 年，徐时栋在城西草堂故址重新建藏书楼，命名为“水北阁”，寓水克火之意。在此时，他完成了他的经学著作《逸汤誓考》《三太誓考》，并编写了这一时期的藏书书目《徐氏甲子以来书目稿本》4 册，藏书共计 3164 种、44205 卷。徐时栋为了恢复以前写的文稿，还

烟屿楼内景

进行记忆性重写，好友周菉曾说：“君自谓不能强记，然如前后蚱蜢篇凡三千言而亦皆追忆出之。”

徐时栋涉猎极广，从他的《烟屿楼文集》《烟屿楼诗集》《烟屿楼笔记》《烟屿楼读书志》等著作，都可以看出他的视野之广。如《烟屿楼笔记》，细读之，极有趣味，如“余尝戏语友人，毛诗中有回文体。友骇诘余，余谓今三百篇中未之细考，若《左传》所引‘翘翘车乘，招我以弓’。倒之则谓‘弓以我招，乘车翘翘’。非回文乎？乘‘弓’古韵也。而‘翘’‘招’亦韵，且传所引逸诗是谓‘招我也’。倒诵之则有赴招之意。一转换而出两意，非后世回文之所不能及者乎？友为抚掌。”再之，“世盛称《爱莲说》，直是耳食耳。中云：‘出污泥而不染。’天下有花木不出自污泥者耶？有出自污泥而染之枝叶花萼间耶？只此一语，殊不见切。且世之盛称者，以其文作于濂溪耳。”又，“前人读杜诗‘身轻一鸟度’，适‘度’字残缺，因相与猜论，或云‘过’字，或云‘落’字，及翻阅善本，皆大服。不知杜诗此句，本之虞文懿《侍宴诗》：‘横空一鸟度，照水百花然。’”

其诗歌则多杜甫之气韵，清末之战乱，百姓之艰难，流诸笔端，如《溪头老妇行》写一在战乱中家破人亡的城南老妇，“溪头老妇哭黄昏，哭声凄楚不忍闻。生遭乱离尽哀怨，何为汝独啼酸辛。自言家住城南窟，有儿壮年夫白发。延庆寺前租荒园，年年卖菜为生活。城头解甲纷逃军，仓黄莽窜惊四邻。我亦刮钱贯驰马，一家数口依昏姻。入山惊定愁无奈，出门携得斗升在。来时雨余园菜肥，商量挑向隩中卖。父子相将入城去，此时消息只如故。谁知一夜飞风来，红巾遍满西南路。邻舍有人逃出城，眼见父子驱为兵。裹头白布赤双脚，长发健儿鞭之行。悲来不敢啼，入屋避人私向溪头哭。悔恨当时不少留，相对饥死意亦足。昨日万人出城分西东，逼迫俘囚为先锋。闻道此去战诸暨，顾他父子辛苦犹城中。”

徐时栋学问极为审慎，早期他还对红学产生兴趣，并启发了红学索隐派的研究者。但他最重要的贡献在校勘文献，其校对的《宋元四明六志校勘记》称为善本，为学术界推崇。“宋元四明六志”，即指宋乾道四明图经、宝庆四明志、开庆四明续志和元大德昌国州图志、延祐四明志及至正四明续志；其中宝庆、开庆、大德和延祐四志为《四库全书》收录。引录一段，以见其考证之严谨：

> 赤堇山在鄞县东四十里【按原本当无鄞字延祐志沿革考注引此一句亦无鄞字嘉靖志无东字乾隆志无在鄞二字】山有草曰赤堇鄞县以此为名【延祐乾隆二志无为字】而加邑焉【四字乾隆志无〇宝庆志十四引旧志〇延祐志七引干道旧志〇嘉靖甯波志五引旧志〇乾隆鄞县志三引干道图经】会稽记云昔【嘉靖志无昔字】欧冶造剑于此山云涸若邪而采铜破赤堇而取锡【宝庆志十四引旧志〇嘉靖甯波志五引旧志】。

1854年，徐时栋刻印了他所精心收集的《宋元四明六志》，牌记："咸丰甲寅甬上烟屿楼徐氏开雕"，版心下方题："烟屿楼校本"。

《宋元四明六志》校刻，建树了他在地方史学研究上的权威。徐时栋"秦汉以至近代流传之本鲜不寓目"，"手覃思精，诣直造古人"，故在同治七年（1868），鄞县开志馆修志，即被聘为主纂。为写作方志，他到处借阅图书，并将自己的藏书供修志所用，志局移至水北阁。同治十二年（1873）十一月，60岁的徐时栋因积劳成疾去世，将修志事托与好友董沛，第二年《鄞县志》（光绪）修成。

徐时栋，藏书印也有近二十枚之多，如"古明州烟屿楼徐氏收藏印""徐时栋手校""烟屿楼""城西草堂""徐时栋秘籍""柳泉""水北阁"等。徐时栋去世后，书籍开始散失，多流到上海，也有流入宁波藏家之手，如藏书楼伏跗室就收集了大量古烟屿楼藏书，其中有徐时栋撰写的《逸汤誓考》初稿、二稿、三稿和定稿等，其他如朱氏"别宥斋"、杨氏"清防阁"、董氏"六一山房"、孙氏"蜗寄庐"等。而对整个私人藏书史来说，水北阁也是一个谢幕的隐喻，科举制度废除以后，为学子提高语言表达能力和扩大贯通古今知识面的藏书楼首当其冲。众多藏书楼贱卖书籍，千年藏书楼毁于一旦。据统计，现留存于世的藏书楼不超过120座。

八、月湖旧宅与童氏、林氏、陈氏

自宋以来，月湖十洲为官宦居住、讲学首选之地，随着时代变迁，此兴彼衰，层层叠叠其上。童宅所在地偃月堤北面一带，原即为北宋太常博士、明州通判章郇在大中祥符间（1008 ~ 1016）所建的红莲阁位置。章郇后任丞相多年。红莲阁之北有郡酒务，建于北宋真宗天禧五年（1021），北宋舒亶《西湖记》说："红莲阁之北，即郡酒务也。故时，使人即湖以汲水，劳费甚。乃堤湖之中，畜（蓄）清流，作楼于其上，以辘轳引而注之。至今以为便。"《湖语》称赞道："（月湖）北有酿泉，其甘如蜜。当时酒务，于此焉设。曲车沉沉，双鱼最冽。贡之天子，御尊所列。"可能这里原有一地下泉水，沟通了四明山水，故而能用作酿造用水，当时的名酒为金波酒（俗称双鱼酒）。现在，这些故迹均在岁月更替中消逝，而童宅辟为博物馆（即银台第官宅博物馆）后，顺便将它们也作了展示。

童宅建于清道光三年（1823），向阳而治，方正结构，三进院落，布局严谨。主人童槐曾任江西、山东按察使，后改任通政司副使。按察使别称臬台，通政司别称银台，故童宅有"臬台第""银台第"之称。又因童槐之子童华以礼部右侍郎入南书房行走，做过光绪皇帝的老师，所以童宅又被视为"帝师故居"。这也是清后期兴盛一时的书香门第。

童氏祖先为浙江义乌人，南宋时迁到海曙鄞江镇梅园建岙，在明洪武间迁郡城月湖西岸，万历间再迁于醋务桥南。至童槐（1773 ~ 1857）时，童氏家业已经零落，童槐 6 岁时父母双亡。但童槐是一位极其聪慧又有毅力的学生，潜心努力，终于在嘉庆十年（1805）考中进士，从而实现了家道中兴。道光三年（1823），童槐在旧屋址之上重新建房宇，称"今白华堂"。

现在白华堂为整个银台第住宅区的祭祀之厅。银台第大门为门厅，较为窄小低调。进门第一进为主厅绳武堂。第二进为白华堂，七开间，有书房、议事厅、家塾等。白华堂前有开阔的大天井，从绳武堂进入，有豁然开朗之感。第三进，也为七开间，包括宴席厅、雅玩室、沐浴房、绣房、卧房、佛堂等，是生活区，宴席厅设都酒务。据说，2000 年，官宅后天井挖井时，

菊花洲童宅

发掘出一小批宋代的硬陶酒埕。三进房屋东西各有厢房，四周高墙围护，整体典雅古朴，地方风情浓郁，是宁波清代中晚期典型的传统官宅建筑，可以较为直观地了解中国古代官宅建筑艺术、清代家具艺术、官宦人家的生活及文化趣旨。值得一说的是雅玩室，陈设有博戏玩耍的围棋、纸牌等，儿童玩具更是多种多样。还有欧式的会客室，放置着西式的钟表、留声机等，说明童宅后期，已经受到西方文化影响。宁波的传统家具在这里也得到充分展示，比如日常用的各种木桶、提篮，尤其是陈设着朱金木雕千工床的小姐闺房，一片富丽堂皇。

而童氏家族的发达史，却是清王朝从“康乾盛世”走向衰落过程的见证。这一时期，土地集中，剥削苛重，由清政府和皇室所控制的官田、皇庄，占全国耕地总面积的七分之一以上，像大学士琦善竟占地 256 万多亩。全国耕地面积一直在 8 亿亩左右，但人口却从乾隆初的不到 1.5 亿，增至嘉庆末的 3.53 亿多，鸦片战争前夕，则达 4 亿多。无地和少地的人数剧增，这些人除佃种土地、为人佣工者外，多半四处游荡，成为流民；而地主趁机抬升地租，鱼肉百姓。政治上尤其腐败，公开捐纳卖官，游手好

童宅今白华堂

闲、钻营牟利之徒即以官为市。所谓“三年清知府，十万雪花银”，如果遇事受贿，则可至数十万两。在职官吏多平庸昏聩、敷衍塞责、荒淫无耻，全身保位者多，为国除弊者少；苟且塞责者多，直言陈事者少。通贿赂、善逢迎的官吏，往往左右逢源，加官晋级；廉明能干之臣却反被诬陷、排挤，拒受贿赂而秉公办事的官吏，甚至引来杀身之祸。

因为案件众多，年年累积，国家行政精力大量耗费在调查、审理之中，大多不了了之，民怨沸腾。山东尤为剧烈，官吏腐败到了末世狂欢，治理黄河的五六百万金，用之工程者不及十分之一。山东堂邑生员许守宗控告县官浮收（即用强迫手段额外征收），被巡抚衙门迫害自杀身亡，诸如此类擢发难数。嘉庆帝特意派精明强干的童槐赴任山东按察使，其在任一年，山东二十余年的积案全部审结，释放无罪囚徒1300余人。《今白华堂文集》记载：“东省风俗虽坏，其实良民千百，莠民不过一二。地方官甚畏莠民，因而不爱良民，于办案可概见焉。”但是，童槐遭到内、外官吏的忌恨，道光初被其旧属诬告，受到降四级调用的处分。

童槐在山东办过最著名的案子是徐家楼奇案，此案同“杨乃武与小白菜案”等被称为清朝八大奇案。案件实际并不复杂，泰安县祝阳徐家楼人徐俊经商发了财，他的曾孙徐文诰当家时达到鼎盛，由此遭到河南大盗王大壮、王三壮的抢劫，并杀害了护院拳师。知县汪汝弼畏盗如虎，怕因杀人劫货案件而丢官职，又眼红徐家财产，诬徐文诰杀害拳师，并趁机勒索。徐文诰只好买通佃户霍大友冒名顶替，而霍大友之妻又上告冤案。至此，案件搞得真假难辨，连及众多官员，最后嘉庆皇帝龙颜震怒，力查此案。童槐从盗贼杨进中入手，派精干马快追捕盗贼首领王大壮、王三壮及众盗贼。王大壮、王三壮等贼抓到以后，童槐采取先隔离审讯，再当堂对证的办法，提审被告、原告，将徐文诰一案的来龙去脉梳理清楚。但制造假案的汪汝弼，怕丢官职，威逼利诱，指使徐文诰的母亲徐张氏赴京上控。嘉庆帝怀疑是官吏互相倾轧，又特派钦差大臣文孚、帅承瀛赶赴山东勘查。结果与童槐所得相同。

童槐擅长诗歌创作，诗歌较为清丽，如《题仪亲王所贻蕉扇》：“不待招风向石栏，淡黄一片夏生寒。剪来摩诘图中影，抵得梁园雪后看。”满纸书生意气。又爱好书法，晚年专注研究宁波方志文献。著作有《今白华堂集》《补雅》《过庭笔记》等，与鲍桂星并称为“南童北鲍”。童槐在宅右筑书楼，即“得月楼”，里居后，曾执教于月湖、慈湖书院。闲静时即与书为伴，竟日端坐默读。

童槐次子童华，道光十八年（1838）进士，选翰林院庶吉士，同治十年（1871）奉命入值上书房，教授嘉庆帝第五子惠端亲王绵愉和光绪帝。光绪四年（1878）署兵部左侍郎，调吏部左侍郎。同年，奉旨与叶赫那拉·恩承入川查办事件，因沿途需索骚扰，革职留任。《翁同龢日记》对此有记载：“阎敬铭劾奏四川查办事件之恩承、童华沿途骚扰，并将所过地方支应账呈览，有旨交部严议。”童华贵为帝师，尤如此，可见清末吏治败坏。光绪六年（1880），兼署顺天府尹，次年与李鸿章、左宗棠主持畿辅水利兴修工程。光绪八年（1882）擢左都御史，后左迁礼部右侍郎。童华著有《竹石居诗草》。

童槐第四子童章，有孙童祥熊，光绪九年（1883）中进士，“一门三进士”也是童氏最为荣耀之时。童祥熊授翰林院编修，光绪十六年（1890），捐安徽试用道员。光绪十七年（1891），任会办洋务局。同年，任会办省城营务处。光绪十八年（1892），任安徽按察使。光绪十九年（1893），会办顺直赈捐兼山西赈捐总局。光绪二十年（1894），任总理省城营务处。光绪二十一年（1895），任办理淮北牙厘局兼会办防军营务处。光绪二十四年（1898），委办凤颍泗等属赈务。次年，署安徽凤颍六泗道，办理皖北防军营务处支发局事宜。光绪三十四年（1908），试署安徽劝业道。童家此时迁居安徽。童祥熊孙童书业（1908 ~ 1968），为近代历史学家，古史辨派的代表，曾任《禹贡》编辑，山东大学、光华大学教授。

因为童氏家族长期在京城为官，宁波一带重要家族都与童氏有着密切关系，如大卿桥的张岳年、张家骧叔侄以及陆廷黻等，他们居住于紫禁城东华门一带，在东安门外小甜水井，这里有镇海、慈溪会馆等。张家骧（1831 ~ 1885），同治元年（1862）36 岁时中进士，42 岁进翰林院做同治皇

帝的老师。官居右侍郎，从二品，宁波“郎官巷”由此得名。张家骧跟随光绪帝长达九年，是影响光绪帝维新变法思想的人物之一。他也是“杨乃武与小白菜案”的关键人物，是他与翁同龢、夏同善、林拱枢（林则徐子）等，对抗以四川总督丁宝桢等封疆大吏和京中大僚组成的朝廷实权派，说动慈禧太后同意进京复审，最终为此案平反昭雪。张家骧著有《粤南志》《中华币制史》《中国之币制志汇兑》。因其为官清廉，死时没钱办理丧事，光绪皇帝得知后，钦赐御被，地方官府发送“抚恤银”，才得以下葬。陆廷黻（1835 ~ 1921），为同治十年（1871）进士，张家骧、童华、陈励，以及状元章鋆等均是他的授业老师。陆廷黻曾被选为翰林院庶吉士，散馆授编修，光绪八年（1882）督学甘肃。归里后，曾任崇实、月湖两书院山长。室名“镇亭山房”，藏书亦富，著有《镇亭山房诗集》。

清末，月湖仍有许多藏书楼，与徐时栋的烟屿楼隔湖相望的是花屿袁宅，原主人为袁震（1846 ~ 1907），清光绪举人，曾任钱塘训导、安徽直隶州知州，也极为爱好经史，手不释卷，精于校雠，手校经史子部及汉魏以下诸名人集 1300 余卷。其子袁绍濂（1871 ~ 1935），号仰周，官至道台，也精于考订，在花屿建书楼五楹，为“静远仙馆”，所藏书画数百种，藏有善

花屿袁宅

本数万卷。袁氏系宋淳熙四先生之一袁燮之后裔，今花屿仍存有袁宅。20世纪80年代，吴冠中先生以袁宅为景，作《双燕图》，此图画面极为朴素，主角即是袁宅西向的高大白墙，占去画面五分之二；中嵌几条窄长的门洞，衬托出白墙的庄严；其他是几道乌黑的瓦、一棵苍劲的枯树、两只隐约飞舞的燕子。这些简洁的线条和几何图形，以及黑、白、灰的主调，构成了江南最简洁、平静、朴素的美和一座江南水城的往昔记忆。不知道吴冠中有没有想到这高墙里面，这湖的四周，千年以来一直经营着这种江南水城诗意的生活：读书、著述，吟诗、作赋，大隐隐于市、高雅平静、淡定充实。

月湖东南盛园有近性楼，即现在的“盛世花厅”，为清嘉庆、道光年间诸生林廷鳌的藏书楼，因后转让给清光绪年间奉母辞官的镇海人盛炳纬，而称“盛氏花厅”。林廷鳌《近性楼记》以为“性空诸想于佛，性任真于琴近，性素洁于瑟近，山近性之静，水近性之灵，竹近性之虚，松近性之坚，梧近性之孤特，蕉近性之卷舒，既入世而出世，视有家如无家，则洵乎楼以所有，皆以求性之所近也”，以故命名为近性楼。林氏相传为青州人氏，先祖为南宋小康王赵构的侍卫将领，1130年南渡到宁波后，在高桥保卫战中阵亡。其儿子为了给父守灵祭祀，放弃松江知府官职，留在鄞县守孝而安家。林廷鳌“读书尚义，工音律，淡于名利”，年28岁卒。生有四子，长子钟华，次子钟峤，三子钟崃，小儿子叫钟崐。林钟华为同治间进士，林钟峤与钟华为同榜举人，钟崃为光绪乙亥举人。钟华与钟峤两兄弟于清同治十二年（1873）在月湖南面紫金巷建林宅。这是老城内最精美的宅子，以砖雕、木雕、石雕精美著称，有雕刻350多幅，如《仕女葬花》《暗八仙》《琴棋书画》《唐伯虎点秋香》等。另有幽雅小园，依天一阁样式作“九狮一象”假山。这可能是月湖最后一座由进士家庭营建的古典而精致的书楼。光

镇明路紫金巷林宅

绪三十年（1904）刘春霖榜忻江明和高振霄两人登第，是月湖也是鄞县最后一代进士。月湖古典的诗意已经成为历史的旧忆。

一个转型的时代即将拉开帷幕。作一个总结，中国的“士”产生于礼坏乐崩的春秋、战国，孔孟给士灌注了一种理想主义精神，要求它的每一个分子，都能超越个体和群体的利害得失，而从内心深处去关怀整个社会的发展，“士”即有志于成为“君子”的人。秦朝“以吏为师”，儒家士人没有地位。西汉采用“独尊儒术”、察举制度，“士”逐渐走向政治舞台，与政府官员“大夫”身份开始合一，或者说，道统与政统的合一，促使士大夫政治群体的形成，并在国家政治中开始发挥越来越重要的作用。在与宦官等政治势力的对抗中，士大夫“志于道”的精神逐渐成熟。在唐宋科举制度产生以后，他们靠奋斗从边缘走向中心，以学行政、以道议政、以修己为出发点，以圣人之道来掣肘专制皇权，正纲常，正百官，“致其君为尧舜之君”，建立礼乐文明的社会。如果在野，一方面为四民之首，担当着协调社会事务、维护宗亲伦理及教化社会的职责；另一方面，他们还追求艺术、哲

盛园林氏近性楼

学，他们写诗、绘画、啸歌，以及谈论哲学，山林漫游，追求精神快乐。这就是两宋至清末的士大夫生活状态。他们是一个追求文化修养、有丰富精神、反对追求物欲而道德自律性很强的群体；又是一个能够营建安乐窝，内心深处有着自觉的快乐、平和、超然、淡泊、洒然的态度和心境的人群。

但是，这种辗转于学者与官僚的身份之间的生活，在鸦片战争开始后，即已经打破。陈鱼门即陈政钥（1817 ~ 1878），代表着月湖士大夫开始转型。陈氏先祖从慈溪迁来，月湖盛园有其故居，马衙街有陈家祠堂。陈氏历代行善乡里，慈善家风一脉相承。陈鱼门继承世家大族的好义家风，出面办了很多有益于地方的慈善事业，如集资从外国人手中赎回新江桥，改为义桥，并在桥上添设煤油路灯。民国《鄞县通志》称“政钥负才广交，为当道所重。郡县有事，若拓荒、修学、协济邻饷之举，皆倚办之”。清道光二十九年（1849）拔贡，因平乱有功，授内阁中书，“累擢知府，加三品衔”，地方上的士绅和乡民多尊称他为“陈太守”。但陈鱼门更为世人所熟知的，是现代麻将的改进者。麻将旧为骰子、宣和牌、马吊纸牌等，经过陈

盛园陈鱼门故居

鱼门整合、改造后，盛行大江南北。今天一阁麻将起源陈列馆“三缺一”塑像，一东洋人，一西洋人，而居中的中国人即为陈鱼门。杜亚泉《博史》认为：五口通商后，船舶多聚集在宁波港口，各省商贾云集在此，学会打麻将者越来越多，麻将通过他们延及津沪商埠并波及全国。安徽休宁人戈鲲化曾在宁波的英国领事馆工作了十多年，他与陈鱼门相交甚深，光绪五年（1879），戈鲲化受聘远赴美国哈佛大学任教，讲授中国传统文化，成为该校第一位中国籍教授。受陈鱼门影响，他在美国的知识阶层中将麻将推广了开来。陈鱼门受左宗棠赏识，委以直隶州知州一职；但陈鱼门以浙东战事尚未解除为由，未赴任。无心做官的陈鱼门却热情乡务，尤其是精通洋务，与英国驻宁波领事夏福礼交往密切，所谓“外国酋长，日至其门，延纳无暇，高谈纵论”。麻将牌也是陈鱼门开展中外交际一张十分重要的牌。徐时栋《烟屿楼文集》有《陈鱼门五十寿序》一文，记录徐时栋“每过君家，君为余下榻，夜深客散，必置酒酌我，娓娓道生平以至于时事，然后知君所见者至大，而所虑者至深至远，乃始叹君之识实有过寻常倍蓰者，而固不惟是才之足以为君奇也”。

麻将起源地陈列馆三缺一塑像

我们无从考知陈鱼门在与西方接触过程中，怎样学习和吸收西方的价值理念，从而使自身的文化背景发生转变。但可以肯定，陈鱼门是最早睁眼看世界的中国士大夫之一。如果陈鱼门再进一步的话，有可能会成为编纂《海国图志》的魏源这样的人物。但是西方的政治理论等不可阻遏地进入了中国，道统的解释发生了翻天覆地的变化。落后的现实，挨打的苦痛，促使他们批判封建君权和纲常伦理，反思洋务运动，思考变革陈旧腐朽的文化。尤其是科举制度废除后，与之相适应的选官制度和职位安排也相继被废除，士大夫群体走向分化。一部分人继续在仕途上寻求出路，成为军阀或强力人物的幕僚，另一部分人开始从事其他职业，投身于教育、传媒、科研机构、学习机构、医疗机构等不同领域；而后一部分人往往担任起启发民众、唤醒民众的启蒙精英角色。紧接月湖最后一代进士，留学、新式学堂教育产生了一批新的知识分子，尽管他们中的大多数再也未能进入核心权力圈，但历经此起彼伏的群体性政治运动、白话文运动、抗日战争等，在中国近代公共领域的形成中起到极为重要的作用。

【四】

西学东渐

一、从旧式书院到新式书院

书院是我国封建社会特有的一种教育组织形式，始于唐，兴于宋，沿至清末，历时千年，遍及各省。宁波最早一所记于方志的书院为三国东吴虞翻所建的讲舍，光绪《慈溪县志》载："骑都尉虞翻，在鸣鹤场建舍讲学，称虞都尉讲舍"。一般以唐大中四年（850），象山县令杨弘正建立的蓬莱书院为宁波最早的官办书院。北宋初年，庆历五先生建立书院，以"有教无类"开民间讲学之风，处于社会下层的平民子弟获得了受教育的平等权利。书院制度兴盛的重要原因在于当时统治者开明的文教政策和宽松的政治环境，另一方面也与国家初创，无论从精力上还是财力上，都无暇顾及办学。庆历兴学后，官方重在支持各地方官学，书院建设和管理主要由民间力量独立承担。这自然使书院在组织管理形式、教育教学制度和方法等方面，与官立的太学、郡县学有许多不同。官学着意培养国家所需的

竹洲远眺

人才，把教育和科举取士结合起来，以利于政府的统治；由此，官学也容易沦为士人追名逐利的场所，使教育趋于堕落腐化。而民间书院作为一种具有相对自治权的教育组织制度，集教学与科研于一体，体现着价值关怀与知识追求统一的精神。其创建者或者主持人，多数是有名的学者或是某一学派的代表人物。许多学者在主持书院时，都注意形成鲜明个性，儒家博大精深的学术体系基本上是以书院为依托建构完成。

北宋末年，中国思想界"政统"与"道统"、"师"与"吏"、政治重心与文化重心进一步分离。南宋朱熹通过经典诠释、历史重构，以及与对思想的世俗化努力，再度确立道统；明确士人应该追求的是"立德"而非"爵禄"，即朱熹所说："熹窃观古昔圣贤所以教人为学之意，莫非使之讲明义理，以修其身，然后推以及人，非徒欲其务记览、为词章，以钓声名取利禄而已也。"书院"讲学明道"的教育制度在朱熹努力之下进一步完善，教学模式以老师升堂讲说、学生分斋受课为主；教学活动并非局限于讲堂与斋

月湖石浦大酒店（月湖书院所在地）

舍，还有祭祀、展礼、游览等，注重日常生活礼仪的践履；教学内容以儒学为主，朱熹集注“四书”后，“四书”课程的设置更为普遍。为避免忽视“德业”而片面追求“举业”的教育取向，书院学者往往对应试教育进行严厉批评。对于社会，书院以进身朝政，实行推己及人的外王之道为目的，或者在朝野依社会良心议论朝政，使国家朝政纳于正规，百姓安居乐业。而在道统与政统的力量角逐中，作为士人应保持自己人格的独立性，而不是依附君王，仕途的进退以道的可行与否为抉择标准。这也是黄宗羲提出“天子之所是未必是，天子之所非未必非，天子亦遂不敢自为非是，而公其非是于学校”“学校所以养士也，然古之圣王其意不仅此也，必使治天下之具皆出于学校，而后设学校之意始备”，把士大夫谘议国政，作为是与非的价值判断的原因。

庆历五先生以后，宁波一直是中国书院最发达的地区之一，书院数量众多，名师大儒或主持书院，或讲学，人才辈出，学术传承有序，又富创新务实的精神。淳熙四君子创造了理学书院之盛。当时，还有高闶归里后，在城南长春门内建的高阅讲堂，即长春书院。楼昉筑讲舍于鄞州张斌桥左，郑清之为其学生。后郑清之建立甬东书院于补陀寺侧，以祀楼昉。宋朝末年，一些官员与学者自感无力挽狂澜于既倒，于是退而隐居，创建书院，聚徒讲学，以延续“圣贤一脉”，使元初书院一时兴盛，如果仅以书院教育而论，元代书院的数量和规模甚至超过宋代。在宁波，城西大卿桥有鄮山书院；城西南隅吴家巷有鲁斋书院，至元六年（1340）都元帅锁南班建，祀元鲁斋先生许衡；狮子桥东北有鄞江书院，元末儒者张式艮建。王应麟的学生戴表元、史蒙卿、袁桷等都任过书院教授。史蒙卿学生程端礼先后任稼轩书院和江东书院山长，在任江东书院山长时，曾制定《读书分年日程》，将生徒学习分为“八岁未入学之前”“自八岁入学之后”和“自十五志学之年”三个阶段，规定每一阶段必读之书和读书的次序，书目与官方以科举应试知识为主体的教学书目有显著差异。明代，程朱理学成为官方哲学后，演变成为僵化的教条和章句。科举考试必须精通和恪守程朱理学家所诠释的孔孟之道，以八股文的标准化、规范化文体演绎，使得读书人只顾读经书，钻研八股，不讲实际学问，束缚人们的思想，扼杀人们的聪明才智。王阳明发展出心学思潮后，将儒学思想推向另一个高峰，书院复兴；其后，明政府又抑制民间讲学，月湖书院一度沉寂；明代月湖有藏书楼，而少书院活动的记载。清初，清廷惧怕书院传播思想而予以抑制；康熙年间开始恢复，雍正后，书院渐兴，但绝大多数书院已演变成同官学无区别的考课式书院，不复有宋元时期讲学的自由。

月湖清代书院数量不多，主要由地方官员所办。最重要的书院有三家，即月湖书院、竹洲三先生书院和辨志书院。月湖书院大致在今偃月街中段雪汀一带，顺治八年（1651）由海道副使王尔禄所建。当时置义田百余亩，延聘义师一人，目的是帮助民间贫困子弟，所以也称义田书院；清同治三年（1864）知府边葆诚重修书院。竹洲三先生书院由清代大学者全祖望所建，即在竹洲，全祖望在其间一边授业，一边著述，此时是浙东学术的一个高潮。而辨志书院建于清光绪五年（1879），也在竹洲，创建者为知府宗源瀚。

辨志书院有四进院舍，南楼为讲堂厅，左右厢楼为学生住宿所用。所谓“辨志”，即辨明志向之义。《礼记·学记》：“一年视离经辨志，三年视敬业乐群，五年视博习亲师，七年视论学取友，谓之小成。”郑玄注：“辨志，谓别其心意所趣乡也。”明代高攀龙《三时记》：“余则以《大学》格致，即《中庸》明善，所以使学者辨志定业，绝利一源，分剖为己为人之介，精研义利是非之极。”即明辨义利为志趣关键。这一命名，也可以理解书院聘请著名学者黄以周等传统学者为主讲；黄以周，清同治九年（1870）举人，定海人，曾任桐庐等地的训导，在辨志书院专课经学，尤其精于“三礼”，有《礼书通故》《经训比义》等著作。北京大学教授陈汉章，即为黄以周学生。另有名家董沛，宁波藏书家，其六一山房曾聚书5万余卷；同治六年（1867）举人，主讲宁波崇实、辨志书院，以诗、古文负盛名；后中进士历署江西建昌、上饶等县知县。书院也如同传统书院，由山长执掌，学科设有汉学、宋学、史学、词章，但学科上比较特别的是设立了舆地、天算两科，并创宁波开设舆地、天算新学科的先导。主讲为黄宗羲的七世孙黄炳垕，他依据黄宗羲的《西历假如》，参以德国传教士戴进贤主编的《历象考成》，讲授天算，前后十年；同治初，左宗棠抚浙时要求沿海州县测绘经纬舆图，余姚知县陶云升曾请他测绘县境图，著有《方平仪象》《两太捷算》等书。因为这两门学科的设立，辨志书院被认为是浙江最早的新式书院。辨志书院设立这些学科，即与宁波崇尚实学有关。

1842年，宁波人直面西藏金川远征军在月湖北面的全军覆灭，庞大的部队在近代坚船利炮之下毫无对抗之力。这些事件使宁波人更早地深入思考德行和技艺之间的关系，审视科学技术在富国强民和促进社会发展中的作用，思考从教育入手，“兴西学”，培养西学人才，“师夷之长技以制夷”。

1844年，宁波开埠。当年，英国传教士阿尔德赛小姐在宁波城内祝都桥（今尚书街）开设了女塾，开甬上女子教育先河，这也是全国最早的女子教育。1847年，美国北长老会传教士柯夫人在江北槐树路设立崇德学校，并在阿尔德赛离甬时合并祝都桥女塾。这一学校就是现在的江北实验小学的前身。其他有如1845年由美国基督教长老会麦卡第等人创办的崇信义塾；1868年英国圣公会传教士创立的贯桥义塾，即后来的三一书院；1879年英国传教士创立的斐迪学堂；1880年美国基督教浸礼会创立的养正书院等。这些宗教学校以传道为目的，但客观上也引进了西方教育内容。如崇信义塾1867年迁到杭州，后来发展成为之江大学；如"化学大王"方液仙、"颜料大王"周宗良、鱼类学家朱元鼎、中国现代遗传学奠基人谈家桢等都是从斐迪学堂毕业的。桑兵所著《晚清学堂》记录，1866年10个通商口岸城市教会义学、学堂及学生数，宁波都是最多的。西方科学知识的传播带来的新鲜空气，从士人阶层开始渗入到一般中下层家庭，使一些知识分子对西方文明产生兴趣，并从内心认同，这使宁波成为浙江书院教育变革的先锋。辨志书院是由地方官员主导创建，尽管创办时已经是洋务运动轰轰烈烈之时，学科也多为传统经史之学，但已是浙江最早出现的新式实学书院，在科举时代学风为之一变。而后，1885年，宁绍道台薛福成在宁波"后乐园"（今中山公园西首）创办崇实书院。总体上，这一时代新式教育处于逆境中。就全国而言，据不完全统计，从1861年京师同文馆和1863年的上海广方言馆的设立，到甲午战争，中国人开设的新学堂不过25处，维新浪潮在1895至1899五年间也仅仅推出150所学堂。

1900年八国联军侵华，之后守旧派被驱逐出政治核心，张之洞、袁世凯、刘坤一等维新派督抚大臣进入权力中心，清政府新政推进加快，1901年实施新政，整顿书院即为其中重要一项，浙江所有讲授算学和西学课程的书院都改为各级各类学堂或自行停办。清光绪二十八年（1902），宁波知府高英将辨志书院改为南城小学堂，次年停办。崇实书院于光绪三十年（1904）停办。光绪三十一年（1905），月湖书院由士绅张美翊、陈训正改为宁波府师范学堂，这是浙江省最早的一所师范学堂。办师范学堂的原因是培养一批新式教员。学堂分完全科和简易科，完全科设修身、教育学、中国文学、算学、博物、理化、习字、图画和体操等，修业年限为五年；简易科减少读经、讲经、习字等课，修业年限为一年。学生免交学费，如毕业后不肯尽教职，便需要补交上学期间的学费。首任学堂监堂为张美翊，继任监堂为陈训正。其后主持学校的还有孙绍康、范承祐、徐文藻等。1923 年，学校并入浙江省立第四中学（现宁波中学）；1933 年停办；在办学 28 年间，毕业师范生共 457 人，为宁波教育发展起到极为重要的作用；学生中有著名书法家沙孟海（1919 届）、作家王任叔（1920 届）、哲学家冯定（1921 届）、史学家陈登原（1921 届）等。

薛福成

因为 1905 年科举废除，从旧式书院向新式学堂转变过程的推进变得非常迅速。各省“数万举贡、数万生员”不得不放弃曾经追逐的功名之途，转向能够获得新社会资格的新学。1907 年，即科举制度废除后两年，全国新式学生数即达 1024988 人。此后仍每年净增 30 万，至 1909 年时竟达 1638884 人。宁波在深受西风这方面走在前面，而在学堂的创办中，当地政府与士绅通力合作，士绅起到了关键性作用。宁波府师范学堂首任学堂监堂张美翊（1856 ~ 1924），出生于月湖边上青石街书香家族张氏，先祖张士培、士埙兄弟即为黄宗羲证人书院弟子。青石街以建于南宋时期的青石桥得名，相传造桥的青石来自鄞东胡郎岙的青石。据《甬上青石张氏家谱》，光绪三年（1877），浙江学政、吏部左侍郎黄倬岁试，张美翊补为鄞县学生。光绪十三年（1887），学政大学士瞿鸿机调考优廪生，由廪贡生中试。光绪二十年（1894），为浙江乡试副贡。光绪十年（1884）七月始，薛福成任宁绍台道台，张美翊与薛福成相识。1888 年，薛福成任湖南按察使；1889 年初春，薛福成进京陛见时，被改派为出使英、法、意、比大臣。张美翊受薛福成赏识，作为随员，踏上了出使之路。出使的阅历，改变了张美翊的世界观，他将沿途所见的“富强立国之要，

张美翊

陈训正

细而器械利用之原”，记录下来，协助薛福成著成《出使奏疏》2 卷、《续瀛环志略》、《东南海岛图经》6 卷等，刊刻于世。

而后张美翊遇到了对中国近代教育发展有重大影响的人物盛宣怀。甲午战争后，盛宣怀认为国家自强，首要之务在于兴学堂、育人才，而新学堂的核心要“西学中用”“实学实用”。1897 年，盛宣怀创办南洋公学，始为南洋公学师范院，为中国师范教育之端，即今上海交通大学所在的徐汇校区。其后小学、中学、大学循序开办，形成完整教育体制，为清廷二次学制的颁布提供了成功实例。清光绪二十九年（1903）夏至清光绪二十九年冬、清光绪三十年（1904）夏至清光绪三十年冬，张美翊两度担任南洋公学提调兼总理。就南洋公学的发展历程而言，盛宣怀是南洋公学的奠基者，张美翊则是将其设想变成现实的执行者，在各种学科和制度的引进中，起到了中流砥柱的作用。正所谓少年强，则中国强，南洋公学为中国在未来的洋务发展和各种维新革命中提供了新鲜的血液。1905 年 3 月，盛宣怀呈奏《请奖南洋公学教员折》中称赞张美翊“受事稍久，成劳较多，表率有方，心地诚笃，学识渊博，实不仅为时务通才”，张美翊得到朝廷嘉奖。光绪三十年（1904），南洋公学改作隶属商部，张美翊写成《呈报公学历年办理情形》，阐明学校办学方针和措施，呈报当时商部大臣载振。

张美翊的游学经历与治学经验，为宁波师范学堂的高点起步奠定了基础。当时，西式教材已经较多，但适合本土的教材并不多。光绪三十一年（1905），清廷准许各地小学采入历史、舆地、格致三科乡土教材，宁波乡土教材编纂应运而生。“汲绠斋”于 1909 年印《初等小学浙江省地理教科书》，经过当时的宁波教育会长张美翊的鉴定后，推至全省使用。张美翊退居宁波后，不仅致力于地方的教育事业，而且还致力于地方的人文、历史、地理等事业。他以搜访乡邦文献为己任，编刊丛书，《四明丛书》《续甬上耆旧诗》等都是张美翊所促成，另编撰有光绪《奉化县志》40 卷、《浙江宁波甬上屠氏宗谱》36 卷、《上虞永丰乡田氏宗谱》10 卷等。

陈训正（1872 ~ 1943），字无邪，又字屺怀，也是宁波历史转型期重要的士绅。陈氏家族先祖宋末避乱，从河南迁到奉化，后迁至慈溪，陈家向为耕读之家，祖父陈克介及父亲两代经营茶叶及钱庄典当事业；清末陈氏陈屺怀、陈布雷、陈训慈三兄弟为乡里所属望。1902年，陈训正中举，文名一时传为浙东四大文人之首。但他绝意仕进，选择东渡日本，志以实业教育救国。回国后，即参与宁波府师范学堂的筹建。他帮助卢洪昶创办育德初等农工学校、育德小学等。1910年，成为同盟会会员，与宋教仁、陈英士、张静江、于右任等同盟会元老关系密切，并因此在辛亥革命前就认识蒋介石，蒋介石对陈训正执师生礼，这也是后来陈布雷为蒋介石幕僚的原因之一。其间参与创办《天铎报》，任社长，倡言革命。同年，返回宁波，任宁波同盟会支部副会长，会长赵家艺奔走沪甬两地，训正先生则坐镇宁波，辛亥革命成功后，陈训正被推为财政部长，但训正先生不居功不谋权，功成身退，推张传保代理。1912年到上海，与赵林士等创平民共济会，主办《生活杂志》，宣传民主和科学。不久返甬，先后参与创建宁波公立甲种工业学校、私立效实中学、宁波女子师范学校、正始中学等。后历任浙江省政府委员、杭州市市长等多职。

由张美翊、陈训正等人我们可以看到，晚清时期地域士绅承继传统，热心社会公益事业，对培养人才和兴办教育亦卓有贡献。他们积极参与地方公益，而1906年9月清廷公布预备立宪有着直接关系。因为特殊的政治情形，尽管宁波城市与商业在这一阶段有所发展，但没有产生出独立、强大的市民社会，主导社会是基于官员、士绅，以及成功商人合流的新型绅商阶层。就张美翊等人而言，他们有着多重的文化身份，既是封建社会末期的知识分子，考过秀才，中过举，都有着良好的古文功底，像张美翊为古文大家；同时又学习物理、化学，并受到资产阶级民主主义思想的影响，都有游学国外的经历，属中国最早从封建阵营中分离出来的激进分子。因为特殊的历史原因，他们曾经活跃于上海、杭州等对中国近代发展影响重大的城市，参与过中国近代的重大变革。他们将自己的视野与经历融入宁波学堂的建设，并以知识分子特有的书生意气实现改造教育、救亡国家之梦，宁波学堂生气勃勃，一批又一批新的宁波知识分子在这些自由与包容的教育场域中，完成文化的濡化与涵化、文化心理的熏陶与淬

竹洲女子中学遗存

砺，新式学堂成为宁波新文化运动的核心场所。

辨志书院停办以后，至1912年，在旧址基础上，创办宁属县立女子师范学校。学校前身是1906年在西门口长庚庵旧址创设的宁波府女学堂，这是宁波第一所女子师范学校。女校于当年3月18日正式开学上课。当时的校董为李镜第，著名镇海宁波帮实业家族李氏族人。李镜第曾为清朝盐司，曾在宁波推行新政，变法失败后弃官经商。后与辛亥革命志士陈其美、赵家荪、庄嵩甫、赵家艺等人为友，参加辛亥革命，实行教育强国之道。李镜第先生与族人李徵五先生在1903年创办宁波益智中学；1912年，在“科学救国”“教育救国”影响下，李镜第又创办宁波中等工业学院，聘请林端辅为校长，这一学校为浙江工业大学前身；同年创办效实中学，任效实中学学会会长达20年。

女子师范学校创办以后，聘请施国祺为校长，胡哲显为学监，叶凤桢、张仁楣为舍监。教员国文教师有桐城派古文家陈书英、《四明日报》编辑俞宝璇，政治经济教师有张厚炜，地理教师有施襄孟，数学兼英文教师有杨菊庭等，预科一班，师范科四班。小学毕业考入预科，读一年，升入师范科，读四年毕业；学生最多时达200余人。女校虽然是官办，但需要收

月岛杨宅（杨菊庭故居）

学费，富裕家庭子女成为主要生源。因为没有政府拨款，经费由校董李镜第筹捐。著名的学生有革命家陈修良、生物学家叶毓芳等。女子师范于1927年停办，停办后，原校址改办中山公学，学生进入中山公学。

中山公学包括女师和鄞县私立培英女子中学，是革命烈士杨眉山同志所创办。1925年，杨眉山与石愈白、赵济猛等在城区秀水桥创办当时鄞县私立培英女子中学，宣传革命，为李镜第等反对。1925年2月，中共上海地委在月湖醋务桥开办启明女中，并设立中共宁波支部；8月，改为中共宁波独立支部，随启明女中迁至丝巷弄星云坊，即今解放南路新街小区内。杨眉山任独立支部书记，1926年1月，中共宁波地委成立后，杨眉山任地委书记。1926年，北伐军到达宁波。当时正是国共合作大革命时期，杨眉山成为宁波市国民党党部负责人，他鉴于当时形势的需要，决定扩大范围，办一所规模较大的学校。当时以石愈白、沈曼卿、潘榍白三人为主筹备中山公学，1927年3月开学。竹洲为高中部，初中部设在鼎新街。校长杨眉山，总务主任沈曼卿，初中分部主任石愈白，教员有杨秀实、潘榍白等。当时学校大量购买进步书籍，政治气氛浓厚。1927年4月12日，发生国民党反革命政变，大批革命者被屠杀。任民国日报社社长的庄禹

莲桥第李宅（李镜第故居）

梅因发表进步言论被防守司令王俊扣留囚禁。杨眉山与时任宁波总工会主任的王鲲前去防守司令部交涉，也被扣留囚禁，并陆续有中山公学学生十余人被抓捕。全校师生前往防守司令部示威，庄禹梅先生和被捕学生释放，但杨眉山和王鲲惨遭杀害。此后，国民党右派所掌握的教育局几次命令中山公学中途停课，逼迫学生回家。1927 年的暑假，教育局趁放暑假停办中山公学。

1927 年 7 月，宁波市政府成立，罗惠侨担任市长，杨菊庭为教育局局长。杨菊庭认为竹洲办校有年，仍应设立一所女子学校，决定在竹洲办一所宁波市立女子初级中学，委任前女师毕业学生周绪芳为校长。1928 年，周绪芳辞去校长职务。市长罗惠侨认为市立女子中学应添设高中师范科，请杨菊庭担任宁波市市立女子中学校长。1931 年宁波市取消，校名改为鄞县县立女子中学。当时的教务主任为冯蕃五、郑宗贤，训育主任吴望伋，教员有胡达夫、戴轩臣、陈书英、陈登原、陈季泉等。杨菊庭任校长期间，经浙江省教育厅同意，成立宁波市立女子中学征募委员合，募集经费，扩建校舍。鄞县县立女子中学时代，全校共有初高中各三班，学生 300 余人。1932 年 10 月，女子中学重新大修，蒋介石、金廷荪、杜月笙、陈布雷等赞助最力，经此改扩建，竹洲岛上开始出现西式楼房。书法家沙孟海为此撰文并书写《鄞县县立女子中学新建学舍碑记》。1937 年，日寇轰炸宁波市区。8 月，学校迁至鄞西林村资福寺。1941 年 4 月，宁波沦陷，学校被迫解散。后与商业职业学校、乡村师范学校成立临时联合中学，之后又加入私立甬江女中等，汪焕章为校长。因日军侵袭，学校先后辗转新昌、宁海等地。1945 年 10 月，“联中”迁回宁波，学生增到 1200 余人，教职工近 100 人，规模空前。1946 年 1 月，“联中”解体，建立“鄞县县立中学”和“鄞县县立师范学校”，鄞县县立中学校长由县长徐志道兼任。1946 年 9 月，鄞县县立中学迁到竹洲，校长由吕志铎担任。这一时期，学校培育出不少优秀学生，如著名经济学家罗精奋，著名医学家、中科院院士沈自尹教授，中国社会科学院荣誉学部委员王仲殊，国际著名心脏医学专家郎祖望，著名华裔女作家於梨华等。1949 年宁波解放，竹洲办起了市立中学。1952 年，省教育厅定市立中学为重点中学。建国后著名的学子如两院院士路甬祥、美国耶鲁大学终身教授励名强等。

可以说，处于宁波教育文化核心地带的竹洲是中国教育一个变迁的缩影，从两宋的文教发端，到清末的学科转型，民国时期的变乱纷呈，竹洲应时而动。其中既有政府的主导，更有民间力量对于教育一以贯之的重视。竹洲办学集中体现了宁波人通过教育改变人、塑造人，从而改变社会、报效国家的梦想。这里面有让人振奋的时代号角，也有让人遗憾的地方，比如辨志书院是开风气之先的书院，但在清末书院改学堂的运动中反而改为小学堂。胡适在 1924 年回顾书院历史时就指出：“盖书院为我国古时最高的教育机关。所可惜的，就是光绪新政，把一千年来书院制完全推翻，而以形式一律的学堂代替教育，要知我国书院的程度，足可以比外国的大学研究院 …… 书院之废，实在是吾中国一大不幸。”竹洲的书院，曾是一学术思想之高地，辨志书院开办远远早于杭州求是书院；相比较，求是书院于光绪二十七年（1901）改称为浙江求是大学堂，次年改为浙江大学堂，第三年改为浙江高等学堂，成为中国近代史上效法西方学制最早创办的几所新式高等学校之一，即今浙江大学前身。宁波在这一时代，创办并演化出全国一流的中等教育，却没有借助宁波帮之力，发展出有实力的大学。当然，这与民国教育经费奇缺等条件不足有关。使得从宁波中学堂毕业的学生大都需要考取外省大学，甚至留学国外，才能成为一代学者。但宁波学生的国学基础一直相当厚实，比如从辨志书院走出了陈汉章，“鄞县五马”为中国文史教育的大师，这可能与月湖史学传统有着一定的联系。

芙蓉洲原中西储才学堂所在地

二、中西储才学堂开新风

宁波中西储才学堂是清末宁波知府程云俶在慈溪旅沪商人严信厚和地方名士汤云崟、陈汉章支持下建立的宁波近代第一所民办性质的新式中等学堂。原址在月湖西岸偃月街,是在废弃的崇教寺址上建立起来的。崇教寺原是唐代一百姓杨德顺的住宅,杨德顺父亲为孙得言而害,16年后母亲卢氏得知真相,为先夫报仇申冤,因误失身于仇人自缢而亡,官府表彰其庐为“孝义之门”。唐乾符元年(874),杨德顺舍宅为寺,请额于朝廷,朝廷赐为“崇教报恩院”。北宋大中祥符元年(1008)赐为“崇教寺”,在南宋时发展为规模宏大名噪江南的禅林,禅宗“临济”法系第十三代法嗣普庵禅师曾停住此寺,寺中有浮石池,即为纪念普庵禅师。其后崇教寺屡毁屡修,最后废于光绪二十三年(1897)。

储才学堂是中日甲午战争后所建的一所中学堂。当时国势颓微,国人亟图自强。以“自强”“求富”为目标的洋务运动因为战争失败的刺激,进入了转折期,"实业救国"成为当时的共识。这种思想,直接导致以培养直接服务于社会各业人才为任务的实业学堂这一新式教育机构大量出现。宁波作为通商口岸,濡化西风已久,建立学习西方科技的学堂成为有识之士共同的迫切愿望。《申报》在1897年4月20日刊登了宁波中学创建的一则消息:"郡城绅士严筱舫、观察信厚等人创设中西格致华堂,拟就规条呈送宁关道察阅。道宪批示云:据禀,续拟规条十则似尚周妥,惟是堂之设重在西学,至于经史作文自有各书院课试,而当年经费必不可少,如已齐集,应先禀明立案。现在已否核实并应否禀明办理之处,仰宁波府督同提调梅传悉心斟酌筹议,禀复察办。其崇义寺亦可敷用,即应兴府。当此初创,筹款维艰,更宜诸从俭省,均毋违延,切切。"通过当时上海《申报》的一些报道可知:1897年,储才学堂由宁波府程云俶太守出示招考,经正考、补考,完成招生。草创时期,学校规模不大,招生数为30人,教师人数也不多,聘请杨敏曾先生为监堂、总教习。体制仿照1863年创立的上海广方言馆,注重学习西方知识,除国学外,还开设格致(理化)、数学、译学(外语)等课程。学堂最初的称呼有宁郡中西学堂、中西格致学堂、中西格致华堂等,一时没有确定,但始终强调"中西"结合,"中西"二字合用,正是当时"中学为体,西学为用"思想深入人心的写照。(1898年,张之洞刊行《劝学篇》,提出这一思想,一时全国流行。)"储才",即为国储备新式人才。1898年,学校定名为宁波储才学堂。

杨敏曾(1858 ~ 1939),出生于慈城一个书香门第,清光绪五年(1879)举人。作为储才学堂第一任校长,对学校的创设和发展做出了重要贡献,除制订制度、章程、规划,聘请教师等外,还亲自教授经学、史学、词章、舆地等科目。当时读书子弟,均为放弃科举升官之道的有志之士,在校学习十分勤勉。在首批学生中,就有后来成为中国近代物理学先驱者、北京大学物理系首任系主任的何育杰教授,爱国诗人、曾任《天铎报》主笔和北大教授的洪佛矢,中科院李庆逵院士的三舅、北大教授叶叔眉,民国时期曾任财政总长的李思浩等人。1900年,杨敏曾离开宁波,去京师大学堂(今北京大学)译文馆,后任教于求是书院(今浙江大学)。

1904 年 1 月，中国近代第一个正式施行的学制 —— 癸卯学制颁布，该学制包含的《中学堂章程》规定：中学堂 5 年，属普通教育性质，兼有升学和就业两重任务。课程有修身、读经讲经、中国文学、外国语、历史、地理、算学、博物、体操等。从课程来看，仍然沿续“中学为体、西学为用”的思想。由此故，这一年储才学堂改名为宁波府中学堂。1906 年，鉴于原校舍不足使用，已升为道台的喻兆蕃委托盛炳纬主持在南门建造新校，拓地至 40 亩，这就是后来的宁波中学，现为东恩中学校址。1908 年新校舍建成。

在近代宁波教育史上，盛炳纬也是一位非常重要的人物。盛炳纬（1855 ~ 1930），是镇海城区人，光绪五年（1879）乡试中举，次年中进士，授翰林院编修。1885 年，任四川学政；1891 年任江西学政。为侍奉母亲，致仕家居，现镇明路的盛宅，是当年在宁波城里最气派的私宅之一。月湖盛园也因盛炳纬从林氏手中购得近性楼改名为盛氏花厅而得名。盛炳纬虽为满清翰林，做过两巡学政，却致力于新学创办。为扶持储才学堂，可谓忍辱负重。他在《仓基陈氏翰香学校记》中记载：“余自光绪乙未（1895）由京师假归，颇注意学务。时浙江行省，尚未有学堂也。吾郡中学之创设，余为之物色教师，为之筹画常费，为之建筑讲舍。名称屡易，事实不更，今南郊第四中学是也。方创办之初，老师宿儒交相诟病，余绝不置辩。”由此可知，学堂创办之初，科举尚未废止，旧学宿儒反对者众，另外还因经费不足而纳捐，导致乡民抗捐，过程极为艰难。盛炳纬在新校建设中也是亲历亲为，“监工之报酬，舆马，酒食，犒赏诸费”皆由盛炳纬捐助。盛炳纬也是镇海县中学堂的创立者，于 1911 年费银 2 万余元，在镇海城区东门内梓荫山南麓总持寺旧址建成中学堂新校舍，聘请留日归国的曹位康为首任校长。

储才学堂在学校初创十年，就在校园规模、师生人数、教学水平等方面被誉为“浙东第一校”。在陈布雷的回忆录中，记录了自己在 17 岁那年（1906），由慈湖中学堂进入宁波府中学堂学习的事情。那一年学堂扩招，“添聘俞仲鲁（鸿梃）先生为学监，王艺卿（绍翰）先生授经学，魏仲车

1908 年宁波府中学堂师生合影，背景为当年孙中山先生来校演讲的讲堂

1916 年省立四中第八届毕业式师生合影

（友枋）先生授国文，凌公锐先生授史地，叶德之表兄授算学，胡可庄先生授英文，石井信五郎先生授博物、理化、图画、体操；教师人才亦颇整齐”。当时的同学有“鄞县卓葆亭、蔡增佑，镇海沈养厚、刘宗镐，余姚毛汶泉，同邑洪承祁、沈炳延、赵西官（之徐）诸君”。陈布雷入校才两个月，却因一场新旧学生的冲突风波而退学。事件大致是因陈布雷一封致上海复旦公学就读的洪君苓的信引起，信中陈布雷批评了学校旧派同学生活腐败、学校体制僵化的问题等，同学刘宗镐将私信取出，拿给旧派同学看，引起旧派同学的不满。陈布雷将信投寄于学校邮箱，旧派同学闻讯后，私开投信箱，取出陈布雷的信件，并以之作为依据，要求学校开除陈布雷。这一举动引起新录取的学生不满，上书学堂监督关维震，说如果斥退陈布雷，则签名的新同学全体退学。关维震以陈布雷轻动笔墨，破坏同学名誉，牌示记大过两次；而冯君木等众多老师认为处罚过当。但旧派同学对学校处理仍不满意，坚持要让陈布雷退学。事件从而演变为学堂的风潮，最终以陈布雷自动退学而终。从该事件可以看出，在当时的中学堂中文化驳杂，有代表传统士绅子弟的，也有代表维新变革的，无论学生与教师，有时还有着较大的冲突。但正是在这些冲突中，宁波年轻的学堂举步向前。

关维震先生是杭州人，是一位有功于近代宁波教育的著名学者。曾在浙江书局工作多年，博览群书，饱谙经史，后到慈城任训导近 20 年。在他任训导期间，慈溪教育得到了较大发展。1902 年，关维震与陈屺怀、冯君木等发起，在慈湖书院原址上创立慈湖中学堂。1904 年 1 月《奏定学堂章程》公布后，慈溪先后创办了近 30 所学堂，其中慈城就有官立高等小学堂、中城、藕田和东城女校等。1904 年，关维震担任慈湖中学堂监堂。1906 年，应宁波知府喻庶三之聘，关维震任宁波府中学堂的监督，并升任教谕。陈布雷正是因为关维震受聘为府中监督，听从堂兄陈屺怀的意见，到宁波中学堂求学。辛亥革命后，关维震赴北京，曾任教育部社会教育司主事、京师图书馆分馆主任。关维震在宁波中学堂时的学生有 1927 年至 1930 年担任宁波市长的罗惠侨，罗惠侨是首批庚子赔款留学生，美国麻省理工学院造船专业博士毕业；我国早期启蒙思想家、教育家范寿康，

省立四中测量实习

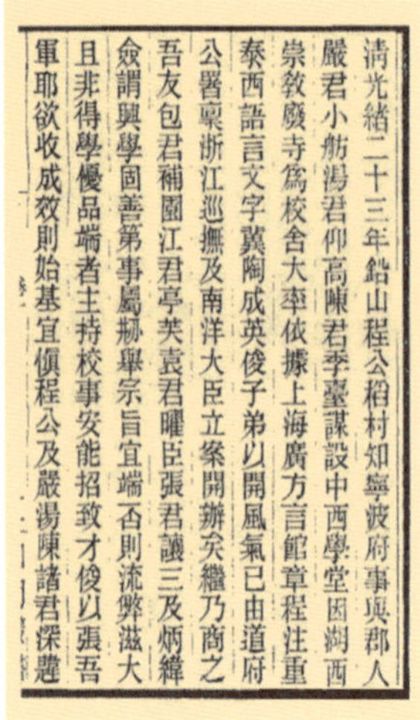

清光緒二十三年鉛山程公稻村知寧波府事與郡人嚴君小舫湯君仰高陳君季臺謀設中西學堂因湖西崇教廢寺爲校舍大率依據上海廣方言館章程注重泰西語言文字冀陶成英俊子弟以開風氣已由道府公署稟浙江巡撫及南洋大臣立案開辦矣繼乃商之吾友包君補園江君亭芙袁君曜臣張君讓三及炳緯僉謂與學固善第事屬剏舉宗旨宜端否則流弊滋大且非得學優品端者主持校事安能招致才俊以張吾軍耶欲收成效則始基宜慎程公及嚴湯陳諸君深韙

盛炳纬《养园剩稿》书影

日本东京大学哲学硕士，1927 年任春晖中学校长；陈布雷三弟陈训懋；1927 年至 1949 年任效实中学校长的冯度；效实“五老”之一的杨仲未等。

1913 年，宁波中学堂改为省立第四中学。这一时期，学校也培养了众多人才，如中国甲壳动物研究的奠基人之一日本东京帝国大学博士董聿茂，中国地理学家、历史学家张其昀等。当时校长为鄞县人励建侯。励建侯，1893 年中秀才，1902 年中举人，后出任宁波教育会评议员，鄞县劝学所总董等；曾参与宁波辛亥光复，出任保安会干事，宁波军分府参议员，之后任四中校长。1916 年 8 月，由他与浙江省省长吕公望出面邀请孙中山先生来浙江考察。孙中山与宁波帮有着深厚的友谊，与赵家蕃、赵家艺兄弟和旅日宁波商人吴锦堂等人交往更是非同一般，这些宁波帮商人为支持孙中山不惜变卖家产，倾力以助。8 月 22 日，在胡汉民等陪同下，孙中山到宁波访问。当天下午两点，孙中山在省立四中举行的宁波各界欢迎会上发表演说。在演说中，孙中山表达对宁波帮的诚挚敬意：“查甬地开埠在广东之后，而风气之开更不在粤省之下。且凡吾国各埠，莫不有甬人事业，即欧洲各国，亦多甬商足迹，其能力之大，固可首屈一指也。”并对宁波寄予厚望，“故兄弟今日之所望于宁波者，以宁波既有此土地，有此资力，苟能积极经营，奋发自强，即不难成为中国第二之上海，为中国自己经营模范之上海。是在诸君子勉为之耳。”当夜，孙中山即宿于四中校内。次日，孙中山到竹洲女子师范学校参观，并登上天封塔。中午，在后乐园（今中山公园）内参加宁波各界代表公宴，即今逸仙楼。下午，考察江北岸的宁波工业学校及附属工厂后，乘“建康”舰赴象山港视察。

省立第四中学于1923年合并省立第四师范，即创办于1905年的宁波府师范学堂。1923年8月，上虞驿亭人，著名的民主主义教育家，具有远见的政治家，也是一位富有才华的金石书画家经亨颐出任校长。经亨颐先生毕业于日本东京高等师范，回国后曾任北京女师大教务长。后在浙江第一师范先后任教务长、校长达十三年，因为他的领导，浙一师人才辈出，成为浙江新文化运动的发祥地。1920年，经亨颐回上虞创办春晖中学；1923年起，身兼两校校长，奔波于上虞、宁波两地。经亨颐带来了省立四中全新的风气。之前四中教师多为甬籍，多科举出身，有满腹经纶者，但多思想封建保守。经亨颐所聘多思想进步、学有专长之师，有夏丏尊、朱自清、方光焘、刘延陵、钱南杨、许杰、杜天縻、刘质平、吴梦非、谢似颜、赵廷为、李宗武、郑鹤春、刘叔琴、孙倬人等，不少为五四新文化运动的干将。当然，他对优秀的甬籍教师也不排斥，如聘杨菊庭教英、算，蔡芝卿教地理，施象衡教史地，蔡曾祜教数学，戴轩臣教化学等。不少名人应经亨颐邀请到学校讲学，如胡汉民、戴季陶、吴稚晖、恽代英、杨贤江、施存统、陈望道、沈仲九等。当时正为大革命的高潮时期，四中成了宁波市青年运动的先锋。四中还在这时成为早期中国共产党活动的重要地方，以汪子望为核心的四中党支部一时成为宁属各支部最活跃的一个党组织，著名的成员有卓兰芳、陈国咏、沙文汉等。

1933年8月省立四中改名为浙江省立宁波中学。1937年，为保存教育力量与确保师生安全，学校转辗迁移内地。建国后，更名为宁波市第一中学。1951年春，第一位获得诺贝尔科学奖项的中国本土科学家、第一位获得诺贝尔生理医学奖的华人科学家屠呦呦从这个中学高中毕业。1988年，学校复名为宁波中学。

三、书院巷翁氏：一门三院士

在雪汀的书院巷是与柳汀街平行的一条小巷，东接偃月街，南望华侨豪生大酒店，因清代时原有月湖书院而得名。书院巷11号是一幢中西合璧的建筑，是我国著名地质学家翁文灏的故居。翁氏是海曙高桥镇石塘村的望族，始祖据传是原籍福建的忠烈之士，曾参与明末将领张苍水的抗清义军，兵败后在石塘村隐居。家族起于翁文灏高祖翁开明，他在乾隆时期以酱醋、酒米等杂货贸易为基础，创造了一定规模的产业，还将裕大酱园和酒米铺开到了上海。曾祖翁景和是一个商业奇才，1853年前后，在上海开办大丰洋布店，专营英、美进口洋布批发，为清末国内最早的进口棉布批发字号，后来独家包销英国进口的“蓝团龙”漂布，利润高达10万两白银，“大丰”成了上海滩洋布业的头块招牌，也是近代上海开发初期颇为重要的商号之一。他还在上海开设长丰绸庄，在杭州开办打锡箔厂，在天津开设乌木作坊，在衢州创立上和南货店，在宁波办起了宝大北船号和宝凤银楼，缔造了商业集团，成为早期“宁波帮”的重要代表人物。

翁景和的下一代却走了传统科举道路，生于清咸丰年间的祖父翁运高16岁中举人，26岁时被授予内阁中书之职。之后，翁运高将大丰洋布店出让。翁家的经济实力也在此时开始滑坡，到父亲翁传洙这一代，已经到了“吃老本”的境地。翁传洙对西方格致新学的兴趣远远超过八股文章，曾购一洋式小火轮从上海开到宁波玩乐。翁文灏1889年出生，当时祖父已经去世。其6岁开始读书，后石塘村老家遭到抢劫，举家迁到江北岸暂住。当时的江北岸，为“外人居留区”，后迁到月湖大书院巷。

翁文灏幼年聪慧，1902年，年仅13岁便考取秀才，准备乡试。但是1905年，清政府宣布永久废除科举。与旧式学子涕泪长流不同，年轻的翁文灏毫不在意这一进身仕途的截断，而是进入了新式的洋学堂，考上了上海震旦学院。两年预科之后，应浙江省留学考试，于1909年考入比利时的鲁汶大学，就读地质岩石学专业。1913年，以最优等论文获取博士

雪汀翁文灏故居

学位回归故里，成为“中国历史上第一位地质学博士”。不久，翁文灏离开宁波，前往北京工商部地质研究所任教，培养出了谢家荣、叶良辅、谭锡畴、李学清等众多优秀地质人才。

在现代，地质学界的几位科学家是十分令人刮目相看的，如丁文江、李四光等，他们都有超强的治世之才，更有精湛的技术水平。1916年，原国家工商农林两部合并为农商部，创立地质调查所，丁文江任所长，翁文灏任矿产股长，丁、翁二人在位期间地质调查所取得了非常突出的成绩。

国民党南京政府成立后，推行专家治国，1932年春天，由钱昌照推荐，翁文灏作为若干专家学者之一，赴庐山为蒋介石讲学。他忠厚诚笃，从地质学角度讲国家建设，加之为宁波同乡，得到了蒋介石的赏识，蒋当即邀请翁出任新成立的国防设计委员会秘书长。这是一个秘密机构，不挂牌，一切活动都不公开，主要工作是普查工业经济、人口土地及食粮、专门人才等，为国家政策提供参谋。委员都是当时社会各方面的贤达之士：胡适、丁文江、傅斯年、蒋廷黼、何廉、陶孟和、王世杰、周鲠生、钱端升、吴鼎昌等。翁文灏再三推辞而不得，最后由钱昌照出任副秘书长，在南京执行常务，而翁文灏挂一个虚名，仍然回北平主持地质调查所。不久，南京政府又任命他为教育部长，翁文灏借口“丁忧”，为继母守孝而坚辞不就。翁文灏是月湖新型知识分子的典型代表，这类知识分子将意趣投向了传统文史研究之外的理工科，在严复《天演论》等著作影响下，树立了教育与科技救国的理想。前一代留日学生造就了许多革命人才，而留欧美的学习方向多为自然科学。这一代“五四”知识分子，不再像传统士大夫那样，把自己的安身立命完全寄托于狭隘仕途，他们的专业关怀同样具有救国救民的功能，可以作为安身立命之所在。当然，这代知识分子也有着极为深厚的传统文化素养。翁文灏著有《人类进化史纲》和《中国古代史新研》。作为前清秀才，他将旧体诗创作作为抒写人生、排遣情绪的重要方式，写作了大量诗词，保留至今的仍有3000多首，著有《翁文灏诗集》。

或者说，在这个时代，知识的性质已经发生根本性变革。在过去，知识分子的最高

翁文灏

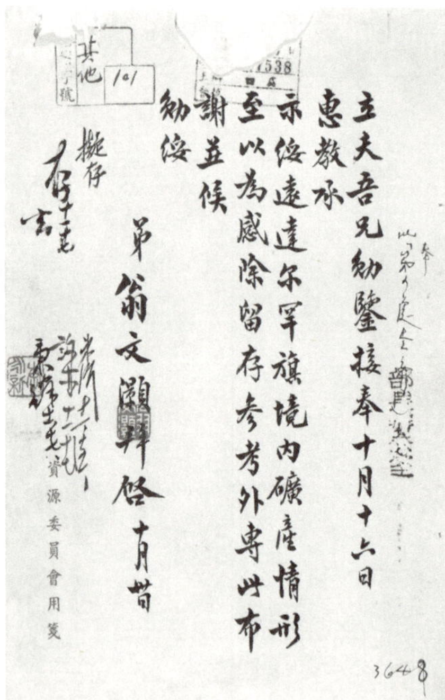

立夫吾兄勋鉴：接奉十月十六日
惠教，承
示绥远达尔罕旗境内矿产情形，至以为感，除留存参考外，专此布谢，并候
勋绥
弟 翁文灏拜启 十月廿
资源委员会用笺

翁文灏手迹

理想是充当帝师王佐，他们主要关注的不是知识的不断扩展与持续创新，而是通过释经解经，维护传统社会的宗法制度和封建伦理、道德规范；他们拥有传统的政治权力和文化解释权，视工商与科技为末流。而在遭受西方坚船利炮的冲击之后，在经受中西文化的碰撞中，知识分子认识到了传统文化的不足，对社会进行批判和改良成为整个知识阶层的共识。先是有洋务知识分子，向西方学习近代工业和科学技术的思想，并在少数进步人士的倡导下，发展为一种普遍性的社会思潮，严信厚等人可谓代表性人物。后有维新知识分子，抨击洋务派仅限于器物层的“中体西用”，主张大力引进西方先进政治制度，进化论、民权论、宪政政论等一时成为时代热点，并把发展工商业提到了富强国家和抵抗外侮的高度，张美翊等人可谓代表性人物。再后是革命知识分子，他们通过创办报刊、拟定文章、讲学学堂，大力宣传革命思想，提倡重塑国民爱国精神，陈训正等人可谓代表性人物。这三类知识分子互相交织在清末民初的几十年间，并以狂风暴雨式的运动，冲击与震撼着时代，成为其后知识分子人生之途选择的范式。他们的文化创造标志着近代中国的文化自觉；他们的共同特点是价值观念已经发生转变，功名意识日益淡薄，更加关注历史转型中涌动不息的现实，将自己的知识优势和社会的需要联系起来，部分人开始了职业转型。作为传统体制与文化的批判者，以及将科技与实业视为核心力量的一代，他们已经不是传统意义上的士大夫，而是新型知识分子。而翁文灏一代，经历了辛亥革命、北洋军阀混战与新文化运动，他们对自己的认识和主张更为清晰。

近代中国特殊的历史环境和社会性质，决定了他们的文化探索必然与社会政治变革紧密地联系在一起。作为科学家，翁文灏是中国第一本地质学讲义的编写者、第一部矿产志的撰写者、第一张着色全国地质图的编制者、第一位考察地震灾害并出版地震专著的学者、第一位系统研究中国山脉的学者、燕山运动及与之有关的岩浆活动和金属矿床形成理论的首创者、第一个油田开发的组织领导者，他还参与了周口店中国第一个猿人头盖骨化石的发掘，担任清华大学代理校长等。他的专著极多，如《中国矿产志略》《中国地史浅说》《中国地质构造对地震区分布之影响》《中国山脉考》《中国的人口分布与土地利用》《中国东部中生代以来之地壳运动及火山活动》等等。这是一个百废待兴的时代，重新认识中国、规划中国的时代，翁文灏怀救国之梦，克服薪俸常欠、研究经费严重欠缺的困难，取得了令中外学术界震惊的成绩。这些著作，与他一生的藏书，在其去世后，连同一生的积蓄都上交了国家。

翁文波

但是一个无意于仕进的科学家，却因各种原因，弃学从政，其中蒋介石在其车祸中的救助之恩，是促其转变的重要原因。1935年10月，翁文灏被蒋介石任命为行政院秘书长，正式从政。他确实是一位工作极为高效、有道德感召力的官员。他的躬行敦厚、极尽职责，受到了同事们的尊敬与钦佩，赢得了清官和能吏之名。他始终保持书生本色，不贪不占，是少有的清廉正直之士。作为抗战时期大后方工矿建设的最高主持人，翁文灏多方筹措，完成了大部分的厂矿内迁。大后方工矿企业从无到有，为抗战提供了可靠的物质力量。1938年，翁文灏出任经济部长，着力解决军需民用问题。其以清贫忧劳为乐的情操，影响了整个部门，与国民政府其他部门相比，显得纯洁而业绩显著，以玉门油矿开发为代表的国营工矿业在后方得到了长足发展。1945年，日本宣布投降后，蒋介石委派

翁心植

翁文灏负责战后接收事宜。后来，翁文灏五次上书蒋介石，欲"退而研学"，蒋介石同意他辞去经济部长兼资源委员会主任职务，但仍留他担任行政院副院长。1948 年，蒋介石"行宪"后，任其为首任行政院院长，出面组阁，但是翁内阁仅仅存在了六个月零两天，就因币制改革失败而结束。翁文灏不顾蒋的再三挽留，辞去了行政院院长的职务。初居香港，后移居法国巴黎。1951 年，经毛泽东、周恩来邀请回国，曾任中国人民政协第二届、第三届全国委员会委员等职。

翁文灏有四子，在抗战时期，国民党众多达官贵人把孩子送到国外，而翁文灏有三个儿子从军上前线。二儿子翁心瀚（1917 ~ 1944）为国民党空军机师，在云南打击日军时油尽坠亡，翁文灏以"人生自古皆在死，死为邦家亦足荣"告慰儿子。大儿子翁心源（1912 ~ 1970）1934 年以总评第一的成绩毕业于唐山交通大学土木系，投入粤汉、湘桂等铁路的修建，后因日本入侵而被迫中断。抗战时期，发展石油工业成为当时最迫切的任务，因父亲要求，翁心源来到 1941 年 3 月成立的甘肃油矿局工作，那里生活极为艰苦。因为玉门油矿地处西北荒原，交通极为不便，管道运输成为石油开发中的重要组成部分，于是他选定了石油管道运输专业，经考试选拔派往美国学习。1943 年，翁心源写成专著《油管工程》，论述了油管工程理论与应用，此为中国油管工程研究的开山之作。1944 年，翁心源回国，携夫人和两个年幼的女儿，坐卡车长途跋涉到了玉门油矿，主持修建中国第一条输油管道，由此被人们称为"中国输油第一人"。1950 年，翁心源被任命为石油管理总局计划处处长，其间参与了我国第一个五年计划的制订。1955 年石油工业部成立后，他担任基建司总工程师，先后组织了多项油气长输管道储运工程以及新建炼油厂等国家重点工程。1960 年，参加大庆石油会战。在"文化大革命"中受到冲击去世。

翁文灏父子如此，翁文灏的堂弟翁文波（1912 ~ 1994）—— 翁厚甫之子，也是杰出的理学人才。翁文波由效实中学考入清华大学物理系，后赴英在伦敦大学专攻地球物理勘探，以设计制造的"重力探矿仪"获得博士学位。翁文波冒着生命危险辗转回到祖国，在重庆中央大学担任物理

系教授，开设了我国第一个地球物理课程，因时年只有 27 岁，故被人们称为“娃娃教授”。翁文波还开设了应用物理的选修课，童宪章、李德生等一批学生选择了这个专业。后来，这些学生都成了中国科学院院士。1940 年，沿海广大地域都被日军占领，“洋油”进口困难，国民政府内迁，能源问题非常紧张，有“一滴油，一滴血”之说。翁文波听从翁文灏的建议，赴玉门老君庙油矿，开始了野外石油物探、电测的艰苦工作。翁文波把自己研制的重力仪和电测仪应用于玉门石油勘探中，开创了我国运用地球物理探矿法进行石油勘探的先河。1950 年，撰写巨著《中国石油资源》，系统地总结已知的油气田和有油气显示地带与煤炭变质的关系。1958 年冬，翁文波作为石油部勘探局总工程师，带队进驻松辽盆地。仅一年，大庆油田诞生，喷出工业油流，翁文波因此荣获国家自然科学一等奖。1966 年，河北邢台发生大地震后，翁文波接受周恩来总理指示，转而研究地震预测学。1984 年，翁文波出版《预测论基础》，提出“醉汉游走”“翁氏猜

月岛院士林

想”“可公度性”等理论，先后做过252次各类天灾的预测，被人们誉为一代“天灾预测宗师”。

王志明先生编著的《翁家石油传奇》一书中，详细记录了翁文灏、翁文波、翁心源这三位对中国石油工业有着深远影响的翁氏家族人物，他们个人的历史，也成为中国早期石油工业发展史的重要组成部分。如翁氏家族参与开发的玉门油田，既保证了军事的需要，又基本满足了后方交通运输及其他方面的需求，为抗日战争做出了特殊贡献。后来中国从事石油行业的技术人员和工人很多就是从玉门油田出来的，如王进喜。玉门后来成了中国石油工业的一个技术和人才基地。他们的人生经历可以说是波澜壮阔、跌宕起伏，但作为科学家，他们都怀揣着为祖国富强、民族振兴的梦想而奋斗终生。他们实事求是的科学态度、创新创造的精神风貌、敏锐的洞察力和开阔的职业视野都是值得现代人研究和学习的。

翁文灏是原中央研究院院士，翁文波是现中国科学院院士。而他们的侄子翁心植（1919 ~ 2012）则是中国工程院院士，他在普通内科、寄生虫病、心血管病和呼吸系统疾病等诸领域均有创造性贡献。他发现和诊断了国内首例高雪病；在国内第一个总结了白塞病的内科临床表现；创建了肝吸虫病抗原简易制备方法；组织进行了中国人体温调查，确定了中国人正常体温范围；在国际上首次发现雄性激素水平低下是老年男性罹患冠心病的独立危险因素；等等。翁心植是我国医学界公认的继张孝骞之后、在内科界博与深兼备的最负盛名的医学专家。翁心植还在国内率先倡导控烟工作，被称为“中国控烟之父”。

以翁文灏为中心，我们看到一个商仕并举的封建大家族，在时代洪流中，因为救国之梦的激励，转型为崇尚先进科学文化的现代科技人才之家。翁氏家族的转变象征着月湖文化取向的与时俱进，这些科学文化现代家族的出现，是宁波主动参与中国近代化、现代化进程的真实写照。院士作为新型知识分子的顶尖群体，是集中显现着新的文化力量的标志性符号。从某种意义上说，一门三院士的荣耀，并不少于月湖畔曾经风光无限的进士家族。院士与进士都是文化的生产者和创造者、文化的载体与传播者，承担人类传递知识的社会责任，都是精英中的精英。而百余年来，新型的知识分子与权力开始疏远，并逐渐走向边缘化，但他们打破了原先那种封闭、僵化的知识结构，不再依靠皇帝的赐俸赐禄生活，而是依靠自己的知识与技术谋生，凭借自身具备的知识文化优势，直接参与社会变革；摆脱了科举制度束缚的他们，比起传统士大夫，更能够比较自由地主宰自己的命运。尽管他们的研究工作大多局限于图书馆、实验室之内，但其学术思想、技术水平却位于时代前沿，他们以卓越的学术水平服务于社会，从而推动甚至引领着人类历史前进的潮流。

而从全国范围来看，院士与进士的区域分布，仍然有着某种重叠性。月湖依然是中国知识分子的重要发源地，这也是月湖的文化自豪所在。

菊花洲卢宅

四、卢宅与蒋宅

在菊花洲的诸栋院落中，北面宝奎巷一带是南宋史氏故迹与高丽使馆，往南主要是大方岳第、卢宅与蒋宅。卢宅与蒋宅都是近代作品，基本保持了江南传统二层楼的三合院或四合院形式，保持着正当规整的客堂，楼上有安静的内室，还有习惯中常见的两厢，但山墙带有明显的巴洛克风格，大门即典型的中西合璧的石库门，门框即是宁波人最喜欢用的鄞县梅园红石。石库门建筑产生于19世纪中期的宁波，鼎盛于20世纪20年代，一度占据了当时民居建筑的一半以上。因为汉语中把围束的圈叫作“箍”，如“箍桶”、“袖箍”（即袖标），所以这种用石条围束门的建筑被叫作“石箍门”，宁波人“箍”字的发音和“库”相似，所以“石箍门”就讹作“石库门”了。这两栋院落都是见证宁波辛亥革命前后大变迁的重要历史建筑。

卢宅为卢洪昶所建，坐北朝南，中轴线上有正房、后院及两厢房。卢洪昶，鄞县人，原来姓戎，9岁时为同里卢氏养子，于是改为卢姓。14岁至杭州进纺织厂，后到上海从事航运，为轮船副理。在中日甲午战争（1894年）时，船被政府征用，卢洪昶在渤海、辽东之间运输军备，多次以奇计脱险，获得声望。由此，盛宣怀邀请他参与了汉阳铁厂等官办企业的经营与管理，之后又管理船政，担任汉口商务总会首任总理，从此与达官显贵相识。卢洪昶对宁波的历史贡献在于他揭开了宁绍两地堕民脱籍的序幕。宁绍地区的堕民与安徽依附于大家族的佃仆、北方为官府服役的乐户等一样，是被人歧视的区域化贱民。堕民起源众多，或谓被元推翻的赵宋后裔，或谓被明推翻的元朝蒙古贵族后裔，他们不能与传统士、农、工、商四民通婚杂居，也不准入学科考捐官，只能世代从事抬轿、理发、演戏等贱业，在四民的四时八节、红白喜事时，以讨各种彩头为名目讨取赏物、赏钱为生。当时与卢洪昶一起奔走于官宦之门的有绍兴人黄补臣等地方绅士，后由农商部以专本具奏宁绍两地堕民脱籍，光绪三十年（1904），颁旨准奏。卢洪昶还在陈训正协力下，在宁波创办了育德初等农工学校、育德小学，在绍兴创办同仁小学，招收脱籍子弟，自兼教职。他的义举被时人比为美国林肯的解放黑奴。林端甫在写《宁波光复回忆》时说："我写辛亥革命宁波光复，必须先写育德初等农工学堂。"是育德初等农工学堂点燃了宁波辛亥革命的火种。1912年，返乡的京师大学堂教授何育杰、两江师范教授叶秉良提议在宁波创办新学，在陈训正、赵家荪、赵家艺、李镜第等人的支持下，以育德初等农工学堂为基础建成了效实中学。

关于辛亥革命，宁波有"卢成章单骑克宁波"的说法。卢成章是卢洪昶之子，同盟会会员，留学英国谢菲尔德大学。辛亥革命爆发时，卢成章正在瑞典考察钢铁生产，突然接到指示，经西伯利亚匆匆回国，10月15日抵达北京；在陈训正催召下，于11月5日抵达宁波。当时当地驻军迫于大势所趋，都已倒向革命，在范贤方、赵家艺、陈训正等人主持下，宁波成立宁波保安会。11月5日，保安会举行第一次会议，同盟会会员也参加，一早抵达宁波的卢成章，刚好赶上这个重要会议。会议上，范贤方等想要先发制人，主张立即宣告独立，但也有不少人反对，而代表清政府当地驻军的刘洵等人默不作声，似有所伺。卢成章见情况不妙，于是向陈训正示意后，先自退席。卢成章急忙赶到卢洪昶创设的育德初等农工学堂，召集所教学生一百数十人，自乘一白马为先导，学生臂缠白布，手拿“保商安民”旗子，高喊“革命军来了”，涌到东渡门。民团司令林端甫闻到消息，急忙带领民团队长、团丁出城会合。老百姓不明实情，都纷纷缠扎白布，竖起白旗表示响应，顷刻之间全城街巷都挂满白旗。卢成章又占据电报局，将诡称杭州光复的电报送到保安会会议现场。在这一电报的鼓动下，范贤方、魏炯等指挥尚武会会员及民团、商团千余人冲入道署。保安会后又重新集会，以保安会名义发出安民告示，同时宣布宁波光复。随后成立宁波军政分府，并设军事委员会。会议推举刘洵为都督，常荣清为副都督，马志勋为参谋总长，赵家艺为参谋部长，魏炯为民团总长，皆为军委会委员。分府下设民政、财政、执法、总务、外交（交通）等五个部，卢成章任外交兼交通部长。至此大局已成。

杭州也是当天光复。此后 20 多天中，浙江全省 11 座府城全部实现光复，归附于共和旗帜之下。除杭州有一些战斗外，其余府县基本上都是以平静的方式完成，“不费枪弹”，“兵不血刃，民不驿骚”。改天换地式的革命最终迅速而顺利地结束，与民众觉悟有关。长期以来，新学说、新知识的启蒙，庚子年以后更为严重的民族生存危机的刺激，以及 1907 年卷裹广大底层民众的浙江拒款保路运动的开展等，使民众理解、接受、支持革命。杭州、上海等地光复后，组成 3000 余人的江浙联军，攻下南京。革命形势顿时扭转，南京立刻替代武昌成为新的革命中心，为革命党人建立全国性的临时政府奠定了基础。而在杭州、上海两地光复中，宁波人成为最主要的力量之一。杭州光复由宁海人童保暄为临时总指挥，蒋介石受上海的陈其美委托，组织以奉化栖凤帮渔民为主的“先锋敢死队”。上海光复中，虞洽卿、朱葆三、李征五等“宁波帮”人士起到了重要作用。孙中山常说：“没有留学生，就没有辛亥革命。”鸦片战争以来，宁波先后有逾百留学生去美洲、欧洲国家以及日本；20 世纪初，宁波留学生成倍增加，以留日为最多。这些留学生，在国外拓宽了视野，获得一技之长，并竭力报效祖国，在辛亥光复中做出了出色的贡献。范贤方即为官派日本留学生，陈训正曾赴日本访求科学图书仪器，而卢成章为英国留学生。

卢成章在关键时刻当机立断的非常之举，在宁波光复中发挥了重大作用。当时臂缠白布与杭州在11月4日晚举行攻城计划时以白布为号有关，白色也成为浙江光复的标志颜色。卢成章担任外交部长后，曾组织新年招待会向在甬外国人士介绍军政府政策。1912年3月，卢成章搭“江天”轮离甬经沪去武汉，就任汉阳钢铁厂工程师。不久，卸职抵沪，从事商业活动。卢洪昶在辛亥时任汉口商务总会首届总理、汉口交通银行经理。当时富豪纷纷从银行提款汇解北方各商埠，有人指责他私通清政府，隐匿资金，破坏革命，引起汉口银行界对卢洪昶的攻击。卢洪昶百口难辩，幸而传来光复宁波的发难人为其长子卢成章和其所创办的育德学堂的子弟，群言始息。受此无妄谤毁，卢洪昶回到浙江，在月湖边建楼，卢宅自署有“极乐阁”横匾。

蒋宅的主人不是蒋介石，而是蒋介石的兄长蒋介卿。蒋介卿（1875 ~ 1936）是蒋介石的同父异母兄长，这栋院落是蒋介卿任浙江海关监督时建造的住宅，当时是在九曲巷一带。关于九曲巷，老宁波有句民谣，说“八角楼下小鬼多，九曲巷弄赤佬多”，“赤佬”在宁波话中是“坏人、坏东西”之义。蒋介卿相对有些“赤佬”的感觉，品性不良。这点蒋介石也常有微言，他在1921年所写《哭母文》中说：“先考中殂，家难频作……内弥阋墙之祸，外御横逆之侮……”其中“阋墙之祸”是隐指蒋介石父亲去世第二年，寡母幼弟、极需长子支撑门庭之时，蒋介卿提出分家；析产后，玉泰盐铺归介卿，丰镐三间老屋和20余亩田地、周坑岙竹山归王氏母子。在蒋介石日记中也有“彼顽固性成，一味谬执，致母亲叹恨不已。此人不可以感化，惟有怨命苦耳”之句。

1918年，蒋介石任粤军总司令部作战科主任、第二支队司令，与孙中山和广东省省长陈炯明关系密切。因这层关系，1921年4月，蒋介卿被广东省长公署政务厅长古应芬推荐任海南琼州文昌县知事，未及上任，又调署广东英德县知事。蒋介卿上任不到半年，便返回奉化，原因是贪污渎职，“亏欠公帑陆千元”。上司看在蒋介石面上，放了介卿，但介卿带去的

菊花洲蒋宅

会计竺阿昌被新任知事扣留。1927 年 12 月 1 日，蒋介石在上海大华饭店与宋美龄结婚。宋美龄初次会见这位大哥，不了解其为人和能力，一听说他赋闲在家，就介绍他一个肥缺，出任浙江海关监督，管辖镇海、象山、慈溪、海门等 13 个常关。蒋介卿于 1928 年上任，但旧性不改，利用职位营私，中饱私囊。九曲巷的住宅，中西结合，以铁花栏杆等为装饰，极为考究，在这里他纳妓女程爱卿为妾，花天酒地，纵情享乐。一年后，又纳柯姓妓女，闹得满城风雨。蒋介石怕这样下去，有碍自己政誉，让曾任黄埔军校教育长的镇海贵驷人刘灏接任浙江海关监督，蒋介卿只好卸职归里。蒋介卿怕刘灏查账，面也不见，让其亲信忻葭昌整理公事账册，草草办理移交。刘灏明知账目有问题，也未加追究。蒋介卿卸任之后，保留了一个省府委员的头衔。后来宋美龄曾想叫他做上海江海关监督，蒋介石怕他再出纰漏，加以阻止。从此，介卿再也没有出仕为官，一直终老家乡。

这就是在民国显赫一时的蒋氏家族在月湖留下的一段痕迹。其实，蒋氏与月湖极有渊源。蒋氏是唐初从浙江天台移居奉化。五代时，蒋显

镇明路金宅

出任四明监盐官，住在宁波城内的采莲桥，其后代文人蔚起，成为甬上望族。蒋浚明曾做过金紫光禄大夫，住宁波金紫巷。据陈布雷考证，金紫巷即宁波盛园白水巷。如果正月初一居住溪口，蒋介石常至白水巷祭祖。元代，蒋浚明后裔蒋仕杰迁居奉化武岭，为蒋介石之先祖。1936 年 12 月，有一日，蒋介卿在溪口武山庙看戏，当时有人报知西安事变，蒋介石被扣，素有心脏病的蒋介卿一下子脸色大变，回家后病倒在床，不久去世。第二年 4 月，蒋介石为兄长主持了葬仪，国民党众多大员前来吊唁，武岭学校童子军全部出动，上街维持秩序。蒋介石为他的长兄争足了最后的“面子”。

月湖周边还有几幢漂亮的石库门建筑，一幢是镇明路镇明巷 21 号金宅。金宅主人为金廷荪，兄弟五人中排行第三，后混迹上海，与杜月笙同为黄金荣身边的心腹大将，人称“金牙齿阿三”。金廷荪是黄公馆中唯一的“理财家”，手中掌握着一批上海的工商企业，黄金荣隐居幕后之后，将黄金大戏院、大舞台、老共舞台、共舞台等戏院交与他经营。金廷荪的产业涉及医院、金融、纺织、五金等，曾和杜月笙合股开设中汇银行，并于 1934 年当选为浙东商业银行首任董事长，也称得上是当年的“海上闻人”。这一栋洋房现为宁波市老干部活动中心。再如位于月湖东岸三支街南端

三支街朱宅—邹宅

盛园杨坊故居

的朱宅—邹宅，由三幢并列的独立院落所组成。拼用同一外围墙，上有三道西式石库门，各通院落；正中的石库门门楣部分的浮雕做工极为考究，巴洛克风格浓郁。有些用了一些西式建筑的元素，比如青石巷的刘延寿堂有石库门的墙门。这一住宅的主人是民国时宁波城市规模最大的百货店“一言堂”的老板。三支街的吴氏支祠观音兜山墙带有些巴洛克风格，这是光绪三十一年(1905)宁波商会首任会长吴葭牕的家祠，建于1926年，现为宁波棋院。当然，并不是所有的新式商人都住西式建筑。比如中营巷8号的赵宅，主人为20世纪20年代宁波妇孺皆知的金融家严康懋的女婿赵来官。当时，宁波街头流行有顺口溜(十字歌)：“一言堂百货多，二(严)康懋钞票多，三法卿木器多，四明药房药片多……”严康懋1878年出生在鄞县钟公庙乡，在宁波开有泰源、鼎恒等四家“大同行”，在从英商手中赎回新江桥主权以及建筑灵桥上有重要贡献。再如位于月湖盛园的杨坊故居，整宅由台门、轿门、仪门、正房和左右厢房组成，是典型的低调内敛的宁波传统民居。杨坊是旧上海中国近代最早出现的买办之一。杨坊做过很多善事，曾出银购得卢氏“抱经楼”遗佚藏书十之八九，无偿送归卢氏；还资助《光绪志》雕刊。

马衙街

五、马衙街“五马”

月湖西区芙蓉洲与雪汀相隔一条马衙街，明初，宁波卫指挥同知马胜建衙于此，故称马衙街。马衙街南侧有水池通月湖，故又俗称马眼漕。清末时鄞州邱隘盛垫村马海曙在扬州发迹，回乡在这里建宅，而从这里走出了近代史上闻名的“五马”，成就月湖的一段民国奇闻。“五马”便是马海曙九个儿子中的五个儿子：次子马裕藻（1878 ~ 1945），四子马衡（1881 ~ 1955），五子马鑑（1883 ~ 1959），七子马准（1886 ~ 1943），九子马廉（1889 ~ 1935）。“五马”均从事人文学科研究，因同时在北京的大学教书而闻名。当时北京是新文化运动的中心舞台，北京大学在蔡元培先生“兼容并包”的办学思想指导下，名家荟萃，一时有“一钱（钱玄同）、二周（周树人、周作人）、三沈（沈士远、沈尹默、沈兼士）、五马”聚于此，这些教授都是浙江人，浙江人对民国教育这段黄金岁月的贡献可见一斑。

马氏进入宁波，始于两宋之交，始居于海曙三板桥。南宋时马家的三世祖马贤庵，曾为兵部尚书，为朝廷一品大员。其后家族衰落，散至各地居住。至明宣德年间,盛垫桥一盛姓人家因膝下有女无儿,招镇海塔峙岙马子昌入门,马子昌成为盛垫桥马家的始祖。《鄞东盛垫桥马氏宗谱》记"马氏源流系出嬴姓伯益后,赵王子奢封马服君,遂以为氏","鄞东盛垫马氏,汉伏波将军马援公后裔也。相传明代子昌公,由塔峙岙徙居盛垫桥,是为盛垫桥始祖"。盛垫桥马氏在明清时曾经繁盛,至今姓马的在村中占到一半多。至马海曙时已为一个平常的农民家庭,据传因为家道中落,马海曙一度栖居盛垫桥宗氏祠堂之中。

马海曙(1826 ~ 1895),十多岁时曾参加科举考试,均名落孙山。15岁时,宁波经历鸦片战争后,马海曙毅然决定弃文从商。在鄞县一家米店做了几年学徒后,到扬州发展,因为自身的智慧与努力,生意做得风生水起。1853年,清军为镇压太平天国起义,由钦差大臣琦善率领的万余人在扬州外围建立"江北大营",当时负责北大营的李鸿章听说马海曙在筹粮方面很有本事,找上门请求马海曙帮助解决筹粮问题,马海曙在几日之内圆满完成任务。太平天国运动失败后,筹粮有功的马海曙通过捐官,做上了一名县丞,历任江苏金坛、宝山、吴县等,后擢升为三品衔知府、同候补直隶州知州,诰授朝议大夫、赏戴蓝翎、赏换花翎。

马海曙的大儿子马裕藩(1858 ~ 1929),为侧室吴氏所生,走的是科举之路,曾在甘肃的镇原县当知县,诰授奉直大夫。其余八子为续弦李氏所生。广有见识的父亲延请年轻的维新派人士叶瀚为马裕藻、马衡、马鑑三兄弟的老师。叶瀚(1861 ~ 1936),浙江仁和县(今余杭)人,曾到日本留学,学习师范教育,担任马家家庭教师正是回国初期。其后,叶瀚曾参与张之洞等人展开的维新活动,组织中国教育会等,中华民国成立后,被蔡元培校长聘任,执教北京大学。马裕藻、马衡、马鑑三兄弟所取得的成就无疑受到叶瀚这位近代教育先驱的影响。

次子马裕藻是几个兄弟的领头人,光绪二十四年(1898),马裕藻与妻子陈德馨受新思想影响,离开宁波到上海求学,认识了蔡元培、张元济等一批进步人士,眼界大开,于是介绍马衡、马鑑到上海报考新成立的南洋公学。光绪三十一年(1905),浙江省公费选派100名学生留学日本专攻师范，马裕藻夫妇双双入选。马裕藻就读早稻田大学，后转入东京大学。陈德馨就读于日本女子大学。当时章太炎也来到日本，因其在音韵学、文字学、训诂学等方面的造诣，为留学生开设“国学讲习会”。当时听讲的除了马裕藻之外，还有钱玄同、朱希祖、许寿裳、鲁迅等，这些人后来成为“五四”前后北大文史教学的主要力量。马裕藻夫妇在日本一边读书，一边从事光复会革命活动，在宣统三年（1911）学成回国。回国后，马裕藻应邀到宁波府中学堂任校长，后又任教嘉兴府中学堂，应浙江省教育局司长沈钧儒之邀，出任“视学”、浙江省第一中学校长等。这一时期，马裕藻曾作为浙江省代表出席教育部组织的国语读音统一会，审定了“注音字母”方案，此方案1918年由北洋政府颁布施行。1913年始，马裕藻任北大国文系教授。当时北大几任校长对章太炎的浙江籍弟子比较了解，青睐有加，文科院系一时改变了由桐城派主宰的局面。也正是这批浙籍教授的提议，1917年蔡元培出任北大校长，马裕藻一直在北大教授治校中发挥作用。1937年抗战爆发后，马裕藻离开了为日寇控制的北大，断然拒绝为日寇效命。1945年，马裕藻去世。

四子马衡在清朝最后一次科举取士中考中秀才。但受维新运动影响，没有参加乡试，与兄弟马鑑同时求学于南洋公学。马衡只读了三个学期便退学了，原因是他未来的岳父叶澄衷去世，叶家要分配家产，需要他尽快完婚，马衡与叶薇卿的媒由朱葆三所做，叶澄衷亲自选定。结婚后，马衡可能是叶家唯一不受花天酒地生活影响的人，整天看书、看碑拓，因身体较弱，经常出去骑马，这就是他被北大聘为马术教员的原因。1917年，北大并入国史馆，需要增加人员，马裕藻想到马衡有志于学术，推荐其为国史编纂处征集员。刚开始，北大还只聘其为马术教员，不久他的经史、金石学的功底为人所知。1920年，北大设立金石学课程，马衡登上文学院讲台。马衡到北京后，还与北大同仁筹办孔德学校，后来由马廉主持校务。其后，马衡任北大史学系教授兼研究所国学门导师、国学门考古学研究室主任、图书馆馆长，1934年起任故宫博物院院长。马衡继承清代乾嘉学派的考据传统，又吸收现代考古学之长，善于运用史料新发现，及时开拓金石学的新领域，并利用出土材料进行史学研究，以小见大，解决了不少悬疑问题，取得了古史研究的重大突破。马衡对于青铜器研究、“居延汉简”的发现等做出了尤为重要的贡献，被誉为中国近代考古学的前驱者和奠基人之一。在马衡等人的努力下，以北大考古学研究室等团体为重要支撑，中国考古学迅速发展，展现了湮没地下数千年的灿烂的中华文化，深深地撞击着当时民众的灵魂，捍卫着民族的尊严。马衡等人的不懈努力使考古学超越了学科意义，成为当时中国学术界瞩目的焦点。

马裕藻

马衡是国宝的守护者。他与北大教授们一起呼吁阻止斯文赫定盗窃敦煌壁画；他作为指证孙殿英东陵盗宝的考古专家证人出庭，以致后来孙殿英出任北京卫戍长官时要通缉马衡；他还花钱把已经要流失海外的山西兴化寺壁画买下来，这一古壁画现留在故宫之中。任故宫博物院院长期间，在日本侵华战争时，马衡南迁故宫博物院文物，数千箱国宝在战火烽烟中，历尽艰难险阻，抗战胜利后传奇般地完璧归赵。1948 年，国民政府行政院下令将北平故宫博物院文物精品运送南京，马衡拒绝执行，还下令关闭故宫对外通道。当时，南京国民政府自感东北不保，平津也岌岌可危，于是抛出了“抢救”平津学术教育界知名人士计划，企图裹挟北平的著名专家学者南迁，既是文化单位首长又是知名学者的故宫博物院院长马衡，自然也在“抢救”之列，马衡以身体生病为由拒绝赴台。马衡

马衡

马衡手迹

还是一位书法大家，篆、隶、行、草皆能，作品具有商周金文遗韵，书风古雅，并善治印，享有盛名。继吴昌硕之后，马衡成为西泠印社社长，尽管是遥领社职，但他对抗战胜利后西泠印社活动的恢复和发展起了很大作用。1955 年，马衡去世。子女遵嘱将其所遗数十万言文稿及历年所藏 1.4 万余件（册）文物全部无偿地捐给故宫博物院。马衡之子马彦祥是中国著名戏剧导演、戏剧理论家。

五子马鑑从南洋公学毕业后，任教北平协和医学院。1925 年赴美国纽约哥伦比亚大学教育学院攻读硕士学位。1926 年至 1936 年任燕京大学国文系教授。“九一八”事变爆发后，马鑑和一批具有正义感的爱国教授如雷洁琼、郑振铎、顾颉刚、高君珊、容庚等人，组织成立“燕京大学中国教职员抗日救国会”，要求国民党政府抗日救亡。应许地山先生邀请，马鑑 1937 年至 1941 年任香港大学文学院教授，其间著名的学生有张爱玲。1942 年，香港沦陷，有人受日军司令官指使，企图拉拢马鑑。马鑑巧妙脱身，回到大陆。1942 年至 1945 年任成都燕京大学国文系教授、国文系主任，并于 1944 年至 1945 年任文学院院长。1946 后，香港大学恢复旧观，催促马鑑前去任职，马鑑举家重返香港，1946 年至 1951 年担任香港大学中文系主任。马鑑之子马蒙是香港大学教授，马临为著名科学家、教育家，1978 年至 1987 年任香港中文大学校长。马鑑一生以读书、教书、藏书为命，书房名为“老学斋”，其义指学无止境，要“做到老，学到老”，这也是爱国诗人陆放翁居室名字。举凡唐宋以来的诗、词、曲、散文以及历代名家的诗文集、笔记与小说，全都属于他收集的范围。马鑑对笔记文学情有独钟，还效法陆游辑成专门记录轶闻旧典的《老学庵笔记》。

七子马准是马氏兄弟中现存资料较少的一位。他是位民俗学家，曾在京师图书馆工作 6 年。1913 年后任北京大学教授，教授文字学和目录学。1927 年顾颉刚先生邀请他至广州中山大学负责图书馆工作。著作有《中印民间故事的比较》《关于中国风俗材料书籍的介绍》等，是近代最早研究“梁祝”文化的学者。

九子马廉是“五马”中最小的一位，他出生不久，父亲便去世。因为有兄弟做榜样，马廉自小刻苦，主要以自学成才。20 年代初，马廉来到北京，负责孔德学校事务，北大教师子女多在这里上学，孔德学校即今北京二十七中。马廉与鲁迅等有着深厚友情，1926 年 8 月，鲁迅先生南下，马廉接替鲁迅在北大讲授“中国小说史”课程。1935 年，马廉病倒在北大讲台上，英年早逝。马廉与兄弟们一样，热爱藏书，但他专力收集整理古典小说、戏曲、弹词、鼓词、俚曲等，受王国维、鲁迅等影响，致力研究明清小说戏曲，主要著作如《中国小说史》《录鬼簿新校注》《不登大雅文库书目》等。小说等过去不登大雅之堂，故称《不登大雅文库书目》。马廉书房也命名为“不登大雅之堂”，藏有 1925 年因机缘巧合收藏的清代蒙古车登巴咱尔王府散出的大宗曲本，后为北京大学图书馆购藏。

马廉对宁波的文化研究曾做出过贡献。1932 年回月湖马衙街养病，当时郑振铎、赵万里两位先生来访，三人访得天一阁散出的明抄本《录鬼簿》，连夜抄出一部副本。后来又和赵万里一起全面整理天一阁藏书。1933 年，马廉又从购得的一包残书中，发现了天一阁散出的明嘉靖刻本《六十家小说》中的宋元话本《雨窗集》《欹枕集》，后交由北平大业印书局影印出版。回乡期间，正是宁波拆毁古城墙之时，马廉在墙基中发现大量的汉晋古砖，于是每天在老城墙根寻找，觅得后装进麻袋背回家，并潜心研究，著成《鄞古砖目》一书。1933 年，宁波文化界人士筹款维修天一阁，

天一阁千晋斋

并在阁后移建尊经阁和明州碑林。马廉将自己收集的数百块古砖全部捐赠给天一阁，天一阁特辟一室储存陈列，即“千晋斋”，“晋”指其中的精品晋砖。

马氏家族以学术与品格闻名于世，之于月湖正是千年书香变革的典型写照。“五马”均以史学、考证为学术之长，与月湖浙东史学一派相承，浙东史学派近代代表人物章太炎即为马裕藻之师；而北大国学门成立之后，马裕藻、马衡等是其主要教授。他们是既有邃密旧学、又能创造新知的学者，他们的讲学生动体现了蔡元培提出的“思想自由、兼容并包”的北大新风尚，北大由此一扫原有的官僚作风和腐朽气息。从某种意义上来说，“五马”是月湖传统书香在这一时代最具代表性的表现之一。马氏家族一方面主动呼应时代变革，勇立潮头，另一方面又淡泊名利，躬身学问，表现出月湖书生崇尚的精神境界。

天一街访庐

六、紫薇街戴家与戴传曾

芙蓉洲天一巷16号，是一座清末民初时期建筑，由一三合院（清代）和西边小洋楼（民国）组成，为我国现代著名的核科学家戴传曾（1921 ~ 1990）的寓所。房子门楣上有“访庐”两字，是戴传曾的祖父戴季石所书，原为戴季石侍妾的居所，也是其读书的地方，藏有书籍2万余卷。

戴氏家族原是鄞县东钱湖陶公山戴家，后住月湖紫薇街欢喜弄口，称“紫薇街戴家”。戴季石（1860 ~ 1930），清光绪十五年（1889）举人。中举后，戴季石曾两次参加会试，均落第而归。其后潜心研究说文与古音韵学，学宗段玉裁，成为甬上著名学者。当时甬上学派以史学为重，如徐时栋、董沛等。从戴季石倡导小学音韵研究之后，学风曾为之一变。因访庐靠近天一阁，戴季石对天一阁有着较为深厚的感情，并对天一阁藏书有着独到的研究。近代文化史和藏书史研究专家、慈溪人陈登原曾因撰写《天一阁藏书考》，由他的老师，即同为竹洲女中教师的戴季石之子戴轩臣介绍，特意向戴季石求教。据陈登原所记，当时，戴季石已经60多岁，依然神采俊奕。戴季石最早提出要将天一阁“收归公有”，在《致邑绅张让三书》中表达了这样的观点，在当时立即引起了社会的关注，促使天一阁从私人藏书楼转向公共图书馆。

戴季石曾经创办崇正堂，当时与教师毛思诚要好，毛思诚即为蒋介石之师。两人个性相近，喜欢喝酒，又擅长诗作。每每在课余之时，据一桌案对饮，喝尽五壶酒之后，有时赋诗，有时弈棋，直到午夜才结束。戴季石卸职后，毛思诚也离开了崇正学校，转任金华府中学堂监督。不久，毛思诚离职回乡，在老家奉化岩头村东头开设学馆，蒋介石就是在那时成为他的学生。

戴季石子孙两代，都是新式知识分子，并与月湖边新办的新式学校有着深厚渊源。戴季石

紫薇巷

之子戴虎臣，曾任宁波效实中学总务和柳汀教育馆馆长；戴轩臣、戴尧臣均曾任职浙江省立第四中学和竹洲女中；长孙戴行运曾任教于效实中学和宁波二中；戴传曾与戴传曾的大哥戴翘曾（即戴希天）也都曾就读于效实中学，戴翘曾后来成为宁波著名的教师。戴传曾家里有八个兄弟姐妹，他是最小的儿子。戴传曾小时，每逢周六下午学校放假，都要同兄弟姐妹到欢喜巷口的紫薇街戴家老屋学习，由父亲戴轩臣亲自教学，学习表现出色，戴轩臣以文具作奖励。学习完毕，兄弟姐妹们一起戏耍；但戴传曾小时就显得不同，常常在其他小朋友玩的时候，一个人躲进书房里刻苦读书。

因为父亲是教数、理、化的老师，大哥戴翘曾是生物老师，受家庭影响，戴传曾从小对科学充满了兴趣。1938 年，戴传曾毕业于宁波效实中学，考入西南联合大学数学系，是西南联大第一届学生；二年级时便转入了物理系，当时著名的教授吴有训、周培源、王竹溪、赵忠尧、叶企孙等，都是他的老师。当时物理系人不多，一个年级只有十几名学生，40 多人住在一间茅草房里，晚上没有电灯，只能点油灯。饭厅、图书馆都在大草棚中。1939 年日机频繁轰炸，大家只得跑入山中。学生们在白天轰炸、晚上上课的日子中上下求索。戴传曾的同班同学、诺贝尔奖获得者杨振宁回忆，那时他们无休止地辩论着物理里面的种种难题，有一次争论关于量子力学中“测量”的准确定义，一直到晚上就寝后还在争论，最后从床上爬起来，点亮了蜡烛，翻看海森堡的《量子理论的物理原理》来继续辩论。

因为日寇入侵，交通断绝，戴传曾与家人失去了联系，长期靠领战区贷金和奖学金，以及做家庭教师养活自己。也正是这样艰苦的环境，坚定了戴传曾的报国之志：要以科学救国。1942 年，在吴大猷教授的指导下，戴传曾出色完成了关于用分析力学解决天体中行星运动问题的毕业论文。当时，西南联大规定经考试合格才能毕业，而且任何一科都不准补考，因而不少学生考取联大却读不到毕业。在联大接受过教育的 8000 余人中，正式毕业生只有 2522 人（不包括休学与参军者）。到 1942 年 7 月毕业时，联大物理学系最终完成学业者只有 9 人。毕业后，戴传曾在西南联大任助教，学习研究生课程；联大北迁后，又被推荐去清华大学当助教。1946 年，中英“庚款”公费留学考试在全国八大城市举行，戴传曾报考参加，约有 400 人报考物理专业，考上一、二名的可去英国，三、四名的去美国，五、六名的去法国。他以第一名的成绩去英国留学。

1947 年 8 月，戴传曾赴英国利物浦大学留学，有幸进入卡文迪许实验室，师从查德威克（J・Chadwick）教授。查德威克是一位物理学家，也是一位伟大的智者，卢瑟福的研究生，因发现中子而获得 1935 年诺贝尔奖。中子的发现既从实验方面引导了中子核反应、核裂变等现象的研究，开拓了核能利用的新时代，同时又从理论上引导了核结构与核力的研究并且解释了为什么许多化学元素会有不同原子质量的许多“同位素”存在。由此逐渐建立与发展了中子物理学这一分支，在现代物理学中意义重大。在那里，戴传曾利用回旋加速器进行了多种（d, n）反应角分布的研究，这是国际上研究削裂反应获得自旋宇称测定的首批成果之一；还研究了核乳胶的收缩因子及射程修正。1951 年，完成了《利用核乳胶进行的一些核反应的研究》的博士论文，获得了博士学位。毕业当年，戴传曾起程回国。年底，经香港到达广州，在广州参观了工业展览会；再北上，经上海到达北京，近代物理所所长钱三强亲自到火车站迎接学子归来。

进入中国科学院近代物理研究所工作后，戴传曾接过钱三强所长亲自主持的核探测器组，开始了艰苦的创业，为研制中国第一代核探测仪器而努力。当时的实验室条件极为艰苦，但戴传曾与组内同事以超人的意志与智慧，克服困难，创新了卤素盖格计数管的生产工艺，并推广到华东电子管厂批量生产。这项成果获得了 1956 年中国科学院自然科学奖三等奖。这一研究成果也为中国地质勘探、教学工作、武装防化兵、中子物理实验、核武器研制和核试验提供了必不可少的测量手段，为中国日后自主研发核武器及核反应堆奠定了基础。

接着，戴传曾又研究中子探测技术，研制出我国第一台“东风一号”中子晶体谱仪，提供了一批很好的核数据；还研制成功我国第一台中子衍射谱仪，其精度与分辨率都达到了当时国际先进水平。这两台谱仪连续可靠地使用了20多年，为中国在反应堆上开展中子物理研究和固体物理研究发挥了重要作用。1959年以后，中苏关系恶化，苏联专家相继撤走，戴传曾临时受命，担任了刚组建的稳定同位素分离研究室主任，筹建电磁分离器。经过一年多时间的努力，不仅设计制造出离子源，还制造出接收器；在1965年生产出了中国第一批稳定同位素。

1964年，因原子能科学技术的需要，戴传曾转而主要从事反应堆工程和核技术应用的实验研究；当时被任命为建造生产堆的科学顾问。北京194所成立后，戴传曾被任命为副所长，他明确分工抓科研和学术领导工作。在1965至1975年十年间，戴传曾排除“文化大革命”的种种干扰，奔波于四川的山沟与北京之间，与科技人员一起完成了核潜艇元件的辐照检验任务；参加了我国第一个大型材料热室的工艺、施工设计，为我国材料辐照实验研究开创了条件。另外，在物理方面做了模拟零功率实验，在热工方面做了流道流量测定实验，还做了一些控制方面的工作，为中国第一艘核潜艇的研制做出了重要贡献。

1978年，受原子能研究所所长王淦昌邀请，戴传曾回到原子能研究所。1979年，国家打开大门，改革开放，王淦昌所长率领中国核能代表团赴美访问。访问期间，作为代表团成员之一的戴传曾在密苏里大学看到了在他们5MW的研究堆上对单晶硅进行中子嬗变掺杂磷的技术，每年可辐照掺杂好几吨单晶硅，用在大功率整流管上。回国以后，戴传曾立即进行了可行性分析，开展这一崭新课题的研究。几个月后，中国第一批中子嬗变掺杂磷的单晶硅在戴传曾手中诞生，研究成果很快应用到可控硅和大功率整流管的生产之中，此项成果荣获了核工业部级科技进步奖二等奖。

1984年3月，在戴传曾的主导下，中国建成既安全又经济、用途广的微型中子源反应堆，此项成果获得1987年国家科技进步奖一等奖。现在微型中子源反应堆已得到商业推广，不但在国内的上海、山东、深圳建造了3座，而且分别帮助巴基斯坦、伊朗、加纳、叙利亚和尼日利亚各建造了一座。微型中子源反应堆成了中国核工业总公司的一项重要的出口创汇项目。

戴传曾从国外发展核电的经验深深体会到，要发展核电，必须把安全

戴传曾

20世纪二三十年代的效实中学实验室

放在首位。在他的努力下，中国与美国核管会建立了良好的关系。他与有关方面联系，选送技术骨干去NRC（美国核子研究委员会）、IAEA（国际原子能机构）及核电发达国家进修学习，并邀请NRC等派专家来华讲学。这些工作为中国开展核电安全研究，包括建立中国的核安全法规、开展核安全审评和核安全管理奠定了重要的基础。1985年，戴传曾担任国际原子能机构、国际核安全咨询顾问组（INSAG）首任成员，为和平利用原子能做出大量工作。如苏联发生了切尔诺贝利核电站事故后，他参与了事故分析，并与其他成员一起对其进行了源项研究。

1990年10月，戴传曾率团去法国考察压水堆核电站和快堆核电站。因为没有配备随团翻译，戴传曾一人担任领队、专家和翻译职责，结果因劳累过度和气候不适，回国后就住进医院。一个月后，戴传曾带着对核电事业和核科学事业的执着追求和深深眷恋，与世长辞。

二十世纪初，宁波学子以故乡的中学为起点，立志理工科学习；然后在国内接受良好的大学教育，之后又在西方大学接受近代教育。他们有着较为完整的中西结合的学习历程，而近代中国已经初步具备培养科学人才的能力，而这批近代中国培养的学生在国外不仅学习到了近代科学技术，掌握了发展科学技术的方法，而且把发展近代科技社团的思想引入中国，建立了中国最早的研究所、研究院。以翁文灏为代表的民国时代院士，是我国第一代现代科学家，他们的成长多与西方教育有关，连他们的中学教育往往也是在西方人办的洋学堂中完成，他们中的许多人最终成了我国有关专业领域的奠基人；也因为他们的努力，我国高等科学教育水平普遍提高，许多学校成为名副其实的大学，真正培养出高等科学人才，在中国建立了现代科学技术的初步基础。

在第二次世界大战后，科学技术以前所未有的速度突飞猛进地发展。战后中国百废待兴，大批留学生、旅居欧美与日本的知识分子为一百多年来国家积贫积弱、饱受欺凌的民族悲情意识与新中国站起来的自豪感所激励，毅然回国。这是传统“士”的家国情怀、忧国忧民之情，和对“道”的承载，依然存在于读书人中间的体现。到20世纪60年代中期，大约有2500名海外的专家、学者和留学人员回国，大多数人成为科研、工业和国防等领域的骨干力量。戴传曾即为其中一员，成为月湖新一代院士的代表。据统计，1955年中国科学院首届学部委员的172人中有158人是归国学者；荣获“两弹一星”功勋奖章的23人中有21人是归国者。在这一时期，他们面对设施简陋、条件艰苦等困难，在苏联撤出后，又基本处于与世界隔绝的状态，但他们取得了具有国际先进水平的研究成果。戴传曾一生鞠躬尽瘁的“原子能和平利用”就是其中的核心项目。“两弹一星”、原子能的利用，为新中国赢得了重要的国家象征。20世纪70年代末，党对知识分子政策做了重大调整，知识分子的境遇有了巨大改变。时代给予以戴传曾为代表的新一代院士更大的创造空间。高科技应用于生产之中，使生产力的物质基础（构成要素）和结构基础（组合方式）都发生了根本性的变化，开始形成了新一代的生产力，即科学生产力，也就是通常所说的先进生产力。知识分子不仅担负着高科技的创造和传播任务，还承担着高科技直接应用于生产的任务。他们和生产工人一起将高科技这种潜在的生产力转化为现实的生产力，并且在现代化的大生产中居于核心地位。知识获得了前所未有的价值，知识分子的社会作用也达到了前所未有的高度。从这个意义上说，戴传曾奋斗不息的一生，正是时代知识分子践行人生价值的慕仰之路。

【五】

风雅诗画

月湖柳汀老照片

一、月湖初成与诗韵流播

一湖绿树相依的自然风光，又加上历代所修建的各类人文建筑，诸如三堤七桥、亭台楼阁，组成了月湖一幅极易引起诗情的江南园林画卷。第一次用诗歌来描写月湖的不是士大夫，而是建于唐大中五年（851）的国宁寺（后称天宁寺）的僧人们，他们在住持宗亮的倡导下，成立了“月湖诗社”。据赞宁《宋高僧传》记载：“亮（宗亮）恒与沙门贯霜、栖梧、不吟数十人，皆秉执清奇，好迭为文会，结林下之交。”宗亮，一作元亮，俗姓冯，奉化人；当时唱和的文人有李频、方干善，沙门有贯霜、栖梧、不吟等人。僧人是当时宁波文化水准较高的一个群体。唐代宁波，先佛后城，和义路出土的诸多越窑瓷器，其精品如宁波博物馆镇馆之宝秘色瓷荷形托盏，折射出了唐代宁波佛教文化、茶文化和商贸文化的兴盛。

宁波是中国海上丝绸之路的始发港。从考古资料来看，在东汉晚期至东吴、两晋已经相当畅通，在城区南门祖关山的墓葬中发现大量的舶来品，如玻璃串珠、琥珀等，还有早期越窑五联罐、人物堆塑罐上的胡人形象。海上丝绸之路既是经济通道，也是佛教文化传播之路，共同的佛教价值认同,使青瓷等产品获得了广泛的海外市场。宁波在唐代已是向日本、朝鲜东海诸国传播中国化佛教的重要港口。日僧搭乘遣唐使船舶和唐商船从宁波入唐,日僧最澄即在唐贞元二十年(804)乘第十二次遣唐使团船到达宁波。应日本留学僧荣睿、普照的竭诚邀请,鉴真从宁波出发东渡弘法。唐代前期佛教中心在长安,日僧要通过大运河转向京城。中唐,会昌灭佛以后,佛教中心南移。

五代,吴越王钱镠皈依禅法,将江南各寺之教寺、律寺改为禅寺,禅寺渐多。宋代江南禅刹兴盛,宁波成为重要的佛教传播地。北宋咸平六年(1003),日本天台宗源信以有关天台教义的疑问27条,遣弟子寂照及元灯等,求教于保恩院的知礼。天圣六年(1028),日本沙门绍良奉师命以有关天台宗旨的疑问10条,到宁波致问于知礼的嗣席广智。南宋宁宗嘉定时,依史弥远奏请,定江南禅寺等级,设禅院五山十刹,五山位在所有禅院之上,十刹之寺格次于五山。宁波天童寺、育王寺列入五山,雪窦寺列入十刹。此时,日宋之间的文化交流集中于江南地区,育王寺、天童寺、雪窦寺、景福律寺、瑞岩寺等名刹成为日僧向往的佛教圣地。所以在宋代,僧人仍然是宁波文化层次较高的一个群体,诗僧仍是宁波诗坛的重要组成部分。北宋初涌现出一个诗僧群体,主要成员有重显、昙颖、遵式等。这个群体的诗作延续晚唐五代宁波诗歌的发展,艺术上渐趋成熟,如云门宗第三代禅师重显,应明州郡守之邀住持雪窦寺,有《祖英集》存世。

中唐以后,天台、华严、禅宗等宗派的形成是佛教中国化的重要标志。诗僧的出现,可以看作佛教中国化进程的一部分,他们将佛教理论与中国儒道思想相融合,将天竺(印度)佛经中的偈颂文体改造成为具有中国风格与中国气派的诗体,这种诗歌表现手法和文化形式对宋代及宋以后的中国诗歌发展产生了深远影响。尤其是禅宗,把语言文字当作开启法门的工具。从月湖诗僧身上,可以看到禅宗在这些方面的变化,他们已经不是早期僧人那样重山林、远人间,不是以独宿孤峰、终朝寂寂、静坐修禅为特点,而是主张在世间求出世,求解脱,信仰既在红尘浪里,又在孤峰顶上的人间佛教。宗亮所流传的四首诗歌中,两首即为当时最为重要的水利

月湖园林风景

工程它山堰所作，记于南宋魏岘《四明它山水利备览》。一为《它山歌》："它山堰，堰在四明之鄞县。一条水出四明山，昼夜长流如白练。连接大江通海水，咸潮直到深潭里。淡水虽多无计停，半邑人民田种费。大和中有王侯令，清优为官立民政……"一为《它山堰》："截断寒流叠石基，海潮从此作回期。行人自老青山路，涧急水声无绝时。"这些诗寄身现实，又超脱现实。前一诗简单介绍它山堰由来，表达了对造福百姓的有为官员王元暐的赞扬，后一首则完全是表达一种宁静、安详的心态，一句"行人自老青山路，涧急水声无绝时"，使空灵悠远、玄妙恬淡的审美境界豁然而出。在这里，禅道妙悟与山水风情、禅意的圆相与诗意的圆满是融合在一起的。

刘禹锡说："自近古而降，释子以诗名闻于世者相踵焉。因定而得境，故然以清；由惠而遣辞，故粹然以丽。"这种自在洒脱的生活情调、清丽淡雅的审美趣味非常适合中国士大夫心理。中晚唐以后，士大夫们为逃避现实，寻求精神安慰，转向佛教，出现了中国思想史上特有的文化现象——居士文人，如王维、白居易、苏东坡经常以维摩诘自比。禅宗与士

大夫的“达、退”观存在着某种必然的结合，禅宗的“不离世间觉”，发展为士大夫们通达自由、游戏人生的处世态度，儒、道、释三教，似乎在这里找到了相互认同的最好形式。比如王安石，兼容诸家，尤其精通禅宗，在宁波时就写有大量具有物我两忘、人境合一的禅趣诗，如广为人知的《天童溪》：“溪水清涟树老苍，行穿溪树踏春阳。溪深树密无人处，惟有幽花度水香。”

王安石在月湖逗留时，也写过许多诗篇。如《众乐亭》，这是和北宋嘉祐间担任州守的钱公辅的诗歌而作。钱公辅，常州武进人，北宋仁宗皇祐元年（1049）己丑科进士，是月湖园林景观的重要建造者，筑堤植柳、造桥置亭等。众乐亭建于月湖湖心岛，钱公辅在《众乐亭二首》序中说：“众乐亭居南湖之中，南湖又居城之中，望之真方丈瀛洲焉。以其近而易至，四时胜赏得以与民共之，民之游者环观无穷而终日不厌。孟子曰：独乐与众乐孰乐？不若与众，众乐之名于是乎书。既又为诗，以记真景之万一云。”以故命名为众乐亭，亭子建成后成为当时文人雅士会聚之所。钱公辅作《众乐亭》以求和，王安石也曾在鄞县为官，自然欣悦相和，诗歌先是称扬“使君幕府开东部，名高海曲人知慕。舣船谈笑政即成，洗涤山川作嘉趣”，这里使君幕府指钱公辅，意思接近于范仲淹《岳阳楼记》对滕子京的祝贺，赞赏其政通人和；最后夸月湖“安期羡门相与游，方丈蓬莱不更求。酒酣忽跨鲸鱼去，陈迹空令此地留”，将月湖直比方丈蓬莱，如神仙居所。

其他还有众多文人士大夫相和，邵亢《众乐亭》云：“海边民物鲜欢娱，太守经营与众俱。园圃新阴多杞柳，池塘生意足鱼蒲。长空不碍高飞鹄，浅水兼容短胫凫。此乐有谁知我趣，归来红旆日西晡。”司马光也在京城作《寄钱君倚明州重修众乐亭》：“横桥通废岛，华宇出荒榛。风月逢知己，湖山得主人。使君如独乐，众庶必深颦。何以知家给，笙歌满水滨。”君倚为钱公辅的字。司马光在退守洛阳时，还依钱公辅修众乐亭之意，建园题为“独乐亭”。其他如王益柔的《前题（遥题钱公辅众乐亭）》：“四明旧说南湖好，岁久瀕厓变涂潦。建旗一日得贤侯，千里山川真再造。偃月堤成车马道，湖光如截天好抱。”（见延祐《四明志》）此诗所谓南湖，是日月双湖之称。王益柔并没有到宁波来，故为“遥题”。张伯玉的《遥题钱公辅众乐亭》：“句章太守钱君倚，湖上新为众乐亭。花木岂徒游子爱，笙歌长与郡人听。坐来高韵天风起，饮罢余香夕雨零。安得凭栏纵吟笔，玉觞遥对数峰青。”天一阁明州碑林中有一方宋碑，即刻于北宋熙宁元年（1068）的《众乐亭诗刻》，存有钱公辅、王安石、司马光等15人20首诗。

以众乐亭诗歌为代表，与月湖园林建设同时，文人士大夫诗歌进入高潮，改变了僧人主导的格局。宋代士大夫之于园林，有着特殊的情感需求。来自平民阶层的宋代士大夫，以“仁以行道”的入世精神，与乐道爱民、成圣成贤的思想情怀投身政治实践。但圣人的理想与现实的政治，社会责任感与人体生命自由之间，常常面临着一对矛盾：想要保持个体人格独立，则要脱离官场，归园田居；想要获得世俗人生的各种功业，则须依附国家政权，食君之禄，忠君之事。他们出入于不断完善的新儒学即理学、不断汉化的佛教即禅宗，以及向老庄、佛禅靠拢的士大夫道教，园林为其提供了优雅的活动场所，在这里他们既可出世隐居于城市的山水林间，又可入世阖家欢聚，进行社交往来，即白居易所说：“人间有闲地，何必隐林丘。”建众乐亭是为与民共乐，对钱公辅来说其价值更多地体现在寄托理想、陶冶情操，而“众乐亭”之所以能够引起众多文人的唱和，远在京城的诗人们也遥题相视，实际上是一个阶层对“林泉之志”的心灵共鸣。

月湖园林的营建，实是营建“可游可居”的心灵家园，追慕幽深林下风流，“竹楼数间，负山临水，疏松修竹，诘屈委蛇，怪石落落，不拘位置。藏书万卷其中，长几软榻，一香一茗，同心良友，闲日过从，坐卧笑谈，随意所适，不营衣食，不问米盐，不叙寒暄，不言朝市，丘壑涯分，于斯极矣”！如郭熙在《林泉高致》中所说：“快人意，实获我心哉！…… 应于目，会于心，超然于物外，洞然于胸中，与山水精神相往来，与泉石性灵相融通，进而澄明神观，助养清风，涵养精神，栖息心灵。”这是北宋缔造者所定的一个基调，故而月湖园林之美在于清新雅致，简远疏朗，园内景物数量并不多，多栽植竹、松、柳等具有象征意味的植物，建筑物多用庐、亭、堂，力求园林与月湖自然环境的契合，“不下堂筵，坐穷泉壑”。各园选择均能着眼于全局

菊花洲史氏故里俯瞰

构置，极有整体性，成为天人合一的艺术综合体。尤其是宋元祐至绍圣间（1086 ~ 1098），知州刘淑、刘珵先后疏浚月湖，建成十洲之后，月湖成为一座大型公共园林。刘珵与舒亶等人互相唱和，刘珵先有《咏西湖十洲》，舒亶则有《附和韵诗》，每洲各一首。后陈瓘、王亘亦各有《附和韵诗》十首。记陈瓘《月岛》一首：“影参岸柏童童绿，叶蔽汀兰淡淡香。斤斧不来人迹远，养成千尺势堂堂。”此诗以松之“势堂堂”，喻人之品格堂堂，月岛在诗人心中，无疑是超凡出世之所，有着特殊的品格之美。陈瓘，宋代著名理学家，曾为明州通判，居于鄞时与鄞人陈禾相好，陈禾之子正汇从其学。舒亶，余姚大隐人，宋神宗时任御史中丞，获罪罢官，居于月湖，在月湖有园为“嬾堂”。其诗歌言语极为流利，如《雪汀》：“点柳妆梅不暇裁，平波直拟涌瑶台。钓矶苇岸知何许，几误渔舟夜半来。”另有与月湖相关的《十洲图记》《西湖记略》等散文。

中国艺术的审美理想有两条发展线索，一是繁复精致化，二是追求“清、微、淡、远”的艺术意境，如宗白华所说“错彩镂金的美和芙蓉出水的美”，这一概括来自南朝钟嵘的《诗品》：“汤惠休曰：谢诗如芙蓉出水，颜诗如错彩镂金。颜终身病之。”“错彩镂金”如楚国的图案、楚辞，以及汉赋、

竹洲

六朝骈文、明清瓷器、故宫建筑、京剧服装等，“出水芙蓉”如汉代铜镜、越窑青瓷、王羲之书法、顾恺之的画、陶潜的诗等。而月湖园林显然承接“出水芙蓉”的美学风格，追求净而不浊、恬淡自然、意境幽远，甚至真空妙有的境界。或者说，月湖的构建，在崇尚自然美的美学思想指引下，开始了文人化的旅程。

南宋时史氏家族聚居月湖十洲，部分十洲成为史氏的私家园林。因为拥有较丰厚的财力，史氏更加着意追求居住空间意境的写意化，创造可与内心沟通的环境与生活方式。史浩亲自参与家居园林的设计与建造，改松岛为竹洲，建“真隐馆”，并邀请沈焕、杨简、袁燮等学者前来讲学。史浩又将四明山名胜尽缩园中，建“四明洞天”，宋孝宗下诏临安府拨银万金以助，建成之后，宋光宗赐“四明洞天”额。大诗人陆游来贺，史浩作诗相和：“奎画百函龙作卫，云岑四面石为窗。水边自喜陪振鹭，篱外从渠有吠厖。”“吠厖”指吠叫的狗，诗中自然流露对田园的喜爱之情。吕祖俭有《题史子仁碧沚》：“相家小有四明山，更葺桃源渺莽间。四面楼台相映发，一川烟水自弯环。中州累石势嵯峨，城外遥峰耸翠螺。旧说夕阳无限好，此中更得夕阳多。”史浩还以真隐观为核心，建“月湖诗社”“四明尊老会”，

月湖西桥

与魏杞、汪大猷、赵粹中等咏诗品茗，组织乡饮酒礼，竹洲顿时成为甬上文士聚会中心。史浩《鄮峰真隐漫录》留有关于“尊老会”诗社的资料。

史浩崇尚心学，又喜禅宗。禅宗以心为宗，以心的本位来看世界，所谓“一花一世界，一叶一菩提”“我心即佛，佛即我心”，自然在他的诗中大量引入了禅宗术语，他认为诗思与禅是相通的，他在《赠天童英书记》中说：“学禅见性本，学诗事之余。二者若异致，其归岂殊途？方其空洞间，寂默一念无。感物赋万象，如镜悬太虚。”“英书记”为天童中兴之祖宏智正觉禅师的弟子，史浩深受正觉默照禅影响，“默”指不受自己内心以及环境的影响，让心保持安定；“照”指清楚地觉知自己内心与周遭一切的变化。这种观照，向内见无限深远的内心，向外见无穷广大的外境。在这种观照中，环境在、身体在，但是自己已经不在，没有主观的自己及客观的环境，宇宙与自己融为一体，一片明朗、清净，是谓空境，也为观境。史浩还接受天台宗山家派知礼的学说，当时史浩经常在月湖向知礼的法孙智连法师询问法要。史浩的心学思想中，存在大量的佛学思想，如借佛教“心田”来喻性本无善恶，“田”长禾黍还是稂莠不在田，而在于种下的种子，正如宋初延寿大师所说：“性无善恶，能生善恶。”或者说，因为与禅僧的交往，史浩改变了生活方式与人生哲学。从哲学上说，建构了以儒学为框架，以禅宗心性理论为纲骨的理学思想体系；从诗歌艺术上说，真实写照了宋代士人的禅悦风气，显现了士大夫对禅这种活泼思维的悦纳，禅为重意尚理的宋诗注入机智圆活、生机活泼的因子；而从园林艺术上说，在以大观小为指导的精心营造下，使月湖园林在士大夫心中有了无限延伸的可能性，小空间向大空间甚至是向无限空间扩展，这是禅宗的“清静寂定”“自然风流”的美学追求，为士大夫们提供寂静冥想的文化场所。

月湖诗社除史浩的“尊老会”外，之前有王珩、顾文等人在南宋绍兴年间成立的五老会，全祖望称：“吾乡诗社之可考者，自宋元祐、绍圣之间，时则有若丰清敏公、鄞江周公、嬾堂舒公，而寓公陈忠肃公、景迂晁公之徒预焉。”五老会后延伸为八老会，蒋璿、顾文、汪思温、高闶、吴秉信、王次翁、徐彦老和陈先等八人，除陈先为平民外，其余都曾入仕途。淳熙年间也有五老会、六老会、真率会、棋社等。真率会的盟主是汪大猷，成员较多，楼钥回乡后也加入了真率会。这些社团以诗会友，起到了敦族睦邦、教化乡里等作用。在相对承平的时代里，社团诗歌创作中，也有大量以娱乐为主的节序风俗与士大夫社会日常生活方面的内容。如史浩就创作了大量应歌词、应社词、酒词、节序词、寿词，反映了当时诗词的社交功能，燕饮侑觞和社交应制的普遍风气，如《满庭芳·劝乡老众宾酒》：“十载江湖，一朝簪组，宠荣曷称衰容。圣恩不许，归卧旧庐中。慨念东山伴侣，烟霞外，久阔仙踪。今何幸，相逢故里，谈笑一尊同。吾州，真幸会，湖边贺监，海上黄公。胜渭川遗老，绛县仙翁。纵饮何辞烂醉，脸霞转，一笑生红。从今后，婆娑化国，千岁乐皇风。”如楼钥的《湖亭观竞渡》：“涵虚歌舞拥邦君，两两龙舟来往频。闰月风光三月景，二分烟水八分人。锦标赢得千人笑，画鼓敲残一半春。薄暮游船分散去，尚余箫鼓绕湖滨。”写的正是月湖端午龙舟赛的事情。

贺秘监祠俗称湖亭庙，楼钥所说的湖亭可能在柳汀贺秘监祠一带，当年的众乐亭也在贺秘监祠中。贺秘监祠建于南宋绍兴十四年（1144），郡守莫将在传说贺知章读书的故地建“逸老堂”，以祀贺知章和李白。“逸老”两字来自李白对贺知章“四明逸老”的称谓。明洪武十一年（1378），始移至今天的陆殿桥西侧。清后，几经扩建、修葺，便形成今天的规模。贺知章自称“四明狂客”，一首“少小离家老大回，乡音无改鬓毛衰。儿童相见不相识，笑问客从何处来”，名闻天下。相传贺知章归隐四明，狂客贺知章也成了月湖诗歌一个意味深长的符号。

二、明清的月湖诗社

明清月湖诸洲与宋代有所区别，尤其是清代，大量平民家庭进入月湖周边区域，民宅相连，形成了众多巷陌。但从总体上讲，仍然还是士绅阶层主导着月湖文化。甬江流域的家族科举发家，或经商致富后，以月湖为首选的居住地，月湖雅致的园林与高墙大宅里的生活仍然为地域百姓所向往。这些迁居月湖的家族，明代如闻氏家族、陆氏家族、张氏家族、全氏家族等，清代如童氏家族、叶氏家族、马氏家族、翁氏家族等，他们与世居月湖的袁氏、范氏、张氏等家族互相交往，以科举立族，诗书传家，其文化生态类似于两宋时期。

诗社是这些爱好风雅的文化家族重要的活动载体。结社是古代常见的社会活动形式。"社"本来是指民间共同祭祀土地之神，后来朝廷设"国社"让人们共同祭祀，于是人们又将国家、朝廷视为社稷；到晋代时，"社"才专指集体性组织。结社在魏晋南北朝萌生，隋唐成熟，宋元进一步发展，明代达到繁荣，清代又相对衰落。有为保障或获取共同经济利益的经济结社，如古代的行会、商帮、会馆等；有为参与政治或影响政府施政行为的结社，如明代的东林党、浙党；有带有军事性的结社，如义社、民团等；而有些是纯粹文化类活动的结社，如庙会、风俗会社等民俗型结社。社团成员少的三五人，多的十几人、几十人，甚至成百上千人。诗社、文社等属于精英文化型结社。承接两宋文俗，加之明清时期，江南区域物质条件比较优越，交通相对便利，城市生活模式成熟，文人集聚，诗社众多。在承平时期，诗社的结社目的大多为寻求生活之乐、精神之乐，有时候也承担着教化乡里、顺颂圣恩、思勤励志等思想散布功能，但不主动追求教化等功能，它给世人的是一幅温润平和、其乐融融的画面，一个不相纷争、不谈疾苦、不闻秋怨的闲暇世界。月湖明代诗社大多如是，三司马社、林泉雅集等可为代表。

三司马社，以主要成员范钦、张时彻、屠大山三人均担任过兵部侍郎得名，世称为"东海三司马"。三人均因遭严嵩排挤，相继被罢黜，或离职，

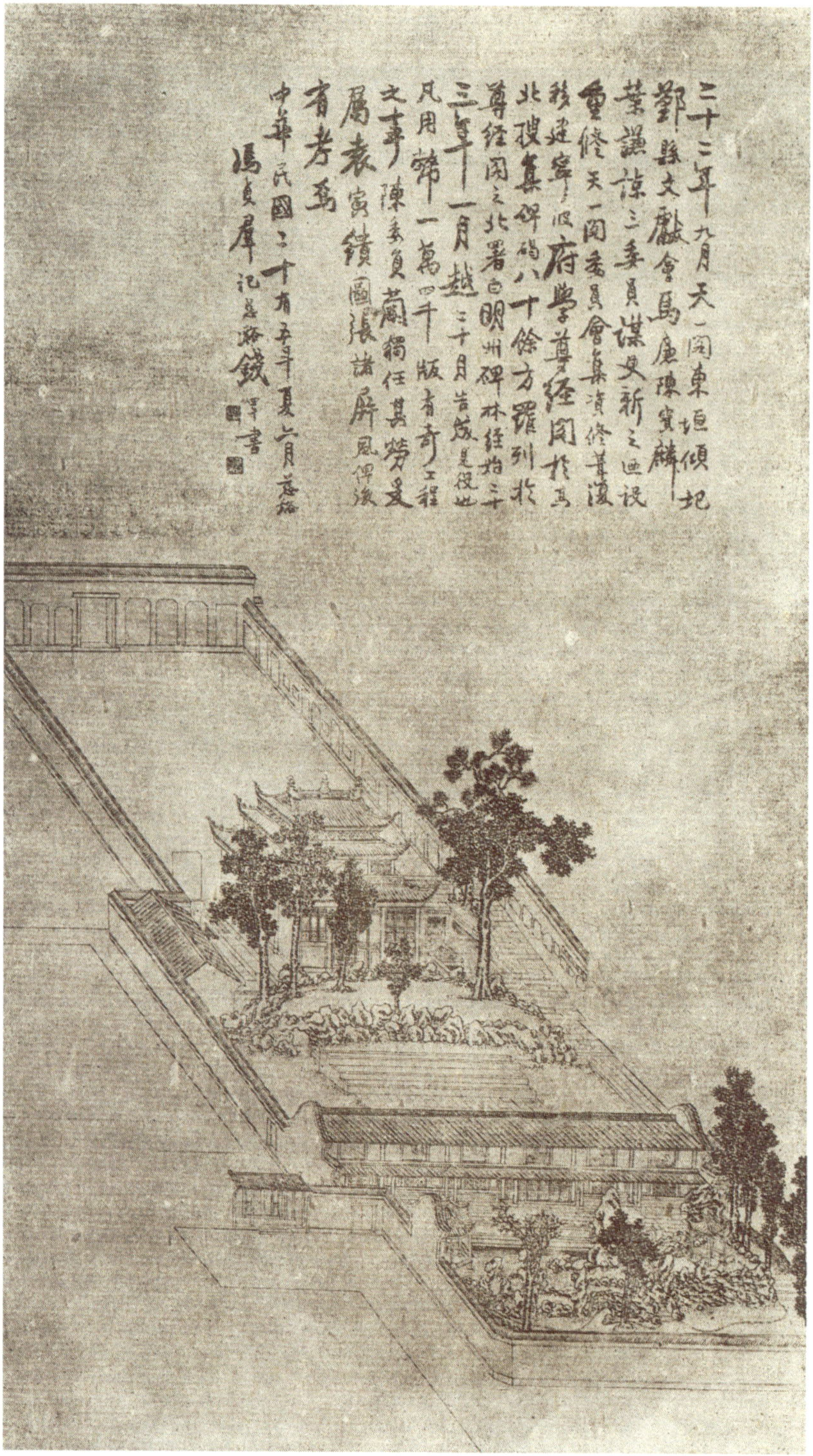

天一阁全境图

退居故里。三人结社活动即以揣摩诗法、品鉴诗作、应酬交谊为主，以之怡情悦性。范钦经常邀集他们到天一阁饮酒谈诗，他在《上元诸彦集天一阁即事》诗中写道："阛城花月拥笙歌，仙客何当结轸过。吟倚鳌峰夸白雪，笑看星驾度银河。苑风应即舒梅柳，径雾含香散绮罗。接席呼卢堪一醉，何来心赏屡蹉跎。"天一阁为藏书楼，但从这首诗可以看到，天一阁楼下当时是作宴乐之用的。元宵佳节，范钦在天一阁宴客，共赏美景，并以此排遣内心苦闷。与王叔承、王稚登同称为万历年间三大"布衣诗人"的鄞西栎社人沈明臣，也经常参加范钦的雅集，其《灯夕范司马安卿天一阁即事》记录："良时引客坐清辉，杰阁雕甍俯翠微。青岭露花欹野鬓，碧池清水媚游衣。灯悬高树星河近，帘卷中天海月飞。共喜太平歌既醉，六街尘静言未归。"可以看到天一阁雅集花灯高悬，觥筹交错，常常要持续到夜深人静之时。

三司马中，以张时彻的影响最大，现镇明路云石街口所对的半个牌坊，名为尚书坊，是嘉靖四十一年（1562）左都御史鄢茂卿为张时彻所立。张时彻为鄞县布政张家潭人，是一位极有才华的学者兼诗人，丰坊称他为"盖代人文之英"，"过目诵成，经耳意解，博收慎发，洵异且醇尔"。其性格"柔不阿俗，刚不忤时"，"位愈崇而礼愈恭，年愈长而德愈滋，名愈盛而心愈虚"。他又有较强的经济实力，在宁波各地修建了多处别墅，月湖花屿有宝纶堂、月湖精舍，月湖南面有萧园，东钱湖茂屿山有茂屿山庄，鄞西横街镇林村武陵山下有武陵庄，其他如望田楼、心远堂、燕翼堂等。他经常邀集沈明臣、沈九畴、汪礼约、屠大山、屠本畯、屠隆、余寅、吕时等人，"登四明、扪石窗、观烟云日月之去来；距海门、看苍冥、见长波大风之回荡"。一次，屠隆未参加茂屿文会，随后致信张时彻："昨闻司马挟诸君复作茂屿游，山灵喜可知也。独念不肖不得从，神与俱去。山中回，名篇定富，容载笔以请小渎。"遗憾之情溢于言表。张时彻的私宅雅集，虽有丝管却无佳伎陪坐，与吴中等地文人集会"丝竹管弦、红妆夹坐"的香艳之态不同，纯净雅致。清朝诗人李邺嗣就非常仰慕张时彻作为文坛盟主的风度，曾在《甬上耆旧诗》中坦言："吾恨不与张大司马同时耳。"张时彻著有《张

月岛纪念张时彻的尚书坊

司马集》《芝园全集》《东沙史论》《四明风雅》《明文范》等,《四明风雅》收录了自宁波明洪武迄嘉靖 65 人的诗歌。张时彻还为其他名士刊刻文集,如为王激刊刻了《鹤山集》,为丰坊刊刻《考功集》等。另外,还致力地方史志、文献等方面的编纂,有《宁波府志》《定海县志》《救急良方》等。张时彻去世后,沈明臣为浙东文坛盟主。其后,主持月湖诗社,并称得上浙东文坛盟主的有清初的李邺嗣、清中叶的全祖望及清后期的徐时栋等。董沛认为:“杲堂(李邺嗣)穷老布衣,气力不足以鼓动,谢山(全祖望)虽亦入翰林,而饥驱奔走,家居日少,以视东沙(张时彻),皆所不逮。”

林泉雅集为明代湖广兵备副使周应治迁居月湖雪汀时,与众乡老所共创,周应治为万历八年(1580)进士。雅集乡老包括诗人有吴礼嘉、周应宾、周应治、全天叙、全天麟、汪礼约、陈之龙、黄景峨、屠本畯、万邦孚(万斯同的祖父)等,社长为屠本畯,即南京兵部侍郎屠大山之子,经常燕

天一阁博物馆内的林泉雅集楼

会、赋诗，时有“林泉雅会”图，全天叙题字等。天启三年（1623），曾将“林泉诗社”勒石纪念。全祖望《鲒埼亭集》内编卷三十八有《林泉雅会图跋》三篇专记其事，其所辑《续甬上耆旧诗》收有明万历、天启间鄞县人管榣《读林泉雅会记》诗，云：“盛世文章剩有声，喜看鸥鹭遂初盟。鉴湖源自君王气，逸老应高洛社名。佳句分题传丽藻，清言挥尘见平生。百年视此真堪适，不羡长安钟鼎荣。”

在中国诗歌中，风雅与风骨是两大传统。从总体上看，明清两代诗歌创作的动机逐渐偏离了“言志”的传统，逐渐变为一种应酬、游戏的文学工具，以“分韵赋诗”“联句成篇”“命题觞咏”等活动形式进行诗歌创作，作诗的重点不在抒发内心的志向与情感，而是用于应付即兴拟定的题目，成为文人自创的风雅游戏。即重在“社”，而不在“诗”。这与明代文学向俗化发展的大趋势有关，因为文学整体上走向平民化、市井化、通俗化，故

花屿袁宅（姚燮曾在这里组织枕湖诗社）

而诗歌题材也多为“馔罗水族是兼蟹，果吸寒浆柿与梨”之类的生活物件，诗歌不再是阳春白雪，也不再为少数精英所独享，而是可供普通民众所共享的精神产物。比如林泉雅集的屠本畯，极其喜爱记录各地风物，如写宁波的香椿一诗：“香椿香椿生无花，叶娇枝嫩成杈桠。不比海上大椿八千岁，岁岁人不采其芽。香椿香椿慎勿哗，儿童攀摘来点茶，嚼之竟日香齿牙。”极写香椿柔软的质地、溢人的香气。其著有《闽中海错疏》《海味索隐》《闽中荔枝谱》《野菜笺》《离骚草木疏补》等书。客观上，诗歌已不具备重现唐诗盛况的重要条件，失去了最佳的发展环境。

但是，从月湖诗歌来看，尽管传统的“雅正”文学与明代社会走向奢侈的文化形态发展需求并不契合，宴饮作乐是月湖雅集必备的内容，但宁波诗歌保持了较多的有“风骨”的内容。

明末清初，在钱肃乐、张苍水等志士组织下，浙东成为抗清活动的中心之一，四明义士明知大事不成而义无反顾。抗清失败后，遗民拒绝与朝廷合作，在这种背景下，诗风逐渐从竟陵诗风转为宗宋，诗多悲愤之音，抒发故国之思和兴亡之感，具有震撼人心的力量。这一段遗民历史与遗民文化，有似于宋末元初王应麟主持月湖文化的时代，同样是宁波历史与文化史中可歌可泣的一页。清初有西湖七子社，董剑锷与陆宇燝、叶谦等人，以“大节古谊相交勘，语者墨者、流观典籍者、狂饮作白眼者、痛哭呼天不置者，皆见之于诗”，日以“扁舟共游湖上，或孺子泣，或放歌相和，或瞠目视”，全祖望评董剑锷诗“一倡而三叹，不啻金石悬而宫商鸣也”。陆宇燝在月湖畔有藏书楼，为观日堂，故其诗集名为《观日堂集》，共8卷。西湖八子社以李文缵、毛聚奎、纪五昌等人为主，其成员也参加浙东抗清斗争，如李文缵从钱肃乐起兵，因“翻城之役”入狱，在狱中效仿骆宾王《在狱咏蝉》，与同事杨文瓒分赋雁字诗，翁洲老民在《海东逸史》中记载，一月之中，遂成卷帙。南湖九子社（又名梓乡耆会）以高宇泰为主盟，社友有徐振奇、王玉书、李邺嗣等，因遗民社团的成员或死或散，这些社团是仁人志士的精神同盟，诗文唱酬以缅怀故国、表彰忠烈、激励志节、寄托襟怀为务，因为诗句“务期僻思涩句，不类世间人所作”，故而不能为时所容，诗文稿存较少。

李邺嗣（1622 ~ 1680），为砌街李氏后代，现月湖盛园东带河巷有李氏宗祠。李邺嗣年十二即有诗名，万斯备、万斯同、裘琏、万言等文学人才，均受李邺嗣指授。李邺嗣与黄宗羲介于师友之间，为清代浙东学派的第二代传人；也是抗清志士，父亲即因不受清兵所辱绝食而死，故而终身绝意仕途；参与浙东抗清活动，曾与冯道济等倾尽家财营救黄宗炎；张苍水在杭州被害后，与万斯大等为之营葬。李邺嗣辑有《甬上耆旧诗》，开甬上辑耆旧诗的先河，“凡先贤士大夫名章轶草，有传有未传，以至单门处士蠹稿鼠篇，极耳目所至，无不走访”，书成以后，广为流传，浙东作诗者，人皆知之。李邺嗣的活动推动诗人的创作，有力地推动了浙派诗歌的形成。浙派诗歌一般认为始于清初黄宗羲，历经康、雍、乾三朝，在百余年间有诗人数以百计，名家数十人，包括黄宗羲弟子郑梁、万斯同等，古文家兼诗人姜宸英等，下开清中叶的桐城诗派、晚清的宋诗派。康熙十七年（1678），李邺嗣请黄宗羲选定其文6卷，请徐凤垣选其诗7卷，即今本《杲堂文钞》《杲堂诗钞》。《诗钞》中有《诗钞》7卷、《续钞》6卷，加之光绪《鄞县志》所载《鄮东竹枝词》79首，今约存1200首诗。

李邺嗣之后有全祖望。全祖望回到月湖桂井巷后，与朋友、弟子成立“真率之约”，参与的人物有陈南皋、李甘谷、胡君山、董纯轩、董逸田等十余位诗人。他们经常泛舟月湖，登临四明山，多以乡先辈之遗事为题，写下众多诗篇，弟子董秉纯将全祖望的诗编辑为《句余土音》。《续甬上耆旧诗》为全祖望所编。全祖望多以史为诗，文字质直，记《句余土音·赋湖上故迹·皇子魏王涵虚馆》：“东西憧憧桥，朱邸开涵虚。天公留得彩虹影，迎向双桥迓使车。贤王宾从尽儒雅，时携卫姬来学书。藏书万卷垂百世，隔岸香火精蓝俱。贺公祠宇称芳邻，游人过之交踟蹰。朔风吹尘埃，南北水马驱。四宜楼成不逮昔，贺祠空有樗寮石。”诗歌怀念宋代淳熙年间皇子魏王赵恺建涵虚馆一事，明时为四明驿，位于今居士林一带。“四宜楼”即为宜诗、酒、风、雨意，张樗寮为宋代书法家张即之，曾书贺祠碑记。《鲒埼亭集》中有大量全祖望诗文，仅关于月湖的

李邺嗣

万斯同

有《贺公逸老堂碑铭》《碧沚神龙庙碑铭》《竹洲晏尚书庙碑》《淳熙四先生祠堂碑文》《四先生祠堂碑阴文》《竹洲三先生书院记》《碧沚杨文元公书院记》《吴丞相水则碑阴》《水云亭记》《真隐观洞天古迹记》《重修众乐亭记》《重修十洲阁记》《嬾堂记》《桃花堤记》《鄞西湖十洲志》《湖语》等。全祖望以踏访的足迹、考录的用心与殷殷的深情，一一表现遗迹中庋藏着的历史文化意蕴。

全祖望的再传弟子黄定文，告老还乡之后，组织息圃诗会，诗会参与者之一即有徐兆昺，他是《四明谈助》的作者，在《四明谈助》中引用了大量《句余土音》中的诗歌，以及《鲒埼亭集》等文集中的文章。

这一高潮过去之后，宁波受清中叶乾嘉考据之风影响，与"博稽经史"学风相应，诗风向师古崇雅方向转变，追求格调，又讲求诗出性情。到道咸年间，诗风又是一变，即以姚燮、徐时栋为代表的诗人走向了贴近现实之路，诗歌具有了诗史的意义。徐时栋主持月湖晚清诗坛40余年，唱和的诗人如陈劢、冯登府、李维镛、徐仁恩、董沛等，月湖诗风在诗友的切磋砥砺过程中，以汉魏为宗，重寻诗教，艺术上追求质实浑朴，饱含用世情怀。徐时栋诗集编为《烟屿楼诗集》，《四明清诗略》评其诗云："以乐府、七古为最浑浩流转，中仍复段落分明，不失古法。次则五律，次则五古，并称传作。余体亦清劲。在吾郡诸名家中，洵足自树一帜。"

镇海诗人姚燮为避鸦片战争之乱而居于花屿鸣鹤人叶元阶别业，并名其居处为"枕湖草堂"，与甬上文人厉志、孙家谷、陈仅、叶元阶等结社吟诗。姚燮在《复庄骈俪文榷》卷八《叶仲兰文学诔》中描述："君有别业在郡城月湖之东，曰枕湖吟舍……六邑士之能诗者，结吟社，月以三集。"姚燮的诗歌多有反映民间疾苦者，像《兵巡街》《捉夫谣》《粮船凶如虎》《北村妇》《卖菜妇》等，乐府《卖菜妇》道："卖菜妇，街上行。上有白发姑，下有三岁婴。卖菜，卖菜！叫遍前街后街无一应。昨日宜单衣，今日宜棉衣。棉衣已典，无钱不可赎。娇儿瑟缩抱娘哭。娘胸贴儿当儿衣，娘背风凄凄；但愿儿暖儿勿哭，儿哭剜娘肉。"在凄风冷雨中无钱赎衣的娘儿俩瑟瑟发抖的穷苦无奈，让人不禁悲从中来，所以姚燮又有"宁波杜甫”之称。从其诗歌也可以看见晚清诗风的变迁，从诗坛盛行的神韵诗，转向对现实的关注。徐时栋就批评神韵诗：“自论诗以神韵为大宗，百喙附和，而枵腹可以为世人。”(《顾学堂诗钞序》)即以为神韵诗格局狭小，诗风陷入空疏之流。这与道光咸丰年间国运衰落、放纵任性的逍遥显然不合时宜有关。

月湖诗歌之所以具有这样的倾向，与浙东学术的影响有关，士人在理学重视人格建构、道德修持、行志成圣的教化导引之下，诗歌重于表现志节，以致在明末清初出现了空前庞大的“遗民”群体。清代浙东之学从明代空谈天理心性模式中走出，转向经世实学，史学精神对诗歌创作影响很大。代表人物黄宗羲明确提出“诗能补史”，把诗歌作为记录人生和世事的一种工具，晚年更是把诗歌创作作为传承华夏气节的一种方式，故而其诗有长于议理考据的宋诗之风；李邺嗣也认为“先诗而后史，与祭先河而后海同。诗其源也，史则其委也”(《万季野新乐府序》)，“至诗与史学，更相表里”，“诗非无益于史也”《万季野诗集序》。因为学人长于思辨，以严谨态度考证、推理，见之于诗文自然穷极幽深。全祖望也认为其诗高老生硬，缺乏风韵。

当然，宁波的诗人并不是以经史考据入诗，而重在以学问驭其才华，厚其性情，以助其诗，如全祖望所说：“学人之长，而别有闲情逸气出于行墨之表，未尝屑屑描摹之迹。”黄宗羲提出诗歌分为两种，一是凭艺术直觉所作的诗人之诗，一种是讲求学问的文人之诗，“文人由学力而成，诗从锻炼而得”，文人看似枯淡瘦硬，却有涵咏的深味。如果从学人诗的角度来看，月湖的诗人群体还要扩展许多，众多以经传家的士大夫家族，长期绵延着诗学传家的传统。在明代，这些诗人还包括住芙蓉洲三板巷的杨氏家族，如杨守阯有《诗钞》《四明群雅》、杨守陈有《诗私钞》等；如烟屿的陆氏家族，陆偁与三个儿子陆钶、陆铨、陆钎均为进士，这个以《易经》传家的家族，经学内容自然影响了诗歌。在明清之交如万氏兄弟，万斯备有《深省堂集》，万斯同有《石园文集》传世。月湖诗歌这一“雅正”传统，应当从这个角度来理解。

另外，相比较于宋代极具禅味的诗歌，明清诗歌似乎未能真正领悟到禅的境地。这一时代，禅宗与诗也发生了分化，禅宗也无法将自身处于同诗社一样的物质化、休闲化地位，佛教思想的精华在于“无”，对于诗社享乐化、物质化背后的对现世生命近乎透支的挥霍，对来世、轮回、修行、证道等理念的摈弃，注定两者无法长久地结合。或者说，明清士大夫的精神状态与两宋已经有较大区别。两宋士大夫总体是充满强烈的天下为己任的责任感，对崇高道德品质的追求与对独立自由生活的向往，即社会责任与个人自在、忧患意识与闲适心态、道义情怀与洒落胸襟是共在的圣贤气象，诗社成员往往有意恢复古礼，行乡饮之礼，办义学、义庄等。明清两代的知识分子尽管与两宋士大夫一样，都追求一种执着又超脱的精神，都以出世的情怀做着入世的事业，以现实的、入世的事业作为落脚点，但是社会制度的变迁毕竟影响着他们的价值取向，强调个人敬谨服从的程朱理学占据文化宗主地位，政府对外政策由开放转为闭关自守，实施海禁等锁国政策，以及明代资本主义经济开始发展等等，影响着他们的情怀抒写：以士大夫为主体的雅文化和以市民大众为主体的俗文化走向了融合。而对于月湖诗歌，历史的特殊之处在于士大夫经历明清覆灭的惨痛，以豪杰精神重构士大夫精神，提倡经世致用思想，使整个清代仍然贯穿着刚健的音符。科举制度废除之后，作为社会阶层的士大夫不再存在，但是，士大夫精神还作为一个文化现象而存在，这种具有完整的独立的历史发展过程的精神气质，已经作为“集体无意识”，渗透于宁波人的心理结构，它是宁波文化中充满正能量的部分。

《四明清诗略》是继李邺嗣、胡文学的《甬上耆旧诗》和全祖望《续甬上耆旧诗》后的宁波第三部地方诗歌总集，由清著名学者董沛和忻明江编撰，共收诗人 2194 家、诗 9468 首，这是三部诗歌总集中规模最大的一部。这样的数量，在众多的中国城市中也极为少见，这是一个城市文化宏富、品质超群的具体显现。近代英国人施美夫在《五口通商城市游记》中这样评价：“即使在中国人心目中，宁波亦是颇具盛名，被认为是中国极具文学素养的城市，仅次于苏杭。”

三、书、画、篆刻与艺术化人生

从中国士大夫的人文精神来看，重在“为己”之学，即为了自身的修养，追求人生的终极境界“合道”，弘扬人安身立命的内在价值；反对“为人”之学，即为了得到别人的肯定、赞誉、赏识，只求荣华富贵的事功。孟子认为：“君子深造之以道，欲其自得也。”(《孟子·离娄下》)《庄子·让王》篇中记孔子问颜回：“家贫居卑，胡不仕乎？”颜回答：“鼓琴足以自娱。所学夫子之道，足以自乐。”士大夫是以一种圆满自足的精神世界作为人生的信仰支柱，以修心、进德、成性的成人成圣之学，使自身从身心和谐、人际和谐，最终达到天人合一，由此反观人生的毁誉、荣辱、穷达、吉凶，皆为浮云过眼。而士大夫用以体现这种圆满自足的人文精神而蔑视外在的人生困厄、穷苦的，往往是艺术自娱的方式，如诗歌、书画、篆刻、古琴等。艺术既表达士大夫的精神世界、情感世界，也揭示着天地本报的生命理解。像陶渊明“常著文章自娱，颇示己志。忘怀得失，以此自终。……酣觞赋诗，以乐其志”(《五柳先生传》)，据说他还“蓄无弦琴一张”，琴之所以无弦，同样是不求知音，但求自娱。

或者说，像古琴等器乐，其意义远远超出乐器本身。古琴从“歌南风”的乐器，历经“礼崩乐坏”“雅俗参合”，逐渐演变为“御邪僻，防心淫”的君子“修身理性”之器，有教化天下、和合天地、通神明之德的功能，以为“琴道”。对士大夫来说，“琴、棋、书、画”，琴为首，琴古意“禁”也，人须禁止杂念，心无杂念，方可下棋、书画。琴声在外，琴性在内，会弹容易，弹好很难，因为其中有比艺更为重要的德，并不是有技巧就可以让人叫绝。宁波历史上有僧人琴家，如演化、从信、则全等。演化与从信，均出家于天封塔附近的大中祥符寺。士大夫中琴家更多，如两宋时的吴文英、史弥远、丰有俊等。元明时期“浙派徐门”对宁波文化影响颇深，“浙派徐门”的创始人徐天民，有很长一段时间就住在海曙区莲桥街学生大学士袁桷家塾中，袁桷著有《琴述》。

诗文创作如此，古琴弹奏如此，在文人画的创作中，也同样体现着这

古琴（摄于银台第官宅博物馆）

种精神自适的特征。宋代郭熙在《林泉高致·山水训》云："君子之所以爱夫山水者，其旨安在？丘园养素，所常处也；泉石啸傲，所常乐也；渔樵隐逸，所常适也；猿鹤飞鸣，所常观也；尘嚣缰锁，此人情所常厌也；烟霞仙圣，此人情所常愿而不得见也。……然则林泉之志，烟霞之侣，梦寐在焉，耳目断绝。今得妙手，郁然出之，不下堂筵，坐穷泉壑，猿声鸟啼，依约在耳，山光水色，滉漾夺目，此岂不快人意，实获我心哉！此世之所以贵夫画山水之意也。"即士大夫喜好山水田园，是与企慕精神上的安闲与自适分不开的，绘画创作是士大夫精神还乡的一种重要方式。我们只要看一下月湖画家的作品，如元代郭宗茂的《芦花双鸭图》，明代金湜的《花鸟竹石画》《双钩竹石图》、詹僖的《画窗碎影图》、高阳的《听松观瀑图》，清代万经的《携杖访友图》、罗喦的《松石图》、姚燮的《梧荫秋思图》、陈允升的《渔隐图》《溪山读书图》，民国赵时棡的《柳溪八骏图》《苍松白鹰图》等，便可以清楚地看到这一点。

因为年代久远，宋代明州画家的真迹已经极少。但在国外还有不少出自明州的宋代佛画，如收藏于美国波士顿美术馆和费利尔美术馆的《五百罗汉》图，由明州佛画画师周季常、林廷珪创作。因为净土宗流行，

《五百罗汉图——老王之飞来》（京都大德寺藏）

《十六罗汉第二尊者》
（日本东京国立博物馆藏）

罗汉喂养饥饿的灵魂
（美国波士顿美术馆藏）

罗汉信仰广泛传播，宁波城内主要是车桥街、石板巷一带曾集中了一批佛教画画坊和画肆，画家有陆信忠、金大受、陆仲渊、张思训等。日本奈良国立博物馆收藏有陆信忠的《佛涅槃图》《十王图》。人物画在中国唐代已臻善美，宁波民间画工又承袭了南宋宫廷院体画的风格，故而在佛画的绘画技艺上表现为臻熟老道，设色富丽典雅，造型极其准确，衣纹用线流畅，熟练有力。

有一套宋代文人所作的画却影响深远，即月湖楼氏楼璹南宋绍兴年间担任於潜县令时所绘制的《耕织图》。《耕织图》得到宋高宗赞赏，吴皇后题词。受其影响，南宋时几乎各州、县府中均绘有的《耕织图》。清代时，这一题材达到鼎盛，康熙帝命内廷供奉焦秉贞以楼璹原作为基础重绘《耕织图》，还亲自为每幅图画题写七言律诗一首，后来雍正、乾隆皇帝也命画师重绘，并题诗以示重视。至清末，700 余年间，各版本的《耕织图》层出不穷，美国、英国、日本、朝鲜等国有多种临摹本珍藏，被称为"中国最早完整记录男耕女织的画卷""世界首部农业科普画册"。楼璹进奉朝廷的正本摹本，《耕图》早已无考，《蚕织图》自宋以来一直深藏后宫，现藏于故宫博物院。副本由其侄子楼钥题跋，其孙子楼洪、楼深根据家藏原图副本，配上五言诗，仿刻于石，使之流传后世。楼璹的《耕织图》接近于宋院体画，即类似于宋代翰林图画院及其后宫廷画家的绘画，用笔设色，工整细致，富丽堂皇，构图严谨，色彩灿烂，注重深入生活和生活感受，重视观察写生，使图画给人一种愉悦的亲切感。据载，楼璹创作时深入田头地角，出入农家，跑遍了於潜县治十二乡，与有经验技术的农夫蚕妇研讨种田、植桑、织帛等经验技术。

在两宋时，绘画又有一变。苏东坡等人大力推崇唐代王维以诗境作画，苏东坡常云："观摩诘之画，画中有诗。"又云："论画以形似，见与儿童邻。"绘画由此从工笔写实而入潇洒写意，由表现物象而表现自我，极力推崇"神似"，甚至以"神似"取代"形似"；强调画的意境是心境的外化，因为把最高心境定义为"萧静简远"，所以所用色彩也由浓丽转向清淡。这就是士大夫的文人画。元代绘画易绢为纸本，笔情墨趣的表现力得到提高，进入文人画之巅峰时代，故有“元画”之称。当时的文人画家已盛行以书法入画，如赵孟頫所谓“石如飞白木如籀，写竹还应八法通，若也有人能会此，须知书画本来同”。至此，文人画将中国传统文化中的诗、书、画、印融为一体，可谓臻于完善。山水画和花鸟画因为诗的结合，突破本身的局限，彰显主题，升华画面意境，尤其是明清以后，文人画家借题词抒发情怀几成习见的形式。在画完画、落完款之后，他们还要在落款后面盖上印章，以篆刻的布白、笔意与刀法味道入画，使画面具有一种金石之气，并起到调节构图、活跃画面的作用。

文人画家常常集诗、画、书、篆刻于一身。比如明代金湜，府第临日湖，善画竹石，又善摹印篆，而以习古书法授中书舍人（明代皇帝重视书法，有此旧例），后升太仆寺丞。篆、隶、行、草，绰有汉晋人风度。其代表作水墨纸本立轴《双钩竹石图》即集画、诗、书、篆刻于一体。画作自题诗为“生在湘江边，此心曾与玉争坚。自从学的双钩写，世上丹青不值钱。太瘦生”，太瘦生为金湜的号；画上又有张邦奇的题诗：“平生性僻爱篔筜，特下湖南泛楚航。解组归来头未白，清风应自满潇湘。甬上张邦奇。”并有钤印“常甫”，常甫即为张邦奇的字。此图清初曾为高士奇所藏，故有“信天巢”“竹窗”鉴藏印。高士奇，慈溪人，曾在杭州西溪高庄接驾，康熙御书“竹窗”相赐。此图画面简洁，有一奇石、二竹，石以墨笔皴染，竹用线双钩，给人以清雅之感。临风萧瑟之竹，即寓高风亮节之意。现为日本大阪市立美术馆收藏。

明代时，金湜、张邦奇、丰坊、詹僖、陆钶、范钦、徐琏等人，及至日本的雪舟等，构成了月湖文人群体。雪舟长期逗留宁波，系统学习中国山水画，其画作有院体的雅致秀丽，有文人的清新典雅，有禅林的潇逸简练，创造出颇具日本式的水墨山水。其画常署名为“天童第一座”。其为宁波所作画有《宁波府图》《育王山图》等，有人认为雪舟的毕生大作，长15米、高达0.4米的《四季山水长卷》，也是描写宁波风光。这也是1997年，日本雪舟颂扬会向天一阁博物馆赠送《山水长卷》复制品的原因。雪舟归国时，官员、文士、画师、僧人，也有一般平民，到三江口送别，赠送给雪舟的诗文

花屿古湖心寺，今雪舟纪念馆

书画如同雪片，堆满了舱内外。其中徐琏所写的赠别诗最为动情："家住蓬莱弱水湾，风姿潇洒出尘寰。久闻词赋超方外，利有丹青落云间。鹫岭千层飞锡去，鲸波万里踏杯还。悬知别后相思处，月在中天云在山。"

书法与篆刻之功最厉害的要数丰坊。丰坊"五体并能"，临摹前代书法，几乎可以乱真，最擅草书，《砥柱行》《逍遥游》等即为其代表性书法作品。丰坊同时也是诗人、画家及金石学家。晚明有谢三宾，天启五年（1625）进士，历官太仆卿，后辞官居月湖谢家巷，有藏书楼书室称"博雅堂"；擅长山水，常与董其昌、李长蘅、程孟阳究论八法，落笔迥异，但因自惜，不肯多作。清兵入关后，二次降清，故历史评价不高。

屠隆书法

赵叔孺书法

中国书法艺术的萌生，大约与汉字形成同时。西周晚期金文趋向线条化，战国时代民间草篆向古隶发展，文字的象形性大大削弱，但书法的艺术性却随之愈加丰富起来，可以说中国书法艺术发展的基础在先秦。东汉末，人们开始自觉追求书法艺术，魏晋钟繇、王羲之等人树立了真书、行书、草书美的典范，将儒家中和的审美意识与道家物我同一的审美观念融入其中，以蕴蓄的意趣与流丽的动态，一改汉代的大气磅礴、森严归正的书风，书法成为抒写自由生命、充满生命节奏与韵律的一种形式。至两晋南北朝，书法学理进一步发展，人们将书品与人品相结合，以书法品藻人物风神，与时代人的自我意识觉醒相呼应。唐朝，书法艺术达到鼎盛，出现了大量对书法细部探讨的书论，代替了对书法艺术总体印象的阐述，并提出书法可通自然之道，提出“书道”观念。宋代书法无法与唐代相比，但强调“尚意”书风，力求创新。两宋传至今的月湖书法作品如史浩的行书《霜天帖》、楼钥的行书《梅天雨润帖》等。

元代向晋人书法回归，此后四百多年，均以王羲之为最高典范。袁桷是元代高举复古主义大旗的大书法家赵孟頫的表弟，其书学思想、审美旨趣自然受赵孟頫影响。但同样学晋、唐书风，袁桷的作品与赵孟頫也有不同，李日华以为“袁清容书，快利沉着，亦是诚悬儿孙”，诚悬即柳公权的字，意思是袁桷书法受柳公权影响甚多。袁桷存世书迹有《同日分涂帖》《旧岁北归帖》《雅谭帖》《元老晋召帖》等。明代书法前期受台阁体影响，尚形式华丽，中期重兴古法，丰坊、金湜与王阳明等书法家与吴门书派祝允明、文徵明等人，主创了这一时代书法的兴盛。明代中期以后，尤其是董其昌出现之后，以畅情适意、抒发个人情感为目的的书风重又开始抬头，并逐渐成为明中后期的主流。这一时期，月湖书法家可以屠隆为代表。清代，考古大量发现，使人们对书法的借鉴越来越多，书体更为丰富，是书法史上又一高峰。在月湖，著名的书法家有史荣、万经、范从彻、童槐、陈劢、徐时栋、童华、张家骧、章鋆等人，还包括流寓月湖的姚燮等，延至近代有陆廷黻、范文虎、赵时棡、马衡、马鑑、冯贞群、陈训慈、秦康祥等人。著名书法家沙孟海也在月湖留下墨迹，即1933年11月撰文并书写的《鄞县县立女子中学新建学舍碑记》。

这些书法家有许多本身就是篆刻家，如明代的金湜、丰坊，清代的范永祺、陈允升、陈劢、姚燮，近代的赵时棡、马衡、秦康祥，等等。篆刻艺术是书法、章法、刀法三者完美的结合，一方印中，有飘逸的书法笔意，有优美的绘画构图，又兼得生动刀法，可谓“方寸之间，气象万千”。这种艺术起源可以追溯到商代的甲骨文契刻和周代的部分钟鼎铭刻。据史书记载，春秋中期开始使用玺印，秦始皇统一六国后，规定“玺”为天子所专用，大臣和民间私人用印统称“印”。从战国、秦汉到魏晋六朝，是篆刻的一个高峰期，这一时期的篆刻用料主要为玉石、金、牙、角等，印章典雅质朴。唐、

宋时楷书应用取代篆书,篆刻走向衰微。元末出现转机,王冕发现花乳石可以入印,石质最能表现出刀笔之趣,这为重振篆刻艺术开拓了便利之路。到了明代,篆刻艺术进入了复兴时期,并确立了篆刻是以石质为表现形式的艺术。从清代到现代三百年间,篆刻艺术名家如云。

宁波的篆刻家在篆刻史上也占有一席之地,如马衡、沙孟海都任过西泠印社社长,秦康祥为西泠印社的核心人物。马衡篆刻宗法秦汉,间涉吴熙载、赵之谦,所作字法谨严、气韵醇厚,为典型的学者印风。出版有《鍴庐印稿》《凡将斋印存》等个人印谱,还发表过《谈刻印》一文,阐述有关玺印主张。沙孟海早年在月湖求学时从冯君木学习古文,民国初年,冯君木与陈屺怀等在宁波后乐园(现中山公园)创办国学社,招徒十余人,讲授经史文学,沙孟海即在其中。1925年春,秦润卿在上海钱学会馆创建修能学社,请冯君木出任社长,冯君木到上海后,与况蕙风、朱古微、吴昌硕等以诗艺会友,并聘陈布雷、钱太希、沙孟海等执教。沙孟海篆刻师事赵时棡,1925年起师事吴昌硕。沙孟海著有《印学概论》《印学史》《兰沙馆印式》《沙村印话》《近三百年的书学》等。篆刻以秦汉为本,取古玺之法,参以秦权量诏版的瘦硬与明清流派印的清穆稳健,印风雄强奇崛。秦康祥亦为冯君木学生,后从褚德彝、赵时棡两先生学习,能诗文书画,好金石鉴赏,精于篆刻,喜收藏名家印作及名家竹刻。存世有《睿识阁古铜印谱》《濮尊朱佛斋印印》。秦康祥还善于治竹,其所居称为玩竹斋;也是著名的浙派琴家和斫琴匠。其后,秦康祥儿子秦秉年先生遵嘱,将8000

金湜作品

童宅书房

沙孟海书法

多件古琴、竹刻、壁瓶、玺印等珍贵文物无偿捐赠给天一阁。

艺术不只是给人以审美的享受，还是丰富和充实精神生活之物。人是不能从理智方面找到安身立命之所的，宗教与艺术让人们漂泊流浪的精神得以暂时的栖息，有限的、昙花一现的感性个体生命，在其中寻求到永恒的皈依，在精神冥契的瞬间，把握、体验、感悟生命的永恒与长存。诗歌也好，书、画、篆刻也好，文人士大夫们用艺术的方式，使自己意识到自我的独一无二、不可重复的价值，从而使自己从凡人琐事，从一种异化状态中解脱出来，积极地设计自我，以此来确定人生的价值和意义。尤其是“文的自觉”“人的觉醒”的魏晋时代以后，“艺术可以使人生不朽”这样的价值观对于文人士大夫可谓影响深远。

因为绝大多数“士大夫”有着较高的文化素养，这也决定了他们是文学、书法、绘画、篆刻、金石等中华传统文化的继承者和创造者，士大夫而有文德，“文人”是从这个意义上来理解的。从宋代开始，因为平民政治取代贵族政治，故而像唐朝的李白那样，没有太多政治经历，全凭诗文著名的“自由知识分子”几乎绝迹，而月湖周边出现的诗人、画家、书法家、篆刻家等，基本上都是政治官员。在艺术中，他们忘记忧愁，忘怀得失。在月湖之畔，无论在朝而退至林下者，还是避世归隐者，无论渺视功名、浮云富贵、放荡不羁者，还是众多政治生活的参与者，在怡然自得中，大多不失士大夫之精神魂魄。

而对地域来说，这些士大夫的作品、这些幻想世界的实在，包括他们所创作的诗歌，被人们欣赏时，其实已经成为一定时代社会心灵结构的物化构件，可以从中具体感受与触摸宋、元、明、清的人们内在的魂灵和风尚。这些作品连绵在一起，其间弥漫的审美态度、审美感受、审美理想等，构成了一部不断充实、更新、扩展和成长的地域心理—情感的历史。王安石的刚健清明、史浩的精丽繁复、张时彻的风雅高致、袁桷的潇洒劲健、金湜的谨严端直、丰坊的洒脱狂放、全祖望的沉郁厚重等，即在这些作品的意象、韵律、构图、线条、色彩、虚实、比例之间。这些气韵味生动的象征符号体系，士大夫们理性的、浪漫的、感伤的、悲愤的、愉悦的艺术表现，显现着地域文化心理的典雅质朴。他们的存在，能够直接唤起、调动人的感受、情感和力量，组织起地域的"人同此心、心同此理"的感知形式，让地域内的人们超越有限甚至残缺的日常生活，从而扩大了人们对高于生活的内容的参与与创造，增强了人们对生命和潜能、情欲和愿望的实现，提升了人们对人生的感受和体验。

士大夫之间还形成了一个内部流通的藏品圈子，大家熟悉宁波对古籍收藏的成就，而忽视了宁波藏书家对碑帖、金石印章的热爱，实际上差不多每一位藏书家也是收藏家。宁波藏书家热爱碑帖、金石印章，比如天一阁范钦有许多珍稀之物，如秦《石鼓文》《泰山石刻》、晋《兰亭序》等，所谓"明代好金石者，世称都、杨、郭、赵四家，而不及范氏，岂知天一阁碑刻之富远过四家"。丰坊万卷楼收藏过众多碑帖与字画，《兰亭序》定武本刻石现保存于天一阁，其他如颜真卿的《楷书干禄字书》、王献之的《洛神赋》、王羲之的《与官奴帖》、欧阳修的《小楷千字文》、杨维祯的《五福图轴》等，以现藏于北京故宫博物院的《西岳华山碑》影响最大。再之如范大澈，于法书名画、金石碑帖无所不收，尤其在古印章的收藏上颇有地位。他们与苏州、杭州、北京等地的古董商、书商保持着良好的关系，经常光顾其地；而因为宁波与这些鉴藏中心城市有着一定的空间距离，所以收藏家的藏品较为稳定。当然，明代日本遣明使登陆港在宁波，宁波文人群体与日本遣明使之间的文学与艺术交流势必最为密切。雪舟、策彦等都是中国的典籍和书画收藏者，曾经在月湖边与宁波的文人群体共同把玩与鉴赏。

四、酒、茶及士大夫生活

在上古三皇五帝的时候,民间就流行各种各样的造酒方法,仪狄总结归纳了这些造酒方法,故而后世有造酒之法的流传。也有一种说法是“仪狄作酒拨,杜康作秫酒”,“拨”即为糯米发酵加工而成的“醋糟儿”,性温软,其味甜,江浙一带极多;“秫”即高粱。也就是说,仪狄可能是黄酒的创始人,而杜康可能是高粱酒创始人。后魏贾思勰撰的《齐民要术》,有四篇制曲、酿酒的专论,是世界上最早的关于酿酒工艺的研究。中国是酒的王国,品种之多,产量之丰,均堪称世界之冠。

宁波有好山好水,又是稻米之乡,自然出好酒。黄宗羲《四明山志》记载唐代咸通年间酒商王可交在明州酿酒,人们称赞:“王仙人药、酒,世间不及!”宋人张龙臣著的《名酒记》说:“酒出明州者,曰金波酒。”又有月湖双鱼酒,为宁波士民喜爱,北宋舒亶《四明杂诗·注》说:“俗重双鱼酒。”“双鱼酒”乃是在酒坛外印上双鱼图案的贡酒。双鱼图案象征年年有余,民间又把“双鱼酒”叫“双印酒”,双双对对、心心相印之义。宋代以来,还有很多酒坊称自己的酒为“它山酒”,意思是用它山泉酿造而成。月湖水源头正是它山堰,以它山酒命名也是极为适恰的。北宋真宗天禧五年(1021),明州设立酒务,名称为“郡酒务”,舒亶《西湖(即月湖)记》说:郡酒务设在红莲阁的北面,红莲阁即北宋明州通判章郇所建,位置在偃月堤之上。据载,“郡酒务”酿酒用水取于月湖,需派壮夫每日挑水;后来钱公辅在湖中再筑一堤,并在堤上建造酒楼,以辘轳引水送入酒作坊,省去很多劳作。全祖望《湖语》称赞道:“(月湖)北有酿泉,其甘如蜜。当时酒务,于此焉设。曲车沉沉,双鱼最洌。贡之天子,御尊所列。”这里所谓“酿泉”有可能指此处有地下泉沟通四明山水。《宋稗类钞》中有一句话说“一郡之政观于酒”,酒务增加了国家财政收入,王安石任鄞县县令时就抓过酒务,南宋宝庆三年(1227),朝廷向明州征收到的酒税收入达66万贯,酿酒还带动制醋,醋业税收也颇为丰富。上世纪末,月湖挖出数以千百计的酒坛(瓶),这些酒坛(瓶)与世间流传的“韩瓶”(得名于南宋名将韩世忠)

银台第官宅博物馆展示的宋代郡酒务

近似。月湖畔郡酒务废弃后，政府改以田亩抽税为主。宁波人还有喝菖蒲酒的习俗，菖蒲是药用植物，饮菖蒲酒能辟邪解毒。明代万表《午日泛湖》诗："端阳重载西湖酒，山色依然似去年。堤上两行桃柳密，湖边一望苑台连。竞将歌管娱佳节，自折菖蒲插野筵。"

在中国，酒文化发达，饮酒对于国人的意义远不止口腹之乐，在许多场合，是一个文化符号，一种文化消费，用来表示一种礼仪，一种气氛，一种情趣，一种心境。如中国古代有乡饮酒礼，《礼记·射义》："乡饮酒之礼者，所以明长幼之序也。"这实际上是一种政府官员与民间精英合作起来引导社会秩序的示范性表演，用于推广教育、教化敬老、谦让等内容。宋代曾一度罢黜乡饮，但宁波行之如故。乡饮由地方官、地方儒士、耆旧参加，一般在正月初一举行。宝庆三年（1227）十二月，四明郡守胡榘议定与正月人日（初七）行乡饮酒礼，"六邑风动欢愿，齿列凡一千五百余人"；淳祐六年（1246），四明再行乡饮酒礼，参加者达三千人，花费官币五万四千七百七十贯，可见规模之大。在明清时期，文教盛行的宁波城区

银台第官宅博物馆展示的宁波盛放食物的器具

仍然保留着敬老尊长性质的乡饮酒礼。

酒在中国文化中作为秩序与礼仪载体的同时，又蕴含着负面的效应，即非理性的、否定秩序的成分，是一个具有双重意义的文化符号。在魏晋南北朝时，酒的记录非常多，但酒作为秩序和礼仪的形象大大消退，而是以此用来逃避苦难现实，寻求自我人生超脱，如嵇康、阮籍等人的纵酒，鲁迅在《魏晋风度及文章与药及酒之关系》中专门论述。由此，人们提出酒德。最早提出的是晋代刘伶，著有《酒德颂》。李白赞刘伶等竹林七贤，曰："古来圣贤皆寂寞，唯有饮者留其名。"《庄子·达生》云："夫醉者之坠车，虽疾不死。骨节与人同而犯害与人异，其神全也，乘亦不知也，坠亦不知也，死生惊惧不入乎其胸中，是故迕物而不慑。"可见酒的作用，可以使神全，不仅可以全生避害，而且可以不惧死生，而入于"死生惊惧不入乎其胸中"的人生境界。

中国的文人士大夫或多或少有酒情结。李白与贺知章之间有"金龟换酒"的逸谈，李白写诗纪念此事："四明有狂客，风流贺季真。长安一相见，呼我谪仙人。昔好杯中物，今为松下尘。金龟换酒处，却忆泪沾巾。”贺知章隐居四明时，出外游赏不忘带上酒钱，《题袁氏别业》诗：“主人不相识，偶坐为林泉。莫谩愁沽酒，囊中自有钱。”明代屠本畯把饮酒分为独酌、浅酌、雅酌、豪饮、强饮、痛饮、畅饮、长饮这八种方式，并说这是“饮酒八德”，每一种饮酒方式，就是一种情趣与心境。比如独酌，指的是在看书、读经、撰文的时候，以酒助兴，触发灵感，启迪心智；浅酌，则指灯下晚餐，肴鲜酒美，天寒欲雪，跟素心人浅斟慢酌，兴尽而止；雅酌，则是三五酒侣徜徉明山秀水之间，坐卧吟唱花前月下，旨酒名葩，无思无虑，其乐陶陶。在屠本畯看来，饮酒行为符合“善”与“美”的规则，就叫作具有了“酒德”。

茶的出现与酒几乎一样早，在河姆渡文化田螺山遗址中就发现了我国最早的山茶属茶种植物的遗存。陆羽《茶经》认为“茶之为饮，发乎神农氏”，“神农尝百草，日遇七十二毒，得茶以解之”（《神农本草经》），但有关茶文化的记录很少。入唐以后，在陆羽及其《茶经》的提倡和引导下，茶逐渐成为百姓的饮品。全国茶区也基本形成，宁波是当时全国八大产区。宋代以后，宁波茶叶生产规模继续扩大，《宋会要辑稿・食货志》载，1162年，明州的慈溪、象山、奉化、鄞县等茶叶产量为25万余公斤。南宋名茶如余姚化安山瀑布茶，北宋时期如慈溪四明十二雷。明清以后，茶是宁波山区的主要经济支柱。因为茶能解百毒，长品易健康、长寿，又有清而不浮、静而不滞、淡而不薄、清高正直的品质，客来敬茶于是成为一种礼仪礼俗，表达主人对来客美好人品的认同和尊敬。

这种礼仪还上升为“道”，即茶道，即通过沏茶、赏茶、闻茶、饮茶，学习礼法，增进友谊，美心修德，成为一种和美的生活艺术。中唐以后，中国社会的政治制度、文化模式逐渐定型，茶文化的意义也在这个过程中慢慢丰满并稳定下来。尤其是宋代，文人士大夫的黄金时代，是茶文化发展的鼎盛时期，茶的自然淳真之美与宋代士大夫尚雅的心态是一致的。《全宋词》记舒亶《菩萨蛮湖心寺席上赋茶词》：“金船满引人微醉。红绡笼烛催归骑。香泛雪盈杯。云龙疑梦回。不辞风满腋，旧是仙家客。坐得夜无眠。南窗衾枕寒。”“湖心寺”即在月湖花屿，“金船”为一金质的盛酒器，云龙为宋朝的贡茶。从诗歌我们可以看到舒亶酒后饮茶的轻松惬意，但也有对往昔在朝生活的怀念。史浩《鄮峰真隐漫录》有一首《画堂春茶词》非常著名："小槽春酿香红。良辰飞盖相从。主人着意在金钟。茗碗作先容。欲到醉乡深处，应须仗、两腋香风。献酬高兴渺无穷。归骑莫匆匆。"词中写到酒前饮茶的礼节"先容"指事先致意，而酒后也是饮茶为乐，"两腋风生"形容茶饮后，遍体舒适轻灵，飘飘欲仙之感。我们可以想见，史浩居于月湖之时，必从客来敬茶的习俗。

宁波人喝茶，也研究茶，比较著名的在明代有屠隆的《考槃余事》、屠本畯《茗笈》、闻龙《茶笺》。闻龙，是明代著名的茶博士，今传的"六安茶"就是闻龙研制的。其人即明代尚书闻渊之孙，家住芙蓉洲马衙街，马衙漕原即为闻家的后花园。《茶笺》仅1000多字，"笺"即指短小精悍的书札、奏记一类文体，主要谈论茶的采制、收藏、用水、茶具和烹饮等，对日铸茶（产于绍兴会稽山麓王化乡的日铸岭）的采制过程记录详尽，见解精到。闻龙还是一名孝子，据说后母病亡，治理后事时，把家产分给后母的三个女儿和外舅家。屠本畯的《茗笈》是其《山林经济籍》之一卷，他对植物、动物、园艺等诸多领域都有研究。《茗笈》分上下篇，共16章，上篇8章为溯源、得地、乘时、揆制、藏茗、品泉、候火、定汤，下篇8章为点瀹、辨器、申忌、防滥、戒淆、相宜、衡鉴、玄赏，另外还辑录宋代蔡襄《茶录》等18种书中的相关内容。关于《茗笈》的创作，屠本畯在序中说："偶探好友，闻隐鳞架上，得诸家论茶书，有会于心，采其隽永者，着于篇名曰《茗笈》。""隐鳞"即闻龙之字。屠隆的《考槃余事》也是一本包罗万象的书籍，核心部分为园艺、建筑、艺术等，对晚明文人的生活方式及其精神追求做了百科全书式的介绍。他还有《茶说》，另有类似《围炉夜话》文体的《娑罗馆清言》，被列为佛家文献，其中有几句涉及茶事堪称佳句，如"茶熟香清，有客到门可喜；鸟啼花落无人，亦自悠然"，"净几明窗，好香苦茗，有时与高衲谈禅；豆棚菜圃，暖日和风，无事听闲人说鬼"，"竹风一阵，飘扬茶灶疏烟，梅月半弯，掩映书窗残雪。真使人心骨俱冷，体气欲仙"，文人雅士的闲适情怀潇洒可见。

屠隆说："茶之为饮，最宜精形修德之人。"茶事可以修身，士大夫们在饮茶过程中，文化的体验更为居多，在茶事中他们脱尽世俗尘嚣，体味宁静致远的人生智慧，与质朴自然带来的亲切踏实。这其中蕴含的"不以物喜，不以己悲"的乐观自适的人生信念，也是汉族文化的基础。陆羽等人将茶引入人们生活之时，就将儒、道、佛哲学融入饮茶之中。陆羽能写成《茶经》得益于佛门经历，可以说，《茶经》主要是中国僧人种茶、制茶、烹茶、饮茶生活经验的总结。"茶禅一味"的禅茶文化，也是中国传统文化史上的一种独特现象。宁波僧人的茶事对日本与高丽有较大影响，日本茶祖即为两次入宋，曾助建天童寺千佛阁的日本临济宗创始人明庵荣西，东门口即建有"海上茶路"启航地纪念碑。道教与修来生的佛教不同，道教徒修今生，盼望长生不老。但道教同样也爱茶、嗜茶。这与茶的自然属性、品性和功效与道教崇尚自然、追求天人合一，有密切关系。王浮《神异记》记载余姚人虞洪在四明瀑布山遇丹丘子获大茗即为道教故事。

宁波茶文化博物院即宁波人熟悉的茶博院，坐落在花屿清代官邸袁宅内，舒亶所说的湖心寺即在这一带。嘉靖三十三年(1554)，兵部尚书张时彻退隐后购湖心寺为书院，改建宝纶堂，以为藏诰勒之所。湖心寺现还存月湖庵，现为雪舟纪念馆，雪舟在宁波府逗留时，大多投宿于境清寺与天宁寺。与宁波文士金湜、丰坊、詹僖(号铁冠道人)等都有较多交游，这批人既是藏书家、茶学家、书法家、鉴藏家，也是诗人。"谁知七月秋风里，香茗新烹荐笋茶。一竿潇洒玉玲珑，湘圃淇园在眼中。过客莫嫌枝叶少，才多枝叶便多风。湖上禅房对竹开，雨余新水绿生苔。入门听得茶童语，昨日题诗客又来。"(金湜《题延庆寺画竹》)这是不是在描写雪舟曾经暂驻月湖的生活呢?

茶博院有六个茶室，分别命名为"甬上、羡唐、慕宋、涵元、养明、致清"，包蕴唐宋元明清各个朝代的宁波茶韵。2014年5月9日，由西泠印社副社长童衍方主持，全国各地60多位藏家参加的一场顶尖雅集在月湖畔宁波茶文化博物院举行。一把清代梅调鼎铭文、王东石制秦权紫砂壶，引起了在座行家的啧啧称赞。梅调鼎曾在慈城林家院内创办玉成窑，以

宁波茶文化博物院

紫砂壶为主，另有笔筒、水盂、笔洗、笔架等文房四宝和其他杂件。“玉成”意为成全，用作紫砂窑名，寓意紫砂壶身价不凡，可与美玉媲美。

由此来看，江南士大夫生活流向，从宋代开始是雅致与世俗并存的。作为知识人的典范，与一般的暴发户不同，要追求一种雅致生活；但他们同样不可避免地受到商业化思潮的影响，凭借自己的经济地位，过着一种相对富足、安逸的世俗生活。月湖是水运停驳之所，又有园林风光，湖内有众多画舫，自然成为人们游乐所钟，宝庆《四明志》描述，说“四时之景不同，而士女游赏，特盛于春、夏。飞盖成阴，画船漾影，无虚日也”。休闲娱乐带动餐饮，于是有船子经营起船宴。宋代，月湖盛行船菜。所谓船菜，即是船家利用鲜活水产、时鲜，以活炝、清蒸、红烧、白煮为主加之以烹饪；厨房即在画舫后舱，称为灶舱，可容纳两三人踞蹲做炊。中舱为餐厅，以蠡壳为窗寮，设置雅致桌椅，时鲜瓶花；大的船只可以放两三桌宴席，小的则一两桌。王安石有一首《众乐亭》写月湖船宴：“春风满城金版舫，来看置酒新亭上。百女吹笙彩凤悲，一夫伐鼓灵鼍壮。”船宴通常在午休后开始，先是主宾品饮香茗，赋诗会文；待到日落灯起，肴馔满席，朗月映水，清风拂面，极尽游宴之乐。北宋时刘淑、刘珵两郡守大修月湖，十洲胜景形成，船宴更是风行。

士大夫相聚，所行大多即为饮酒、博弈与戏谑。饮酒与赌博，通常会形影不离。在宋代月湖船宴中有“叶子戏”的娱乐，类似于今日的麻将。近代麻将由宁波人陈鱼门改进，与宋时起叶子戏在月湖风行有关。诗人们在湖上甚至竟日游戏，至清末仍有余绪，在姚燮的《疏影楼词》中《齐天乐》亦作记载：“八月七日夜集月湖揽碧庄，风炉热檀，羊灯围蜡。深红侍坐，浅翠上衣。愁乐并交，笑言相错，不知东方之既白也……”饮酒之时，有“红妆”陪伴，并由优伶、声伎唱曲侑酒；在明代，屠隆家中养有戏班，这方面，可能苏州、南京等城市更为奢侈，在南京，明代弘治、正德以来，还评出榜案，如“金陵十二钗”“秦淮四美人”“秦淮八艳”等。士人聚会往往跨区越省，不局限于某一地区，这些场合中应该有月湖士大夫的影子。士大夫甚至视赌博为风流之举，成为他们闲适生活的一部分。但总体来说，月湖士大夫在肯定和追求现世生活的享受，较为注重生活情趣与艺术诗情的结合，显示一种享受人生的文化气质和处世态度。正如屠隆所描绘：“楼窥睥睨，窗中隐隐江帆，家在半村半郭，山依精庐，松下时时表梵，人称非俗非僧。”（《娑罗馆清言》）宁波士大夫更欣赏一种清静但不清冷，非俗又非僧，闲适又不空寂的生活方式，可进可退。他们追求的应该是一种闲中有忙、忙中有闲的生活。换言之，追求一种闲心：身处城市，而心系山林，身在朱门，却心如蓬户。他们喜欢尝酒、试茶，这只是其中两项，其他如焚香、洗砚、鼓琴、校书、候月、听雨、浇花、高卧、勘方、经行、负暄、垂钓、对画、漱泉、支杖、礼佛、宴坐、翻经、看山、临帖、刻竹、喂鹤等。他们的理想生活应该是烧上一炉清香，啜上几口苦茗，有时读数行书，有时课子耕读，有时与高僧谈禅，明窗净几之旁，木榻一枕之上，以苦茗代肉食，以松石代珍奇，以琴书代益友，以著述代功业的生活。一方面极俗，一方面极雅，这是晚明文人两种生活取向，有时矛盾地并存于一人身上。

就雅致而言，袁宏道曾说，陶渊明之爱菊，林逋之爱梅，米芾之爱石，并非真的喜爱菊花、梅花、石头，而是“皆吾爱吾也”。所谓的“吾爱吾”，就是通过外在之物，欣赏自己的清高脱俗。月湖十洲，均以竹木、花草等为

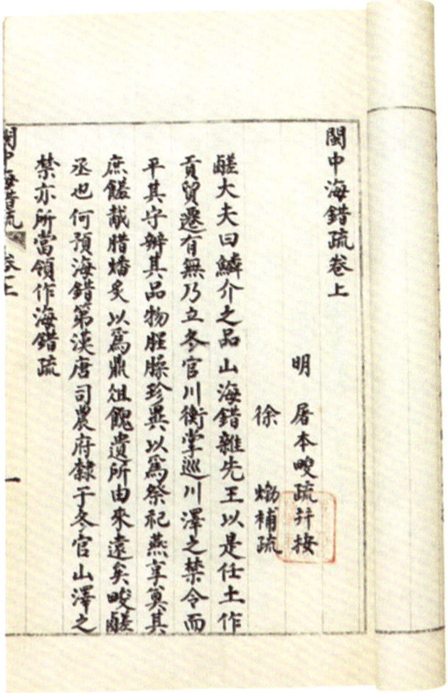

閩中海錯疏卷上

明　屠本畯疏并按

徐　𤊹補疏

鹺大夫曰鱗介之品山海錯雜先王以是任土作貢貿遷有無乃立冬官川衡掌巡川澤之禁令而平其守辨其品物腥臊珍異以爲祭祀燕享奠其庶饈胾腊燔炙以爲鼎俎饌遺所由來遠矣畯鹺丞也何預海錯第漢唐司農府隸于冬官山澤之禁亦所當領作海錯疏

屠本畯撰《闽中海错疏》书影

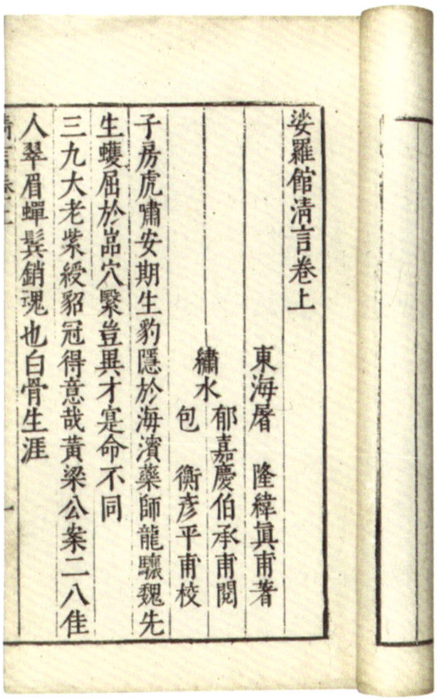

娑羅館清言卷上

東海屠　隆緯眞甫著

郁嘉慶伯承甫閱

繡水　包　衡彥平甫校

子房虎嘯安期生豹隱於海濱藥師龍驤魏先生蠖屈於嵩穴槩豈異才寔命不同

三九大老紫綬貂冠得意哉黃粱公案二八佳人翠眉蟬鬓銷魂也白骨生涯

屠隆撰《娑罗馆清言》书影

名，无非托物寄志。尤其是明代，从山水园林、风花雪月、楼台馆阁，至膳食酒茶、文房四宝、博弈游戏、器物珍玩等各色物质充盈，清供、清玩、清赏这类生活情趣形成一种普遍的风气，这是屠隆《考槃余事》、屠本畯《闽中海错疏》《野菜笺》《离骚草木疏补》等书产生的背景。这种雅玩风尚一直持续到近代，收藏大家如马衡、秦康祥等。现在月湖北端的范宅改为古玩市场，也算是月湖曾经风尚的一种延续吧。

明清士大夫这种追求洒落、自得、闲适、安乐的精神境界，有点类似于魏晋名士追求的率性洒脱；也有些像道家崇尚自然，追求“无为”；还类似禅宗追求心灵超脱，将顿悟沉淀到日常洒扫之间，以达成心灵的安顿、自在、闲适的澄明之境。但是在晚明士大夫看来，玩物不但没有丧志，相反能够采真，即获得人生真谛。一方面，尽管明代月湖房舍越来越多，世俗生活也越来越喧嚣，因为有园林、文玩、古物等具有鲜明文化特征的物质符号精心打造的审美堡垒，士大夫们实现了“结庐在人境，而无车马喧”诗意栖居的生活境界。另一方面，他们并没有放弃自我的社会职责和道德价值追求，这是他们在坚持社会道义与责任的同时，化解那些强烈的忧患意识所带来的心灵痛苦和精神负担。儒家士大夫是一批有文化理想的人，曾子说：“士不可以不弘毅，任重而道远，仁以为己任，不亦重乎？死而后已，不亦远乎？”但“道”实行起来非常难，所以叫任重而道远，必须坚持下去，死而后已。孟子说：“我善养吾浩然之气。”“富贵不能淫，贫贱不能移，威武不能屈，此之谓大丈夫。”但并不反对追求快乐、超然，在《论语》中记录孔子问及弟子志向，曾点说：“暮春者，春服既成，冠者五六人，童子六七人，浴乎沂，风乎舞雩，咏而归。”孔子喟然叹曰：“吾与点也。”孔子也是渴望这种自由自在、超脱的生活。王阳明更是高度肯定曾点的志向：“点也虽狂得我情”。这是士大夫精神必有的另外一个面向，即追求任性逍遥：他们需要懂得如何超脱外物所累，实现心灵爽朗自由的自得境界。即使生活陷入困境，也安贫乐道，了然与超脱于得失、毁誉、生死，是谓“孔颜乐处”。从本质上说，他们与追求自我娱乐和欢愉喜庆的市民阶层有着本质不同，他们注重的是自我表现和性情陶冶；也与高智商、世俗化的精致的利己主义者有着本质区别，他们内心贯注着“志于道”的士大夫精神。他们的取向包含圣贤气象，即向外追求圣人之道的弘扬，向内实现自我心灵的完满。

但这种风尚也容易造就一批脱离实际而空谈心性的文人学者，他们空有圣贤之志，却既不能带兵打仗，又不能管理社会经济，不能解决社会现实问题，即所谓“平时袖手谈心性，临事以死报君王”。为科举考试而制定的功令文字八股文，更是助长这种风气。八股文虽也讲清真雅正，书理纯密，但读书人常常“不求文章中天下，只求文章中试官”，期望毕其功于两榜，迅速拿到进入统治者行列的入门券。道光间杨文荪为《制义丛话》作序，曾总结说：“重之者曰：制义代圣贤立言，因文见道，非诗赋浮华可比，故胜国忠义之士轶乎前代，即其明效大验。轻之者曰：时文全属空言，毫无实用，甚至揣摩坊刻，束书不观，竟有不知史册名目、朝代先后、字书偏旁者。故列史《艺文志》，制义从未著录。”这就是明清之际，一些思想敏锐而深刻的士大夫对士大夫精神提出新的要求的历史背景：内圣也须外王，大丈夫的圣贤气象必有豪杰精神，有实心任事的担当精神。黄宗羲在月湖主创的证人书院，即以经世致用为价值核心，大力提倡实事求是之学，将学术研究范围扩大到史学、社会、思想和自然等领域，天文、地理、山岳、风俗、制度等，都被列在探究问学之内。讲学内容“以经术为本，辅之以史学，统之以文学，以及天文、地理、数学等”，讲学强调独立思考、思想自由，以实事求是的学风，探求义理。《清史稿·列传二百六十七》记：“（黄宗羲）尝谓明人讲学，袭语录之糟粕，不以六经为根柢，束书而从事于游谈。故问学者必先穷经，经术所以经世。不为迂儒，必兼读史。读史不多，无以证理之变化；多而不求于心，则为俗学。故上下古今，穿穴群言，自天官、地志、九流百家之教，无不精研。”其著作既有《明儒学案》《宋元学案》《明夷待访录》《孟子师说》等在以实学求实用精神指引下著述的，带有启蒙性质；也有《易学象数论》《今水经》《大统历推法》《四明山志》等天文历算、数学地理方面的著作。黄宗羲的批判已经超越了儒家传统的“以德配天”“天命转移”的水准，达到了对整个君主制度的否定。可以说，月湖见证了中国最早对政治制度问题进行深刻批判的声音，最早对未来理想民主社会设计的蓝图，这也是甬上证人书院的价值所在。

故而，如若见月湖士大夫惜爱酒茶娱乐，以为多文弱之气，而少士人刚健之气，这便是对月湖文化的错解。在明代，宦官、权贵为虐，皇权极致，草菅人命，严重影响国家的正常秩序，为了国家社稷、黎庶安危，月湖士大夫不惜以死谏言。明朝灭亡后，宁波出现了西湖八子社、南湖九子社、西湖七子社、南湖五子社等遗民结社，不仅将亡国的悲哀赋之于诗，以为“变征之声”“风雷之文”，还前赴后继参与反清活动，为之牺牲生命而不惜。他们都是以圣贤与豪杰结合的精神人格自励。有意思的是，黄宗羲还是四明内家拳的一位记录者，曾为拳师王征南作《王征南墓志铭》；其子黄百家为王征南弟子，著有《内家拳法》和《王征南先生传》。四明内家拳始于宋代张三峰，嘉靖年间再传至宁波的张松溪，是一种见习于四明士人间的武当派最原始拳种之一，其以拳道为介质，内外皆练，刚柔相济，性命双修，所谓“实精神，修身心”。黄宗羲以之为拳术中行家里手，“有所谓内家者，以静制动，犯者应手即仆，故别少林为外家”，故冠以“内家”二字。某种意义上，四明内家拳就是月湖士人精神的一个隐喻。

五、牡丹灯笼、月湖旧俗与江南诗性文化

孔子曾以“上智”与“下愚”来划分社会人群，所谓“唯上智与下愚不移”（《论语·阳货》）。“上智”即为代表社会统治阶层的知识分子，“下愚”即指被统治的平民百姓。“不移”指社会结构二元对立，不能改变。但是历史发展并不是这样，尤其是近世以来，中国统治阶层与平民社会有着广泛的互动。从人类学的角度来看，孔子所说的“上智”与“下愚”这一文明结构，应该表述为“大传统和小传统”。大传统指代表着国家与权力、由城镇的知识阶级所掌控的书写的文化传统；小传统则指代表乡村的，由乡民通过口传等方式传承的大众文化传统。美国人类学家罗伯特·雷德菲尔德在1956年最早提出这一概念，后来在运用中改称“精英文化与通俗文化”。

这两种传统之间一直是相互渗透、相互影响的。其实，从文化史的角度来看，要定义大传统与小传统情况非常复杂，中国文化是源远流长和多层叠加、融合变化的。也许起于河姆渡文化时代的神话所蕴含的思维与观念才是中国的大传统，而这些多样性与丰富性的中华上古文化，从春秋战国时被中原中心和汉字中心的小传统所遮蔽。这就是从20世纪90年代开始，国家先后启动了建国以来最大的两个综合性文科项目——“夏商周断代工程”和“中华文明探源工程”的原因。因为有了上古史探索的新材料和新认识，我们有了对文化大传统的更具整体性的理解，这能够使人更自觉地去关注大小传统之间的演进和变化关系。

月湖文化的勃兴是在两宋时代，虽然以士大夫文化为主导，我们其实无法确定或判定月湖文化是上智还是下愚，高雅还是通俗，准确地说，是不同阶层、不同层次的雅与俗组成了这一个时代的文化，大、小传统在这一时代有了新的融合。就月湖书香而言，我们能够肯定它在走向成熟，发育定型，但很难说整个发展是“雅化趋势”还是“俗化趋势”。士大夫的雅文化在两宋时代日益扩大范围，不少直至唐代都被视为俗文化组成部分的文艺形式如词、绘画等，日常生活内容如饮食、陶瓷等等，由于受到士大夫的青睐，而被注入了浓厚的文人情怀和情趣，日益雅化。这在《书、画、

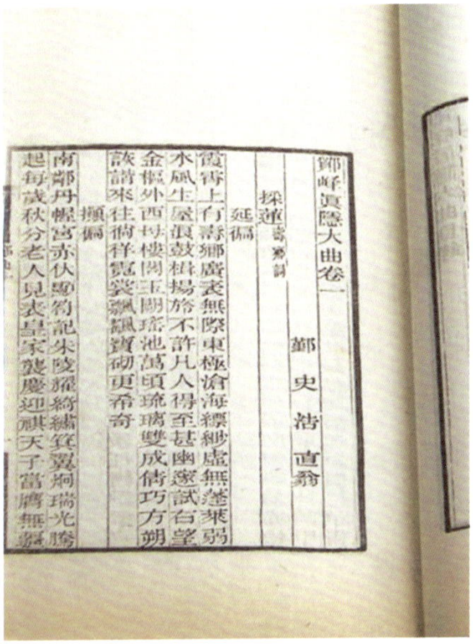

史浩撰《鄮峰真隐大曲》书影

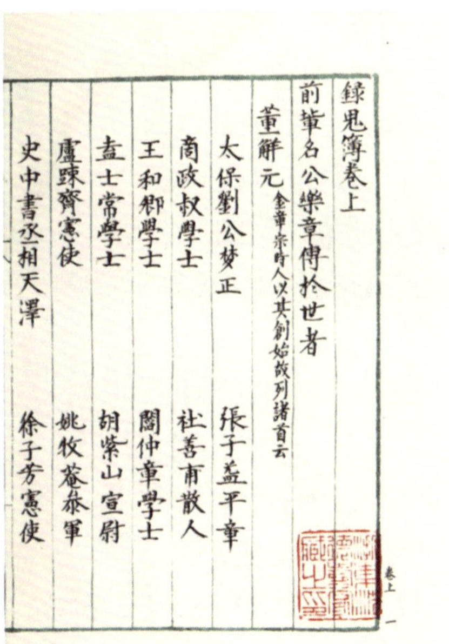

錄鬼簿卷上
前輩名公樂章傳於世者
董解元 金章宗時人以其創始故列諸首云
太保劉公夢正 張子益平章
商政叔學士 杜善甫散人
王和卿學士 閻仲章學士
盍士常學士 胡紫山宣尉
盧疎齋憲使 姚牧菴參軍
史中書丞相天澤 徐子芳憲使

钟嗣成撰《录鬼簿》书影

篆刻与艺术化人生》《酒、茶及士大夫生活》等文章中已经有较多的讲述。而在南宋，代表俗文化的俗文艺，如说话（话本）、杂剧、南戏，以及其他各种讲唱、表演文艺形式，有了更为宽广的接受天地和旺盛的生命力，甚至成为能够代表文化思潮或水平的文艺形式，士大夫的笔记小说叙述记录其繁盛状况，在诗、词中对这些俗文艺的演出也有不少反映。比如史浩的《鄮峰真隐漫录》50 卷，有《鄮峰真隐大曲》2 卷、《词曲》2 卷，保存了许多不易见到的宋代大曲的歌词。史浩撰制《鄮峰真隐大曲》是出于应制的需要，南宋高、孝年间宫廷应制之风盛行，史浩作为宋孝宗“觞咏唱酬”群中的重要一员，应制经验丰富，相关作品也较多。如《采莲》（寿乡词），分“延遍、摇搓遍、入破、衮遍、实催、衮、歇拍、煞衮”8 个部分；《太清舞》，内容为游仙求道之歌，也是 8 个部分。民国时马廉居于马衙街，发现了从天一阁散出的宋元话本《雨窗集》《欹枕集》，明抄本《录鬼簿》。《录鬼簿》，作者钟嗣成（1279 ～约 1360），是第一部为戏子立传的书籍，“鬼”，实为戏子；记录了自金代末年到元朝中期的杂剧、散曲艺人等 80 余人。

我们可以想象，在经济重心不断南移的过程中，江南地区也逐渐取代中原地区，到了北宋中期，江南经济已经处于全国经济最重要的核心地位。江南商业城市打破了传统高墙市门、鼓钲锁钥的坊市结构，其中的“茶楼”“瓦肆”等公共空间，为娱乐性的俗文化发展提供了空间与市场。宋高宗南渡，逃难至温州，为满足达官贵族的娱乐需求，出现了瓯越一带的傩舞与北方成熟的叙事性说唱文学相结合的艺术样式“南戏”，即以代言体的形式搬演长篇故事。新艺术以强烈的画面感、情境感，得到了世俗社会的追捧，以商业繁荣的江南城市为中心，新兴的市民阶层成为庞大的消费群体，推动南戏发展，在宁波、绍兴、杭州、泉州、潮州、衢州、婺州、淮安、扬州等城市迅速扩散流行。这是史浩等人记录这些戏曲、弹词、鼓词、俚曲等作品的历史背景。

南戏成熟于12世纪前期，北杂剧成熟于13世纪前期。北杂剧在元代统一后，空前展现了中国戏曲的生命力量，涌现了一大批一流的剧作家和剧作，一大批一流的演出团体和演员，固定剧场遍布城乡；后期中心移至杭州，主要剧作家主要是在杭州活动，也就是钟嗣成写《录鬼簿》之时，戏剧家赵良弼、屈恭之、刘宣子、李齐贤等都为钟嗣成的同窗学友。入明以后，元杂剧走向衰落，而南方戏剧家逐渐成为民族文化主体精神的新的代表，南戏中兴，余姚腔等声腔随着商人的辗转，流变全国，传奇性、舒卷、自由、放达、瑰丽的戏剧审美方式，由此横贯明清两个时代。宁波出现了一批著名的戏剧家、戏剧作品与戏剧理论著作，如高明根据宋代的《赵贞女蔡二郎》作《琵琶记》，《琵琶记》被称为“词曲之祖”；鄞县人周朝俊作《红梅记》；余姚人吕天成作《曲品》。而屠隆被称为怪才，作传奇《昙花记》《修文记》和《彩毫记》等，这些士大夫不慕仕进，却把满腔才华注入民间艺术，使活跃于民间的南戏常常登上文艺的“大雅之堂”，有专家甚至认为屠隆就是《金瓶梅》的作者。像屠隆的这三部传奇还带有极强的自传性，他把传奇看作诗文，也当作自写情怀的作品，甚至把自己家人也编进了作品之中。他的作品肯定人性欲望，以“尚情”为旨归，借他人酒杯抒怀写愤，这也是明代中后叶文人人生观念与价值观念变化的具体显现。或者说，这一时代人们对雅、俗文化的区别，已不再是素材内容或形式方式等现象层面的问题，而是进入了意蕴层。人的精神素养、生活态度、审美理想情趣等“意蕴层”，成为判断雅、俗的标准。

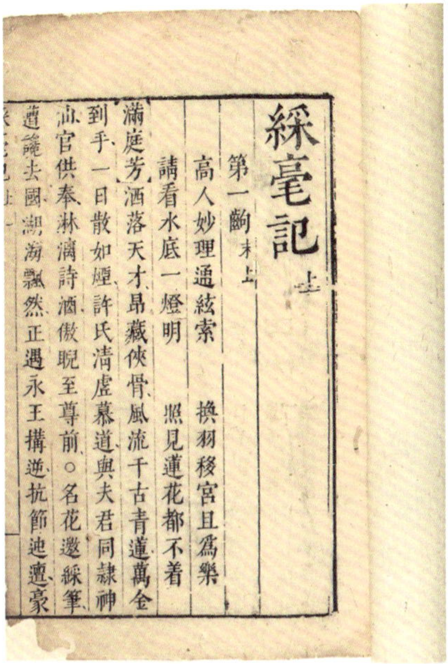

屠隆撰《彩毫记》书影

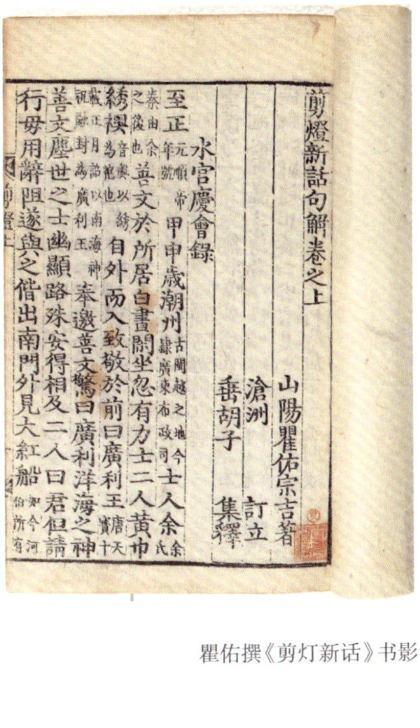

瞿佑撰《剪灯新话》书影

在元朝末年，江南爆发了声势浩大的农民起义，苏州一带为张士诚占领，一个名为瞿佑（1347 ~ 1433）的书生，离开平江，辗转来到方国珍占据的庆元。当时，方国珍致力保境安民，百姓安居乐业，比起战事频繁的中原等地，可谓天堂。1378 年，31 岁的瞿佑在月湖之畔写出了一部传奇小说集《剪灯新话》。其中有一篇取材于月湖的小说，叫《牡丹灯记》。瞿佑受月湖热闹的元夕灯会启发，写方国珍时代，居于镇明岭下的乔姓书生在元宵灯会那天，夜遇奉化州判之女符丽卿，然符丽卿实为暂厝湖心寺之鬼。乔生知道后大惧，请玄妙观魏道士授以道符悬于门及床。后乔生难解日夜思念丽卿之苦，一月后因到湖西衮绣桥访友，酒醉回家，取道湖心寺，径入寺中；邻翁发现时乔生去世已久。后每逢云阴月黑，往往见乔生与女携手同行湖畔。全祖望为此写过一首竹枝词："初元夹岸丽人行，莫是袁家女饭僧。若到更深休恋恋，湖心怕遇牡丹灯。"

有人以为《剪灯新话》是明代文言传奇小说的开山之作，上承唐传奇，下启《聊斋志异》。以魏晋志怪谈狐说鬼的传统，借闺情艳遇、神仙鬼怪之类故事，"劝善惩恶，哀穷悼屈"，曲折地表达着自己的思想感情，反映元末离乱的现实生活，因"造意之奇，措词之妙"，一出世便产生很大影响，用瞿佑在《自序》中的话说，"客闻而求观者众"。在《剪灯新话》之前，没有产生过一本个人纯自创的传奇集，同时小说集也以大写时事的新风，触及民生疾苦，塑造一批栩栩如生的下层市民形象，显示出小说创作的艺术自觉。在他之后，出现众多仿拟之作，有永乐年间李祯的《剪灯余话》，万历年间邵景詹的《觅灯因话》，三者合称“剪灯三种”。它们的一些篇章被收入《艳异编》《女聊斋》等明清两代小说类编，一些篇章被改编成话本小说和戏曲。《剪灯新话》除战乱纪实、文人罹祸和儿女情恋的主题吸引人外，也以独特的话语方式，如对“寺庙”“夜晚”聚焦，大量有趣诗词的穿插，它实际上是一部创新的“诗文小说”，以其细腻真切的描写、极强的抒情性等，受到东亚诸国读者的欢迎。瞿佑是一位懂得抓住大众读者心理且具魅力的作家。他的作品在15世纪起就开始风行朝鲜，后来一直在日本、越南盛传。其中《牡丹灯记》在16世纪传入日本，1666年，僧人浅井了意将其所编的《伽婢子》改名为《牡丹灯笼》，后因江户时代末期的怪谈高手三游亭圆朝的改编而成为日本著名鬼话故事，在明治时期成为歌舞伎剧的大作。但是《剪灯新话》在中国却经历了长期被禁的命运。1442年，国子监祭酒李时勉上疏英宗皇帝，以《剪灯新话》为例，以为“经生儒士，多舍正学不讲，日夜记忆，以资谈论”，奏请严禁，对印卖收藏者一概问罪。这一奏议的实行使《剪灯新话》成为中国历史上被官方明文禁毁的第一部小说。故而国内流传的《剪灯新话》一直残缺，直至1917年，藏书家董康在日本发现了瞿佑《剪灯新话》足本4卷21篇，才得以重现。

从《牡丹灯记》及至《剪灯新话》在月湖写成，一方面让我们想见月湖民俗在宋代以后的繁复。旧时宁波民间以为元宵节这一天福神“上元天官”下凡赐福人间，宁波城乡燃灯演剧，笑语盈盈，喜气洋洋，共祈新年福星高照。史浩《粉蝶儿·元宵》描写：“一箭和风，秾熏许多春意。闹蛾儿、满城都是。向深闺，争翦碎、吴绫蜀绮。点妆成，分明是、粉须香翅。玉容似花，全胜故园桃李。最相宜、鬓云秋水。怎教他，却去与、庄周同睡。愿年年，伴星球、烂游灯市。”这种风俗在民国时还非常兴盛，1891年3月2日《申报》载：“宁城为四明旧地，春秋佳日，盛事良多，每当金吾弛禁，玉漏停催，火树银花，争奇斗胜。今岁好事者所制新式人物、翎毛各灯尤为奇丽，初有绸扎彩亭为之开路，继而狮子、凤凰灯、白象、白鹤灯，又有幼童

月湖花屿临水戏台

八人，稚齿、韶颜、熏香、剃面、手执明灯为八仙会聚之戏。此外，又有稚子多人，身骑五色马灯、轮船一统万年灯，无不鲜艳夺目，遍迎城厢。沿途翘首立跂足观者，如水如云，洵一时之盛也。"繁盛的城市经济、颇具规模的江南市民社会与人情世风的转变，是迎合市民阶层欣赏趣味的文学兴起的原因。瞿佑寓居四明，拜四明文学大家王厚孙为师，王厚孙即宋礼部尚书王应麟之孙，思想上推崇陆九渊学说，故其小说中又有一种放达和反传统的意识的原因：他正视人间情欲，并不惧怕“涉于语怪，近于诲淫”。

另一方面，由《剪灯新话》的曲折命运，让我们联想到明代宁波城市发展遭受的挫折，如海禁裁撤宁波市舶司，然后引发倭寇之乱，宁波众多士大夫都参与过抗倭战争。而宁波旧称明州，明洪武十四年（1381）为避国号讳，改称宁波府，取“海定则波宁”之义。从这一改名之中，也可以看到封建朝廷的闭守，透露着他们对海洋文化所包含的风浪的惧怕。这些事件的背后，其深层次的冲突在于文化传统。江南所呈现的新质和气象，与老大沉重的封建体制有着极大的矛盾；尤其是在清代，为巩固政权，对于历来的人文渊薮之地江南更是严加防范和治理。这种类似于新质小传统对历史大传统的挑战，刘士林以为是一种“江南诗性文化”与“伦理文化”的冲突。明清两代，北方是政治、军事与意识形成的中心，而江南文化常常扮演的只是一个附属的角色。北方常常以审判与批判的眼光看待江南文化；似乎江南文化常常包蕴异质，尤其是江南的俗文化，需要整治与收拾。然而，事实是与侧重发展儒家文化的北方文化不同，魏晋以后江南文化对儒道释精神主动吸收与融合，是能够产生玄学、宋明理学等试图糅合儒道释的文化创新的载体，江南的文化早已由原初的尚武转到了崇文，而这一文化在历史上因异族入侵而导致“文化性归零”的劫难极少。“从现代性的角度看，由于江南诗性人文代表着中国文化中稀有的个体性因子，因而它最有可能成为启蒙、培育中华民族的个体性的传统人文资源。尽管它主要局限在情感机能方面，不够全面，但毕竟是来自中国文明自身，也是我们所能设想的最有可能避免抗体反应的文化基因。”（刘士林《在江南发现诗性文化》）

我们可以这样理解，屠隆的传奇、瞿佑的文言小说是江南诗性文化的一个侧影，他们的作品是精英阶层与人口规模日益膨胀且较有文化水准的小市民、商人阶层长期互动的结果，显现着对人性的呼唤与对气节的期许，构成了江南新的传统，这种传统是我们透视元末明初以来思想变迁的最佳窗口。就文学发展史而言，如果南北文化对唐诗、宋词、元曲的贡献还能平分秋色的话，那么到了明清，传奇、小说则几乎是江南文化的天下。

传奇、小说，这些不登以诗文为正宗的中国文学大雅之堂的文化，经过明清江南文人作家的努力，成为一代之文学。尤其是在江南士大夫的政治生命受到压抑或死亡之后，他们的精神生命与审美机能却因祸得福，获得了充分发展的机遇与空间：他们在江南的城市与乡镇的文化苦旅中，启示人去领悟生命的真正秘密和生命的自由神性，直接创造成了江南文化的新精神。尽管在中国二十四史等华章典籍中，未必有他们的传记，但当马廉这样一些关注小说、民俗研究的专家，从天一阁等民间藏书楼散逸出来的书籍中发现他们的身影、声音的时候，一个被大传统掩盖着的生机勃勃的世界终究敞开在现代人的视野之中。

李泽厚曾经做过一张表，将中国的艺术发展加以区分。

时代	先秦两汉	六朝隋唐		宋元	明清近代
哲学	儒	庄	屈	禅	
客	气	道	象	韵	趣
主	志	格	情	意	欲
中介	比兴	神理	风骨	妙悟	性灵
举例	顾恺之、杜甫、颜真卿	陶潜、张旭、李白	阮籍、王羲之、柳宗元	王维、苏轼、曹雪芹	徐渭、汤显祖、李渔
美（在）	礼乐、人道	自然	深情	境界	生活

在这张表格中，李泽厚主要在梳理各个时代哲学与美学追求之间的关系。这种处理相对比较约略，因为历史的流变不能绝对分割，它们之间本来就是紧密联系和互相渗透着的。正如李泽厚在举例中的人物，可能涉及各个时代的艺术家。但这张表却让我们较为清晰地看到江南士大夫审美视野的变迁。宋元两代，月湖士大夫对于境界的追求，如舒亶、史浩等，有似于王维、苏轼；而明清两代，月湖士大夫较多地关注生活，如屠隆、瞿佑，有似于徐渭、李渔。他们历史地建立着情理相融的人性心理这一本体；而这一表达的流变，可能正是中国几万年甚至更长时间累积而成文化积淀的大传统。他们对生活的解释，关于人"活得怎样"的描述，不是在寻找一个绝对平均主义的、思辨的、不变的精神，而是贯穿着经验的、多

元的、相对而言的、变化的“情本体”；他们在创造美的意境的同时，追求着“悦志悦神”的精神享受。李泽厚没有对明清近代士大夫的哲学做界定，如果需要指出的话，应该就是心学。

清代中叶以后，明清文人传奇的黄金时代过去，上升为“雅部”“正音”的昆腔衰落，成为地方性剧种。但江南民间仍然为中国戏剧发展提供了新的动力，“花部”“乱弹”兴起。花部戏剧题材伸展到普通人生活的方方面面，尤其擅长讽刺和嘲笑，表达百姓的喜怒哀乐；唱腔明快激烈，字多腔少，曲白通俗易懂；它们以地方民俗等活动为依托，逐渐从农村走向城市；并随着商人流动，以各地的商帮会馆为据点，在各省市串演。甬剧的前身滩簧小戏，从浙东的乡间走来，在宁波各个剧场包括月湖周边的庙台、祠堂的戏台上演，以文人创作的剧本为中心的戏剧文化活动，转向以表演为中心。地方戏虽然繁荣，但因剧作家匮乏，戏剧文学并不发达。而从月湖融合雅俗的江南诗性文化来说，在这一转变过程中，总体走向了衰落。文化的发展受制于经济与社会的现状，在宁波市民阶层更多地停留在由经济活动和商业精神结合起来的社会联合体，多是借助曲折的情节力量、丰富的细节、戏谑的语言，状写平淡无奇却五花八门、多姿多彩的社会风习、人情世态与悲欢离合，以供广大观众消闲，但未能突破政治权力体系和占有优势地位的小农经济的双重限制，也就未能出现西方意义上的那种市民社会，情感的体验、文化的视野与精神的高度自然受到限制，比如地方甬剧，“串客”时期的知名剧目如《卖馄饨》《卖冬菜》《绣荷包》《庵堂相会》《打窗楼》《扒垃圾》《康王庙》以及十马浪荡戏等，成熟时期《天要落雨娘要嫁》《双玉蝉》《半把剪刀》《啼笑因缘》《三篙恨》等，都是家长里短、男女爱情、社会丑恶等，新闻性强。虽然幼稚、粗糙，却也清新、活泼，洋溢着浓郁的生活气息和乡土味道。这也是整个清代末叶江南文化发展的状态。这一时期，月湖士大夫们在书、画、篆刻等方面有着较大成就，但在小说等方面，除姚燮等人对《红楼梦》有较深研究外，大都涉猎较少；较有影响的是曾经就读储才学堂的洪佛矢、鄞县县立女子中学的苏青与鄞县县立中学的女作家於梨华等。

六、灵应庙、镇明岭庙、清真寺及其他

月湖规模化的建设始于北宋，至明代形成了完整的街巷格局。从这些街巷的命名大致也可以看到月湖的历史。从月湖西区说起，北面芙蓉洲有偃月街，因偃月堤得名，纪念北宋郡守钱公辅治理月湖。三板桥街因巷内有三板桥得名，三板桥建于南宋，明代时杨氏家族主要居住在这里。菱池街因明代万历年间南京刑部尚书赵参鲁，在建宅第时将大门前河道砌成菱形水池，称为“菱池”，街以池得名。天一街因天一阁而得名，旧称中营巷，因清雍正五年（1727）建有中营，设有中营校场等。雪汀上有大书院巷、小书院巷，因清代的月湖书院而得名。烟屿桂井街，因明代陆懋龙宅第后花园有一棵桂树，盘枝曲结如井圈，人们称之为“桂花井”。宝奎巷，得名于史浩的宝奎精舍。广济街因广济桥得名。镇明路以镇明岭而得名，为古城主轴线。宋天禧中（1017 ～ 1021），郡守李夷庚浚清澜池，以其土筑为州治案山，即为镇明岭，以为城门挡风；岭上建佛亭；现山岭已经平为道路。月岛西面有云石街，旧有云石，有亭子般大小，“石起平地，逼于道旁”。相传每当阴雨，有云气蒙之，故名。郡守李夷庚以为“其脉从锡山来，融结于此”。一代鸿儒南宋王应麟即隐居于此，云石街现有王应麟铜像，隔镇明路月岛公园入口处有一残坊，是为南京兵部尚书张时彻的尚书坊。

因为月湖东区在世纪之交改造为园林，所以很多街巷已经成为历史名词。只有公园中几处矗立的建筑还标志当时街巷的大致位置。史氏故里，有一片较大的古建筑群；其中一院落改为宁波玉文化博物馆；玉坚韧、内敛，外物难入，虽被污浊遮盖，石皮隐藏，却不改其本性，经过艰苦琢磨就会显现出来，在儒学中象征五德，东汉许慎《说文解字》说：“玉，石之美者有五德。润泽以温，仁之方也；䚡理自外，可以知中，义之方也；其声舒扬，专以远闻，智之方也；不挠而折，勇之方也；锐廉而不忮，洁之方也。”这可谓是宁波士大夫精神追求的形象写照。卢宅，原天德巷27号，在九曲巷之北，原名为赵天德弄，清末民国初，有赵天德在此开染坊，

广济街

镇明路

以人名巷。大方岳第，也叫“张方岳第”，原位于紫薇街，为明代贵州布政使张渊之故居，建于嘉靖年间（1522 ~ 1566），《四明谈助》说：“正宅面南，宅东跨河建大门，石栏雕琢，绝精巧。前为张中丞第，高丽张氏亦居此。本系元时方平章花厅。方氏之前，尚是史氏世禄坊旧物。”张渊，明嘉靖二十六年（1547）进士，为宋代名相张知白第二十一世孙，元代曾避居高丽，明代时重回宁波，故又称为“高丽张”。因尧舜时有四岳分掌四方诸侯，周代有方伯为诸侯之长，后人以“方伯”“四岳”来称谓省级州府大吏；张渊为贵州布政使，故称大方岳第。如蒋宅，位于九曲巷，九曲巷因其巷道形状有九个弯曲而得名。再往前有欢喜巷，明万历三十五年（1607）大理寺卿徐时进与僧宏祥建大欢喜庵于湖边，巷以庵名。因为改造，仅剩下几幢作为文物保护单位的历史建筑，历史格局、传统街巷这些城市肌理，已经无法辨析，更无从还原这些曾经的院落、里弄等空间结构中，隐含着的人文情结、特定时期内的社会价值倾向。

在这些街巷之中，我们会发现精神性建筑之丰富与密集，完全超出了区域几万人的精神需求，这些建筑是整个城区甚至是宁波整个地域的精神中心，标志着宁波的文化特色。这些建筑年代最久远的应当是灵应庙，位于月湖盛园，南临镇明路。始建于唐圣历三年（700），几经兴废，现仅存正殿，为1919年重建。庙宇祭祀的神是鲍盖，所以俗称鲍郎庙。鲍盖是汉代末年鄞县东钱湖人，生前为县衙小吏，死后传说能显神灵，故而

盛园灵应庙

被乡里百姓尊称为神，立祠祀祭。梁朝大通年间（527 ~ 529），定襄侯萧祇为扬州刺史，来浙东围剿骚扰临海、海盐等沿海百姓的强盗。在迎战前，置鲍盖神像于谯门，祈求保佑，后大获全胜。萧祇以之奏报朝廷，梁武帝下令扩建鲍郎庙，并改称为“永泰王庙”。北宋崇宁二年（1103），礼部尚书丰稷以为鲍君永泰王庙额犯了哲宗皇帝的陵名，宋哲宗死后葬于河南省巩县永泰陵，请求改庙额为“灵应”，皇上同意改名。自宋以来，鲍盖在地方官员的奏请下，多次被朝廷敕封，提升为著名的地域海神，庙宇规模也不断扩大，成为宁波乃至浙东地区的大庙。

镇明岭庙北去灵应庙一里左右，西临镇明路。此处原有李夷庚所建佛亭，元代时毁。镇明岭庙坐东朝西，正殿为硬山式三开间平屋，建于清嘉庆二十五年（1820），祀六邑城隍之神。当时宁波府属邑有六，即鄞、奉化、慈溪、镇海、象山、定海。城隍是汉族民间和道教信奉守护城池之神，是冥界的地方官，一般由有功于地方民众的名臣英雄充当；信仰始于南北朝，唐宋时滋盛，宋代列为国家祀典，到明代达到鼎盛。这一公共的文

镇明岭庙

化空间，后来成为宁波“海上丝绸之路”的重要见证，据说当年不少朝鲜半岛上的新罗人到达宁波后，在这一带居住办公，成为他们在中国境内的根据地和落脚点，一则联络内地，办货购物，二则便于出海远航，抛泊船只。

镇明岭庙北去几十米便到了柳汀街，柳汀街即以柳汀得名。柳汀是月湖的中心岛屿，也是精神建筑的集中地，从东到西分别为关帝庙、居士林、贺秘监祠等，在居士林前有照壁与瀛洲接武坊。岛屿与东西相接分别为陆殿桥与尚书桥。这些人文景观与居住烟屿的明代陆氏家族有关。陆殿桥与尚书桥前身为僧蕴臻“憧憧东桥”和“憧憧西桥”，“憧憧西桥”即今尚书桥，明天顺八年（1464），太守张瓒为刑部尚书陆瑜建尚书坊于桥之西堍，尚书桥由此得名；“憧憧东桥”在明崇祯三年（1630）改称陆殿桥，因大理寺卿陆世科在桥边所建关帝庙俗称“湖西陆殿”之故得名。宁波人崇奉关圣，在民间，关公司命禄、佑科举，并能治病除灾，驱邪辟恶，招财进宝，庇护商贾。在《宁郡地舆图》上标注了近110个社庙，其中关帝庙有十几个。日湖之延庆寺、月湖之陆殿、贯桥头之行宫、药王殿侧之连山会馆，都供奉关圣像，过去五月十三日相传为关圣诞辰，各供奉处或唱戏，或歌曲，锣鼓喧天，笙歌拂地，往往两昼夜始止。陆世科因不肯谄媚魏忠贤削籍归里，建关帝殿意在以关帝之正气压魏忠贤余孽之邪气。

瀛洲接武坊也与陆世科有关。明万历三十四年（1606），陆世科、李康先等17位宁波籍学子同时考中举人，宁波城内一时轰动。5年后，浙江巡抚甘士阶为预祝这17位举人今后能续接唐代杜如晦、房玄龄等“十八学士”旧例，得到朝廷的重用，为他们建造了这座三间四柱“瀛洲接武”坊。这座坊也是宁波城区现存最早、保存最好的石牌坊，坊额上仍然可见陆世科、李康先等17人的名字。在明代末期，陆氏家族出现了众多英烈人物，如陆宇爆等，还有一位著名的藏书家陆宝，学者称“中条先生”。其藏书楼称“南轩”，多异书秘本。后为抗击清军入关，陆宝将全部家产捐输军饷，披发遁入山林，藏书四散。全祖望曾寻访到部分遗书，如宋椠本《开庆宝庆》《四明》二志，《草庐春秋纂言》等，都为绝无仅有之书。

柳汀旧为北宋众乐亭所在地，南宋时祀李白与贺知章于逸老堂，即今之贺秘监祠。元代时建佛教居士林，1989年重建。佛教居士林址明代为四明驿，是日本勘合贸易船赴京进贡的起程站和其返国补充水源的基地，也是宁波府迎来送往、接待达官贵人的饮宴娱乐场所。“勘合”即指古时符契文书上盖有印信，分成两半，当事双方各执一半，用时将二符契相并验对骑缝印信作为凭证；明时外来朝贡的船舶必须持有朝廷事先所颁“勘合”。因为明代宁波港是中日勘合贸易的唯一港口，日本先后向明朝派出了20个外交使团，都是通过宁波出入中国。清道光十一年（1831），鄞县县令程璋倡导，士绅徐时栋之父徐桂林、吴章沚等捐资，在四明驿南，即最初的贺秘监祠旧址建立“柳汀义学”，祀文昌君。民国时，义学改为柳汀小学，文昌阁迁至雪汀，即今之超然阁。文昌，是天上星官的名字，叫文曲星，民间认为它是主宰天下文教之神，专门管理人间读书和文人功名。从柳汀的千年变迁中可以看出，柳汀一直为宁波的精神中心，同时这一精神中心在历史发展中不断流变，从士大夫的忧天下之情怀，逐渐走向民间，承载着世俗百姓对生活理想，比如高中科举的向往之情等。

最能见证月湖是多元文化集聚之地的，是雪汀后营巷的一个建筑：月湖清真寺。月湖清真寺是宁波市也是浙东地区唯一一处清真寺，目前为宁波市伊斯兰教协会所在地。据《鄞县通志》记载：宁波清真寺始建于宋咸平年间（998 ～ 1003），旧址在城东南狮子桥北侧，当时波斯商人来甬经商，建立伊斯兰教寺院，这也是宁波在唐宋时期对外开放的记录。元至元年间（1264 ～ 1294），清真寺迁至城东南海运公所南侧冲虚观前。清康熙三十八年（1699），又迁至后营巷重建。现存的清真寺已有 300 余年的历史。因为伊斯兰教规定穆斯林礼拜时应朝向沙特阿拉伯的麦加禁寺，所以清真寺坐西朝东。寺院大门三开间，重檐歇山顶二层楼房，青砖拱形门有门额“清真寺”三字，楼上为“望月楼”。寺中间为一穿廊，有光绪年间的匾额“西域咫尺”和乾隆年间的匾额“教一清真”等挂其上，四周古树婆娑，环境清幽，庄重肃穆。

唐宋以来，风光优美的月湖一直有众多寺庙庵堂，有家庙，也有公共祭祀之庙。如北面唐代有天宁寺，碧沚宋代有水仙庙，菊花洲有宝奎庙、欢喜庵，花屿历史上寿圣院、广福寺（湖心寺）、月湖庵相续接，雪汀宋有圣功寺，后为崇教寺，湖西在宋建隆间（960 ～ 963）建观音禅寺，又有节度使钱亿舍宅为能仁观音寺，即旧号“报慈院”，其址即为后来的广盈仓。月岛有花果园庙，也极为传奇，始为南宋史氏所有，庙神为司园之土地神；后传将军杜恺护卫宋高宗赵构到明州，因患病而住在花果园内，有两只出自安南（即今越南）的异兽陪伴于左右；故明代时，立庙祭祀杜恺。这在全祖望的《花果园庙记》中有具体记录。

而对于宗族性较强的近世家族来说，祠堂也是极为重要的精神中心。祠堂又称宗祠、祠室、家庙，是家族的圣殿，人们用高大的厅堂、精致的雕饰、上等的用材来建设他们的祠堂，用横匾、对联、画像、记谱等方式记录着家族的辉煌与传统。这种带有浓厚宗族观念的祭祀场所，源远流长。《周礼》规定，国君有太庙，然后有诸侯、王公的宗庙，士大夫的家庙，但普通庶民就没资格建家庙。汉代开始，民间有祠堂兴起，但拥有宗祠的家族极少。直

柳汀陈居士林

雪汀超然阁（旧文昌阁）

雪汀清真寺

柳汀瀛洲接武坊

柳汀贺秘监祠

至1536年，明代嘉靖皇帝颁布允许民间“联宗立庙”的诏令，民间建立宗祠获得合法的地位。月湖周边有大量的祠堂，如月湖盛园带河巷的李氏宗祠、三支街的吴氏宗祠，马衙街的秦氏宗祠，闻氏家庙、陈家祠堂等。闻氏家庙建于明代，全称为“闻庄简公家庙”，祭祀明代尚书闻渊，是这些现存祠堂中最为古老的，现在的马衙街一带过去均为闻家的居住地。闻氏家庙东面的陈家祠堂，建于清嘉庆末年，即清末著名人物陈鱼门的家祠。

闻氏家庙西面的秦氏支祠最为奢华富丽，现为全国重点文物保护单位。秦氏家族早年在上海以颜料业起家，后经营钱庄业，秦君安、秦际瀚、秦伟楚三代均是钱庄业翘楚，但为人却极其低调、不求闻达。1923年，秦际瀚回乡祭祖，欲重修宗祠，被族内长辈拒绝，故修支祠。修建者为在宁波建筑业界享有盛誉的胡荣记营造厂。该支祠1925年落成，清代状元张謇为此还撰写了《秦氏支祠记》。秦伟楚之子即为海派篆刻大师秦康祥。

李氏宗祠是民国建筑。砌街李氏为甬上望族，据《甬上族望表》：“砌街李氏，宋太尉显忠之后也。自青涧来。御史知衡州府循义，诗人生寅，诗人德丰，兵部侍郎谥忠毅檼，殉义礼部主事，诸生桐，从亡兵部主事文昶兄弟，兵部主事文缵，诗人文纯，征士文允（胤），其十望。”里面提到总共十个有名望的人，其实远远不止这些人；最为著名的即李杲堂（1622 ~ 1680）。吴氏支祠建于1926年，是光绪年间宁波商会首任会长吴葭臕的家祠，吴曾为晚清名臣张之洞的幕僚。

宋代开始，家族有“三十年一小修，五十年一大修”的传统。天一阁就汇集了大量族谱，著名的如鄞州《史氏宗谱》，镇海、鄞州《包氏宗谱》，奉化《蒋氏宗谱》等。张美翊、张世绅修治的《甬上青石张氏家谱》则在北京图书馆、吉林大学、浙江图书馆等都有收藏。众多家族的每一个子孙可以依据家谱的“房派图”“支派分布图”“迁徙图”“先世考”“世系图”，找到自己的宁波始祖，并由此能上推宁波始祖与中华始祖的代系，从而知道自己在整个姓氏体系中血脉传承的位置。月湖众多家族之所以能以平民之出身，而维系数百年的文化之繁荣，与这些家谱所强化着的家规家训、家族精神密切相关，尽管在这些家谱中，祖先的印记常常是他的官场履

马衙街秦氏支祠

马衙街闻氏家祠

盛园李氏宗祠

芙蓉洲青石巷

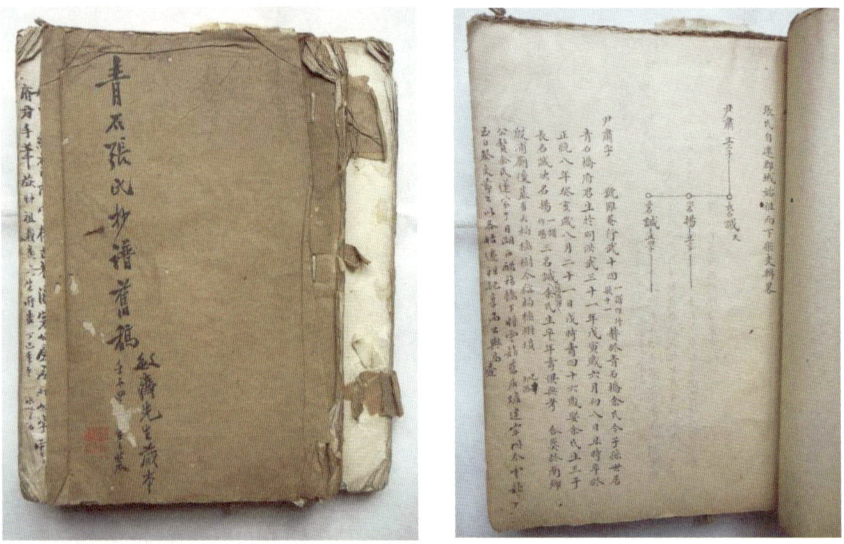

青石张氏抄谱旧稿书影

历，祠堂里挂着的是他们“进士”“文魁”等匾额，但要知道这些荣誉的获得在特定的时代里有多么艰难，需要付出多少超于常人的努力，其间渗透着道德征召的力量，纵贯着家庭、宗族、社会、国家这一个结构，这其实都是宁波人用礼敬的态度理解生命的意义。

从西河街移入天一阁的状元厅

有意思的是，在1994年西河街改造过程中，清代宁波最后一位状元章鋆（1820 ~ 1875）旧居文宗第的厅堂也移到天一阁内，位于秦氏支祠的西面。章鋆考中的咸丰二年（1852）进士第一，前一年文宗皇帝登极，这是为庆贺登极增设的一次科举考试，称“壬子恩科”，是年章鋆29岁。和义路宁波教育博物馆对章鋆的求学、科举的过程有一个详细的展示，其中最引人注目的是章鋆的状元卷，在闱墨卷中，章鋆对咸丰帝提出的“慎修以端宸极”“崇俭以维世风”“肄武以饬边防”、“储粟以赡民食”四个问题，进行了精辟阐释，格式严谨，构思缜密，书写整饬。章鋆也为一代书法家，宁波各地还有他题写的墨宝。美国传教士、崇信义塾教员丁韪良在其自传《花甲忆记》中记录，“朝廷的官员向章鋆家人和相邻高声宣读皇榜：章鋆在京城举行的殿试中高中第一甲第一名，成为新科状元”“整个城市因为他的好运而欢欣鼓舞。状元夫人应邀去宁波城的六个城门处，把大米撒在地上，以驱逐厄运”。章鋆中状元后，曾为新昌班竹村章氏宋祠、宁海水车石舌章村、鄞县高钱鹿山下章隘村等宗亲题写了“状元及第”等匾额，宁波章氏祠堂门前还竖立旗杆以示旌表。章鋆后授翰林院修撰，后累官至国子监祭酒。为福建学政时，所著《蜀儒学则》为世人所重，另有《望云山馆诗文稿》《治平宝鉴》等著作。

文化说到底就是一个人、一个群体的生活方式与价值观。无论精神性建筑，还是街巷的名字，从内在深处洞察，无不是一方人对生活价值的恪守与追求。这些价值观之间有着区别，但经过长期的磨合，之间互相融合；在某种意义上来说，月湖就是一个和谐的文化价值场。儒学的天人合一、以人为本、以和为贵、中庸等思想，道家的祸福相倚、对立统一、沉静无为等思想，佛教中的众生平等、慈悲为怀等思想，伊斯兰教的公正平等、自由宽容等思想，诸如此类辐辏在一起，构成了可以触摸与感受的文化生态，渗透于每一个人身上。士大夫书香生活的背后，是儒释道等思想的交织；有些人多些儒家入世精神，有些人多些道家出世之心，而有些人多些对禅意的倾心；有些人选择良相，有些人选择经商，有些人酷爱技艺，而有些人成了良医。在月湖历史上多有名医，唐代有陈藏器，著有《本草拾

迎凤街

遗》，唐玄宗赐其为“茶疗鼻祖”。月湖东区最北面为迎凤街，以迎凤坊而得名，北宋崇宁年间（1102 ~ 1106），明州名医臧中立为宋徽宗皇后治病，皇帝赐地建宅第，并建立“迎凤坊”。宋代还有日华子，著有《日华子诸家本草》。菊花洲范宅主人在明代即以医行世，后改为业儒。近代如儿科董水樵、半仙钟纯泮、内科范文甫、妇科宋氏、伤科陆氏等。如范文虎，20 岁时为县学附贡生，因直言无讳，被取消附贡生资格，于是绝意仕进，移志医学。其医术高超，性格怪异，故也最为传奇。贫病者求医不收诊费，方笺之上加盖私章，嘱病人到某药店取药，而到年终由他自己去结帐。是故行医 40 余年，家无余资。其性又好读书，涉猎经史百家，工诗文，擅书法，甬上士林誉其医理、诗文、书法为“三绝”。《类经图翼》说：“夫生者，天地之大德也。”从医又何尝不是关乎人伦的大德、大善与大道。《易传・系辞》中讲“形而上者谓之道，形而下者谓之器”，“百姓日用即为道”，无论从政，无论经商，无论学医，无论哪一样，其实都统一在经世致用这一“道”的文化场中；只是士大夫处于这一传统文化场绝对重心的地位。这也可能是

菊花洲大方岳第

月湖全景

移入天一阁博物馆的尊经阁

菊花洲范宅

菊花洲宁波玉文化博物馆

依着月湖，一条名为药行街的街道向着三江口延展的原因之一，这也是一个文化场的产物；这条在清后叶密集着五六十家药行的街道，其药业曾经辐射全国。

而当我们把目光投向士大夫们旧时的家园，就会发现月湖也是宁波完成城市与农村对话的接点。月湖不只是城市的月湖，而是宁波人的月湖。乡村是生长士大夫的根，城市则安顿着士大夫的魂；乡村在政治上依附城市，然而在城市经济、在人才结构上却依赖乡村的供应。而从宁波出去的绝大多数进士将设在通都大邑的寓居视作人生驿站，最后都要返归故里，成为士绅。而居留在乡村的知识分子多设馆授徒，耕教乡里，稳守乡村的社会重心；月湖正是宁波士绅的交汇与聚集的区域。如同月湖之水连接着六塘河两岸无数田园人家，士大夫沿着塘河而来聚集在一起，然而他们却没有离开过生长的故园，比如汪氏、史氏、杨氏等，在塘河的深处依然有着他们的宗族。出仕者则为士大夫，致仕者为士绅，未出仕者为乡绅，他们集教化、伦理、祭祀、宗教等诸多社会职能与权力于一体，宗儒守道、匡扶正义、崇文助学、敬宗收族、乐善好施、务本求实，成为控制乡土社会的主要权威，乡邑稳定、发展、和谐的主导力量。月湖是一个上连官方之政教，下系世人之耕读的地方。城市与乡村因为这一群人的流动，而有了一种无差别的统一，一种牧歌般的天然联系。有着影响力的政治官员可以回到农村，扮演乡绅的角色。如宋孝宗（1163 ~ 1189）时，丞相史浩在东钱湖上水建龙聚庵，在下水建无量寿庵。此外，又创建月波寺和“宝陀洞天”石窟，建立观音道场，并与附近的尊教寺、青山寺连在一起创建了南宋最大的“四时水陆道场”。从这个意义上说，月湖文化带有浓浓的乡土性。

科举的废除，是历史的必然。上海维新派《时报》当时就发文盛赞，“革千年沉痼之积弊，新四海臣民之视听，驱天下人士使各奋其精神才力，咸出于有用之途，所以作人才而兴中国者，其在斯乎”。然而，意想不到的是士大夫阶级瓦解后，国家与社会之间制度化沟通的渠道也丧失了，国家与社会、乡村与城市都发生了严重的断裂。科举制度废除是清政府迅速瓦解的原因之一。因为特殊的历史原因，比如在已然不再是经学传家的时代中，月湖没有大学这一时代的知识高地，月湖知识分子也多离开湖畔的家园，辗转走向上海，走向世界。自然的风化，人为的拆除，精英的散去，更因为生活方式与价值的变迁，月湖的文化空间逐渐消失了它的整体性，古典意蕴与风雅品质褪色。尽管从月湖走出的精英，诸如张美翊、五马等等，影响一个时代，但月湖还是走向了寂寞与萧条；而萧条的不仅仅是月湖，也是失却这一文化中心的乡村。原有的形成社会精英的方式发生突然的断裂，知识精英与乡土社一体化关系的松弛；乡村知识分子大量流向城市，在城市中寻求自己的生存与发展的机会与空间，乡村文化失却了再生机制，文化生态持续退化与空洞化。许多土豪劣绅乘机窃取各种公职，成为乡村政权的主流。旧时的乡村走向了分解，这是清末民国社会变动的一个大趋势，在宁波的一些乡村出现了衰败景象。传统士大夫有其传统文化的家园，可以回到亲切、舒适、惬意的家；然而近代知识分子失却这个根点。这也是近代知识分子相比较传统士大夫普遍存在的一个缺憾。

当前全球化语境与“文化强国”战略的背景，给予月湖文化空间的发展一个全新的机会。文化作为城市发展的重要资源，既是展现城市魅力的关键，也是经济潜力之所在。重新认识与辩证解读月湖文化空间，协调城市发展要求，解决地域化与现代化、人性化与功能化的矛盾冲突，已经成为当前宁波城市文化建设最为核心也最为迫切的问题，宁波需要用新的理念和方法处理城市历史与当代文化资源。月湖的更新不仅仅是要较好地保护街区的结构肌理，不仅仅在于恢复城市山水园林，不仅仅是讲述好这些遗存中的故事，咀嚼无限深长的文化意味，复兴千年文脉的落点应在于提供多样化、多层次的文化空间，更在于增强时间结构节点的文化影响力，让有文化力的人成为月湖空间的主体，让不同社会文化背景及不同阶层的居民都能各得其所、其乐融融，产生强烈的家园感和归属感。月湖完全有能力重回地域文化心理中心的地位。

附录

柳汀照水

月湖十洲除湖中四洲可辨外，东西六洲已与城市融为一体。为叙述方便，此文所列东西六洲范围要比历史上的六洲大些。其中芙蓉洲北至中山西路，西至长春路，南至马衙漕，东至月湖；雪汀北至马衙漕，西至长春路，南至柳汀街，西至月湖；烟屿北至柳汀街，西与南至长春路，东至月湖；竹屿西至月湖，南至长春路，北与月岛相接；月岛南与竹屿相接，东至解放南路，北至柳汀街，西至月湖；菊花洲南至柳汀街，东至解放南路，北至中山西路，西至月湖。其中月湖东区故迹以月湖至镇明路为主，镇明路至解放南路叙及与月湖相关部分。唐至清的文化古迹若未注今存，表示已经消失，民国与当代以现存为主，当代的包括一些后建的园林景点。所列故迹参照清人徐兆昺的《四明谈助》等。

月湖十洲及周围区域文化古迹略表

芙蓉洲	
宋	五显灵顺庙、赵学士锦里、虹桥（今存）、常平仓、史弥远大观文府、崇教寺
明	天一阁（今存）、范氏西园（今存）、闻天官第、闻氏家祠（今存）、李尚书第、李都督宅、三板桥杨尚书第、三板桥黄府尹第、菱池赵参鲁宅、衮绣桥
清	屠氏别业、陈家祠堂（今存）、中营、马海曙宅、中西储才学堂
民国（今存）	访庐、秦氏支祠、中营巷赵宅、宁波府中学堂
当代（今存）	麻将起源地陈列馆（清代陈氏宗祠）、环形剧场、芙蓉舫
雪　汀	
宋	舒亶嬾堂、能仁观音寺、陈忠肃寓、周锷四休堂
元	广盈仓
明	周观察第
清	清真寺（今存）、义田书院、月湖书院
民国（今存）	翁文灏故居
当代（今存）	超然阁（清代柳汀文昌阁，1983 年迁至此）、知鱼亭、寒光台
烟　屿	
宋	圣功寺、三层楼（重楼）
明	陆氏尚书第、陆中丞第、陆宝“南轩”、全氏寓居、桃花堤（今存）、万氏寓居
清	徐时栋烟屿楼（今存）
民国（今存）	桂井街徐宅、李宅
当代（今存）	月坛公园、烟屿双亭、全祖望像
芳草洲	
宋	杨文元公书院、史守之“碧沚”、山泽居
明	范氏家祠
当代（今存）	鼎上楼、碧沚亭、依水居、香祖阁、西门厅、芳草东桥、芳草西桥
柳　汀	
宋	东西憧憧桥、贺秘监祠（今存）、众乐亭、逸老堂、涵虚馆
元	水马站、居士林（今存）
明	陆殿桥（今存）、尚书桥（今存）、湖亭庙、瀛洲接武坊（今存）、四明驿、水云亭、关帝庙（今存）
清	魁星阁

续表

<table>
<tr><th colspan="2">花　屿</th></tr>
<tr><td>宋</td><td>湖心东桥(今存)、湖心西桥(今存)、广生堤(今存)、广福寺、寿圣院</td></tr>
<tr><td>明</td><td>宋忠臣袁公祠、张时彻月湖精舍、宝纶堂、月湖庵(今存)、古问字桥</td></tr>
<tr><td>当代(今存)</td><td>茶叶博物院、水榭长廊、戏台</td></tr>
<tr><th colspan="2">竹　洲</th></tr>
<tr><td>宋</td><td>正议楼公讲舍、楼氏锦照堂、史氏真隐馆、四明洞天东楼、城南书院、竹洲书院</td></tr>
<tr><td>明</td><td>全天叙“平淡斋”</td></tr>
<tr><td>清</td><td>全氏竹洲三先生书院、辨志书院</td></tr>
<tr><td>民国(今存)</td><td>宁属县立女子师范学校(今存牌坊)</td></tr>
<tr><td>当代(今存)</td><td>宁波二中</td></tr>
<tr><th colspan="2">菊花洲</th></tr>
<tr><td>唐代、五代</td><td>万寿禅寺(大梁街)</td></tr>
<tr><td>宋</td><td>红莲阁、郡酒务、偃月堤(今存)、高丽使馆(今存)、水则碑(今存)、四明桥、太师史越王府、宝奎庙、史氏世禄坊、史忠宣宅、冯制史第</td></tr>
<tr><td>元</td><td>方氏第三府</td></tr>
<tr><td rowspan="2">明</td><td>范宅(今存)、大方岳第(今存)、高丽张氏雍睦堂、柴巷徐氏故居、大欢喜庵、紫薇街余氏故居、陈太史宅、西湖林氏故居</td></tr>
<tr><td>镇明路至解放南路:广济桥黄氏故居(广济街)、沈相国第二府(广济街)、董志宁故居(广济街)、新街徐氏故居</td></tr>
<tr><td rowspan="2">清</td><td>银台第(今存)</td></tr>
<tr><td>镇明路至解放南路:提督署(广济街)、万总兵衙(广济街)、高中丞第(广济街)</td></tr>
<tr><td>民国(今存)</td><td>蒋宅、卢宅</td></tr>
<tr><td>当代(今存)</td><td>平桥双亭、拱北厅、花溪桥、金蕊堂、宁波玉文化博物馆</td></tr>
<tr><th colspan="2">月　岛</th></tr>
<tr><td>唐代、五代</td><td>灵应庙(盛园,今存)</td></tr>
<tr><td rowspan="2">宋</td><td>花果园庙(今存)、信天缘堂、镇明庵</td></tr>
<tr><td>镇明路至解放南路:县学(县学街,今存门楼)</td></tr>
<tr><td>元</td><td>镇明路至解放南路:鄞县治(县学街)、王应麟汲古堂(念书巷)</td></tr>
<tr><td rowspan="2">明</td><td>张时彻古石坊(今存)、铸治坊邵氏故居</td></tr>
<tr><td>镇明路至解放南路:正学祠、吕忠公祠、尊经阁(县学街)、陈朝辅“四香居”(盛园带河巷)、昼锦堂(盛园)</td></tr>
</table>

续表

月　岛	
清	镇明岭庙（镇明路）、旌忠庙、社坛桥宋氏女科、近性楼（盛园，今存）
民国（今存）	杨宅、金廷荪宅（镇明路）、陈鱼门故居（盛园）、砌街李氏宗祠（盛园）
	杨坊故居（盛园）
当代（今存）	映月桥、院士林、揽月轩、问字桥、映月亭、点秋堂 王应麟青铜像（镇明路）、月亮湾
竹　屿	
宋	楼宣献公、攻媿斋、梅麓、汪氏友恭堂、史弥大宅、桂芳桥高氏故居、长春书院、仰嵩楼、长春书院
	三支街至长春路：楼钥“东楼”（今梅园巷一带）
明	桃花堤、陆氏拗花园、张时彻萧园、谢御史第
清	三支街至长春路：林宅（紫金巷，今存）
民国（今存）	三支街至长春路：吴氏支祠、邹宅（三支街）
当代（今存）	宁波市太极馆、襟湖桥、沉香醉月亭、宜三轩、拂云堂、含箨亭、风雨桥

日湖周围古迹

日　湖	
唐代、五代	延庆寺（今存）、观宗讲寺、五台开元寺、戒香庵、天封塔（今存）、天封讲寺、大中祥符寺
宋	黄文洁寓居、冷静街薛氏义门、蒋金紫公园、宝云讲寺、南湖袁氏宅（今存）、砌街李氏宅
元	采莲桥广盈仓、胡三省寓居、袁桷清容居
明	藕尾漕余相国第、余相国祠、仓基陈氏故居、金太仆第、南湖黄氏故居、杨尚书第、杨氏宗祠（今存）、云在楼
清	李镜吾故居（今存）
民国（今存）	孙传哲故居、姚庆三（屠呦呦）故居

参考文献

01 宁波市海曙区政协文史委编．璀璨明珠——月湖[M]．北京：中央文献出版社．2002.

02 徐季子，周冠明．千年月湖[M]．宁波：宁波出版社．2002.

03 周时奋．故土家园（上、下）[M]．上海：上海社会科学院出版社．2013.

04 苏利冕主编．近代宁波城市变迁与发展[M]．宁波：宁波出版社．2010.

05 贾亚炜主编．甬城藏书楼[M] 宁波：宁波出版社．2015.

06 宁波市档案馆编．宁波灵桥史料选辑[M]．杭州：浙江大学出版社．2015.

07 虞浩旭．智者之香——宁波藏书家藏书楼[M]．宁波：宁波出版社．2006.

08 周千军．甬人风采[M]．宁波：宁波出版社．2007.

09 黄浙苏，钱路，林士民编著．庆安会馆[M]．北京：中国文联出版社．2002.

10 黄定福．宁波近代建筑研究[M]．宁波：宁波出版社．2010.

11 赵江滨．宁波帮志·科技卷[M]．北京：中国社会科学出版社．2009.

12 张守广．宁波帮志·历史卷[M]．北京：中国社会科学出版社．2009.

13 陈春玲，任茹文．宁波帮志·教育卷[M]．北京：中国社会科学出版社．2009.

14 周时奋．宁波老俗 [M]. 宁波：宁波出版社 .2008.

15 戴松岳．怅望千秋家国梦 [M]. 宁波：宁波出版社 .2011.

16 朱惠民编著．悦读白马湖派散文家 .[M]. 宁波：宁波出版社 .2015.

17 张守广．超越传统——宁波帮的近代化历程 [M]. 重庆：西南师范大学出版社 .2000.

18 李瑊．上海的宁波人 [M]. 上海：上海人民出版社 .2000.

19 李蔚波．宁波曲艺志 [M]. 宁波：宁波出版社 .1999.

20 朱开宇．科举社会、地域秩序与宗族发展 [M]. 台北：台湾大学出版中心 .2004.

21 曹屯裕主编．浙东文化概论 [M]. 宁波：宁波出版社 .1997.

22 程民生．宋代地域文化 [M]. 开封：河南大学出版社 .2011.

23 徐定宝．黄宗羲评传 [M]. 南京：南京大学出版社 .2011.

24 骆兆平．新编天一阁书目 [M]. 北京：中华书局 .1996.

25 傅璇琮．谢灼华．中国藏书通史 [M]. 宁波：宁波出版社 .2001.

26 陈晓兰．南宋四明地区教育和学术研究（中国典籍与文化研究丛书）[M]. 凤凰出版社 .2008.

27 周千军主编．四明城镇（上、下）[M]. 宁波：宁波出版社 .2009.

28 陆敏珍．唐宋时期明州区域社会经济研究 [M]. 上海：上海古籍出版社 .2007.

29 孙善根．民国时期宁波慈善事业研究（1912 ~ 1936）[M]. 北京：人民出版社 .2007.

30 杨古城．四明寻踪 [M]. 宁波：宁波出版社 .2002.

31 张如安．南宋宁波文化史 [M]. 杭州：浙江大学出版社 .2013.

32 钱茂伟．王应麟学术评传 [M]. 北京：中华书局 .2011.

33 宁波市鄞州区政协文史资料委员会．史学大师全祖望 [M]. 宁波：宁波出版社 .2009.

34 中国社会科学院历史研究所，宁波市海曙区人民政府．全祖望与浙东学术文化——国际研讨会论文集 [M]. 中国社会科学出版社.2010.

35 杨古城,曹厚德.四明寻踪[M].宁波:宁波出版社.2002.

36 龚烈沸.宁波古今方志录要[M].宁波:宁波出版社.2001.

37 程杰.宋诗学导论[M].天津:天津人民出版社.1999.

38 杨天宏.中国的近代转型与传统制约[M].贵阳:贵州人民出版社.2000.

39 陶水木.浙江商帮与上海经济近代化研究(1840~1936)[M].上海:三联书店.2000.

40 中国社会科学院近代史研究所.走向近代世界的中国[C].成都:成都出版社.1992.

41 张复合.中国近代建筑研究与保护[M].北京:清华大学出版社.2006.

42 金普森,陈剩勇.浙江通史[M].杭州:浙江人民出版社.2005.

43 何一民.近代中国城市发展与社会变迁(1840~1949)[M].北京:科学出版社.2004.

44 孙中山.建国方略[M].方义选注.沈阳:辽宁人民出版社.1994.

45 黄宽重,刘增贵.家族与社会[M].北京:中国大百科全书出版社.2005.

46 杨知勇.家族主义与中国文化[M].昆明:云南大学出版社.2000.

47 余英时.朱熹的历史世界:宋代士大夫政治文化的研究[M].北京:三联书店.2011.

48 许纪霖.公共空间中的知识分子[M].南京:江苏人民出版社.2007.

49 许纪霖.中国知识分子十论[M].上海:复旦大学出版社.2003.

50 余英时.士与中国文化[M].上海:上海人民出版社.2013.

51 张岱年,程宜山.中国文化精神[M].北京:北京大学出版社.2015.

52 张岱年.心灵与境界[M].西安:陕西师范大学出版社.2008.

53 梅新林,陈国灿主编.江南城市化进程与文化转型研究[M].杭州:

浙江大学出版社 .2005.

54 皮明庥主编 . 近代武汉城市史 [M]. 北京：中国社会科学出版社 .1993.

55 张仲礼 . 东南沿海城市与中国近代化 [M]. 上海：上海人民出版社 .1996

56 小田 . 江南场景：社会史的跨学科对话 [M]. 上海：上海人民出版社 .2007.

57 张晓春 . 文化适应与中心转移 [M]. 南京：东南大学出版社 .2006.

58 王文英，叶中强主编 . 城市语境与大众文化 [M]. 上海：上海人民出版社 .2004.

59 马正林 . 中国城市历史地理 [M]. 济南：山东教育出版社 .1999.

60 陈泳 . 城市空间：形态、类型与意义 [M]. 南京：东南大学出版社 .2006.

61 朱文一：空间符号城市 [M]. 北京：中国建筑工业出版社 .2010.

62 蒋涤非 . 城市形态活力论 [M]. 南京：东南大学出版社 .2007.

63 段进 . 城市空间发展论 [M]. 南京：江苏科学技术出版社 .2006.

64 吴晗 . 江浙藏书家史略 [M]. 北京：中华书局 .1981.

65 黄建国 . 中国古代藏书楼研究 [M]. 北京：中华书局 .1999.

66 陈根法 . 德性论 [M]. 上海：上海人民出版社 .2004.

67 邓洪波 . 中国书院史 [M]. 上海：东方出版中心 .2004.

68 李国钧 . 中国书院史 [M]. 长沙：湖南教育出版社 .1994.

69 刘海峰，李兵 . 中国科举史 [M]. 上海：东方出版中心 .2004.

70 白新良 . 中国古代书院发展史 [M]. 天津：天津大学出版社 .1995.

71 李才栋 . 中国书院研究 [M]. 南昌：江西高校出版社 .2005.

72 李兵 . 书院教育与科举关系研究 [M]. 台北：台湾大学出版中心 .2005.

73 马学强，张秀莉 . 出入于中西之间 [M]. 上海：上海辞书出版社 .2009.

74 朱汉民．中国传统文化导论 [M]. 长沙：湖南大学出版社 .2010.
75 李宗桂．儒家文化与中华民族凝聚力 [M]. 广州：广东人民出版社 .1998.
76 林安梧．儒学与中国传统社会之哲学省察 [M]. 台北：幼狮出版公司 .1996.
77 费孝通．乡土中国 [M]. 北京：三联书店 .1985.
78 陈宝良．中国的社与会（增订本）[M]. 北京：中国人民大学出版社 .2011.
79 李慈铭．越缦堂读书记 [M]. 上海：上海书店出版社 .2000.
80 侯外庐等．宋明理学史 [M]. 北京：人民出版社，1997.
81 中华书局编辑部．宋元方志丛刊 [M]. 北京：中华书局 .1990.
82 沈松勤．南宋文人与党争 [M]. 北京：人民出版社 .2005.
83 何忠礼．科举与宋代社会 [M]. 北京：商务印书馆 .2006.
84 章太炎著．吴格主编．国学略说 [M]. 上海：上海文艺出版社 .2001.
85 牟宗三．心体与性体 [M]. 上海：上海古籍出版社 .1999.
86 赵连稳．清代浙东史学派经世致用思想 [M]. 北京：知识产权出版社 .2005.
87 何炳松．浙东学派溯源 [M]. 桂林：广西师范大学出版社 .2004.
88 林士民．三江变迁：宁波城市发展史话 [M]. 宁波：宁波出版社 .2002.
89 郁东明，郑学溥．浙江第一个商埠——宁波 [M]. 杭州：浙江人民出版社 .1958.
90 杨馥源．外滩文化与城市发展 [M]. 上海：上海远东出版社 .2004.
91 陈易．西学东渐下的浙江近代建筑——杭州、宁波、温州三大开埠地区的案例研究 [D]. 南京：东南大学 .2000.
92 吴恩培主编．吴文化概论 [M]. 南京：东南大学出版社 .2006.
93 刘再复，高行健．禅性与文学的本性——与高行健的对话录 [J]. 书屋 .2009（4）. 第 4 期 .

94 梁启超．论中国学术思想变迁之大势 [M]. 夏晓虹导读．上海：上海古籍出版社 .2001.

95 陆扬，王毅．文化研究导论 [M]. 上海：复旦大学出版社 .2007.

96 柳诒徵．中国文化史 [M]. 上海：上海三联书店 .2007.

97 刘梦溪．学术思想与人物 [M]. 石家庄：河北教育出版社 .2004.

98 龚缨晏．浙江早期基督教史 [M]. 杭州：杭州出版社 .2010.

99 刘士林．江南文化的诗性阐释 [M]. 上海：上海音乐学院出版社 .2013.

100 刘士林主编．江南文化精神 [M]. 上海：上海大学出版社 .2010.

101 张家驹．两宋经济重心的南移 [M]. 武汉：湖北人民出版社 .1957.

102 孙逊主编．都市文化研究（第一辑都市文化史：回顾与展望）[M]. 上海：上海三联书店 .2005.

103 （唐）韩愈．韩昌黎文集校注 [M]. 马其昶校注．马茂元整理．上海：上海古籍出版社，1986.

104 （梁）萧子显．南齐书（第 3 册）[M]. 北京：中华书局 .1972.

105 （宋）叶适．水心先生文集 [M]. 杭州：浙江人民出版社 .1999.

106 （宋）王应麟．困学纪闻 [M]. 沈阳：辽宁教育出版社 .1998.

107 （宋）王应麟．四明文献集（外二种）[M]. 张骁飞点校．北京：中华书局，2010.

108 （宋）杨万里．杨万里集笺校（第 6 册）[M]. 辛更儒笺校．北京：中华书局 .2007.

109 （宋）严羽．沧浪诗话校释 [M]. 郭绍虞校释．北京：人民文学出版社 .1983.

110 （宋）陆游．老学庵笔记 [M]. 北京：中华书局 .2005.

111 （宋）朱熹．楚辞集注 [M]. 上海：上海古籍出版社 .1979.

112 （宋）司马光．资治通鉴 [M]. 北京：国家图书馆出版社 .2012.

113 （元）袁桷．清容居士集（全四集）[M]. 杭州：浙江古籍出版社 .2015.

114 （元）脱脱等．宋史 [M]. 北京：中华书局 .1985.

115 (元)袁桷.清容居士集[M].王珽点校.杭州:浙江古籍出版社.2015.

116 (明)王阳明.王阳明全集[M].上海:上海古籍出版社.1992.

117 (明)王士性.广志绎[M].吕景琳点校.北京:中华书局.1997.

118 (明)王士性.王士性地理书三种[M].周振鹤编校.上海:上海古籍出版社.1993.

119 (清)全祖望.鲒埼亭文集选注[M].黄云眉选注.济南:齐鲁书社.1982.

120 (清)全祖望.全祖望集汇校集注[M].朱铸禹校注.上海:上海古籍出版社.2000.

121 (清)阮元.十三经注疏[M].北京:中华书局.1980.

122 (清)黄宗羲原著,全祖望补修.宋元学案[M].陈金生,梁运华点校.北京:中华书局.1986.

123 (清)胡文学.甬上耆旧诗[M].袁元龙校注.宁波:宁波出版社.2010.

124 (清)张寿镛.四明丛书[M].扬州:广陵书社(扬州广陵古籍刻印社).2006.

125 (清)徐兆昺著.四明谈助[M].桂心仪,周冠明,卢学恕,何敏求点注.宁波:宁波出版社.2000.

126 [日]斯波义信.宋代江南经济史研究[M].方健,何忠礼译.南京:江苏人民出版社.2012.

127 [日]斯波义信:商业在唐宋变革中的作用[J].张天虹译.文史哲(济南).2009年第3期.

128 [德]哈贝马斯.交往行为理论:行为合理性与社会合理性(第1卷)[M].曹卫东译.上海:上海人民出版社.2005.

129 [美]施坚雅主编.中华帝国晚期的城市[M].叶光庭等译.上海:中华书局.2000.

130 [美]克利福德·格尔茨.文化的解释[M].韩莉译.南京:译林出

版社 .2008.

131 [美] 顾德曼 . 家乡、城市和国家 [M]. 上海：上海古籍出版社 .2011.

132 [美] 周绍明 . 书籍的社会史：中华帝国晚期的书籍与士人文化 [M]. 何朝晖译 . 北京：北京大学出版社 .2009.

133 [美] 戴仁柱 . 丞相世家：南宋四明史氏家族研究 [M]. 刘广丰，惠冬译 . 北京：中华书局 .2014.

134 [美] 罗森 . 诗与哲学之争 [M]. 张辉译 . 北京：华夏出版社 .2004.

135 [英] 黄绍伦 . 移民企业家 [M]. 张秀莉译 . 上海：上海古籍出版社 .2003.

136 [法] 罗贝尔・埃斯皮卡尔 . 文学社会学 [M]. 杭州：浙江人民出版社 .1987.

137 [美] 爱德华・W・萨义德 . 知识分子论 [M]. 上海：生活・读书・新知三联书店 .2007.

138 《天一文苑》编委会主编 . 天一文苑 [M]. 北京：中国文史出版社 .2015.

139 黄敏枝 . 南宋四明史氏家族与佛教的关系 [A]. 宋史研究论文集——国际宋史研讨会暨中国宋史研究会第九届年会编刊 [C].2000.

140 李鹤 . 翁文灏现代化思想研究 [D]. 哈尔滨工业大学 .2012.

141 赵萍萍 . 近代浙江教会女校研究 [D]. 宁波：宁波大学 .2011.

142 王笛 . 试论清末商会的设立与官商关系 [J]. 史学月刊 .1987 年第 4 期 .

143 柳立言 . 士人家族与地方主义——以明州为例 [J]. 历史研究 .2009 年第 6 期 .

144 孙建红 . 宁波民营企业制度演变的历史考察 [J]. 中国经济史研究 .2011 年第 2 期 .

145 陈桥驿 . 论历史时期宁绍平原的湖泊演变 [J]. 地理研究 .1984 年第 3 期 .

146 陈桥驿．越族的发展与流散 [J]. 东南文化 .1989 年第 6 期 .

147 成一农．中国古代地方城市形态研究方法新探 [J]. 上海师范大学学报(哲学社会科学版).2010.

148 钱茂伟．论浙学、浙东学术、浙东史学、浙东学派的概念嬗变 [J]. 浙江社会科学 .2008 年第 11 期 .

149 梅新林，俞樟华．浙东学派的学术谱系建构及其路径选择 [J]. 中国社会科学报 .2010 年第 10 期 .

150 杨文虎．意境范畴生成的南方文化因素 [J]. 江海学刊 .2006 年第 1 期 .

151 李春青．在文本与历史之间：中国古代诗学意义生成模式探微 [M]. 北京：北京大学出版社 .2005.

152 阎步克．士・事・师论——社会分化与中国古代知识群体的形成 [J]. 北京大学学报(哲学社会科学版).1990 年第 2 期 .

153 李春青．士人与自然——中国古代山水文学价值观之文化底蕴 [J]. 文学评论 .1995 年第 3 期 .

154 卢子震．中国古代社会的结构的变化与士文化的发展 [J]. 学习与探索 .2000 年第 1 期 .

155 宁俊红．中国古代俗文化与士文化视野中的两种悲剧观 [J]. 青海师专学报：教育科学 .2009 年第 29 卷(2)期 .

156 袁逸．中国古代私家藏书的特征及社会贡献 [J]. 浙江学刊 .2000(2). 第 2 期 .

157 张如安．略论北宋“庆历五先生”对宁波的文化贡献 [J]. 中共宁波市委党校学报 .2008 年第 2 期 .

158 孙旭红．北宋四明地区教育述论 [J]. 教育文化论坛 .2014 年第 1 期 .

159 周国平．宋代私学与理学传播：以书院为中心 [J]. 浙江树人大学学报：人文社会科学版 .2004 年第 4 卷第 3 期 .